사회복지
분야론

강선경 · 김 욱 · 김학주 · 이홍직

圖書出版 오래

현대사회를 살아가는 우리들은 급격한 사회변화와 함께 다양한 심리적·사회적·경제적 문제와 욕구를 해결하고자 노력하면서 살아가고 있다. 산업화와 도시화의 이면에서 야기되는 혼란과 스트레스 속에서 정신적 안정이나 여유, 인간다운 삶을 기대하기는 어렵게 되었고, 적응곤란 문제로까지 이어져 신체의 질병과 더불어 정신적 질환을 겪게 되는 현상도 나타나게 되었다. 이에 따라 사회복지의 실천영역과 활동범위도 점점 다양해지고 있으며, 이러한 문제와 욕구를 해결하도록 도와주며 잠재능력과 사회적 기능을 향상시켜 삶의 질을 높이는 데 사회복지가 중요한 역할을 하게 되었다.

최근 우리나라는 사회복지에 많은 관심을 가지고 사회복지학을 전공하거나 교양과목으로서 공부하려는 사람들이 늘어나고 있다. 뿐만 아니라 대학에서도 사회복지학과를 개설하여 매년 수천 명의 사회복지 전문인력을 배출하고 있다. 이에 따라 이들이 사회복지학의 기초적 지식 및 이론을 학습하고 사회복지를 좀 더 쉽게 이해하도록 돕기 위한 길잡이로서의 사회복지학 개론서가 필요하다. 아울러 일선 현장의 사회복지사 및 사회복지정책 담당자들에게도 유용하게 활용될 수 있는 지침서가 필요하다고 하겠다. 집필진은 방대한 사회복지 관련 내용을 세 권의 총서로 나누어 제1권은 사회복지분야론, 제2권은 사회복지방법론, 제3권은 사회복지총론으로 세분화하여 집필하게 되었다.

이 책은 총서의 제1권에 해당되는 것으로 총 10장으로 구성되어 있다. 먼저 인간의 생애주기를 중심으로 한 아동 및 청소년 복지, 노인복지, 인구사회 집단을 중심으로 한 가족복지, 여성복지, 장애인복지, 문제영역에 따른 의료 및 정신건강, 산업복지, 교정복지, 그리고 새롭게 부상하는 군사회복지와 다문화복지 영역을 포함하였다. 각 영역별로 개념 및 이론, 역사의 기초를 제시하였으며, 실천을 위한 프로그램 및 정책을 체계적으로 소개하고자 하였다.

이 책의 집필진은 모두 해외에서 사회복지학 석사와 박사과정을 마쳤으며, 미국의 정신과 병원, 대학부설 연구소, 지역사회복지관, 공공기관 등에서 사회복지 실무에 종사하면서, 개인뿐 아니라 가족, 지역사회 및 국가차원의 사회복지정책과 실천현장을 경험하였고, 귀국 후에는 연구자 및 교수로서 한국의 사회복지 현장과 교류하며 10년 이상을 활동하면서, 전반적인 사회복지의 이론 및 실제를 정리해 볼 필요성을 느끼게 되었다. 이러한 집필진의 경험이 유사 분야에 종사하고자 하는 학생 및 예비 사회복지사, 현장실무자들에게 조금이나마 도움이 되었으면 하는 마음으로 이 책을 집필하게 되었다.

다수의 개론서가 쏟아져 나오는 현실에서 이 책이 우리의 사회복지 학문과 교육, 그리고 실천현장을 이해하는 데 조금이나마 기여하기를 바란다. 모두 바쁜 일정 속에서도 서로 협력하여 세 권의 책을 시리즈로 기획하여 집필하였다는 데에 가장 큰 의의를 두고자 한다. 이 책의 미진한 부분은 앞으로 계속 수정, 보완해 나갈 것을 약속드리며, 여러분의 지속적인 관심과 지도편달을 부탁드린다. 끝으로 이 책이 출판될 수 있도록 한결같이 지지하여 주신 도서출판 오래의 황인욱 사장님과 첫 장부터 꼼꼼히 편집과정을 도와준 편집부 여러분, 그리고 인사랑연구소 연구원 여러분에게 고마운 마음을 전하고 싶다.

2014년 2월

저자 일동

차 례

제6장 의료 및 정신보건 사회복지

제7장 교정복지

제8장 산업복지

제 **1** 장

아동 및 청소년 복지

제 1 절	**아동복지**

Ⅰ. 아동복지의 이해

1. 아동복지의 정의

아동복지(child welfare)란 아동의 권리를 강조하면서 아동의 삶의 질 향상과 다양한 서비스를 제공해 주기 위한 사회사업 실천을 의미하는 것으로 아동에 대한 사회복지적 대응책이라 할 수 있다. 현대사회는 가족이 가지고 있는 아동양육 기능의 약화로 인하여 일부의 아동들은 보호받아야 할 가족으로부터 도리어 버려지고 학대받는 위험에 놓여 있다.

카두신(Kadushin, 1980)에 의하면 아동복지는 넓은 의미에서 모든 아동들의 행복과 사회적응을 위해 심리적·육체적 잠재력을 개발시켜 주기 위한 각종의 방법을 말하며, 좁은 의미로는 특수한 문제를 가진 아동과 그 가정을 대상으로 전문적인 기관에서 행하는 서비스라고 강조하였다. 즉 아동복지는 사회복지의 한 분야로서 특수한 장애를 가진 아동은 물론, 모든 아동들이 가족과 사회의 일원으로 건전하게 성장하고 발달할 수 있도록 지역사회나 사회복지 분야의 기관들이 협력하여 실천에 옮기는 조직적인 활동이라 할 수 있다.

프리들랜더(Friedlander, 1974: 25)는 "아동복지는 빈곤, 방치, 유기, 질병, 결함 등을 지닌 아동, 혹은 환경에 적응하지 못하는 비행아동들에게만 관심을 두는 것이 아니다. 아동복지란 모든 아동이 신체적·정서적 발달에 있어서 안전하며 행복할 수 있도록 보호하기 위한 공공 및 민간기관의 사회, 경제, 보건영역의 제반 활동이다"라고 포괄적으로 정의하고 있다. 한편, 우리나라의 『사회복지사전』에 의하면 아동복지는 특수한 장애를 가진 아동은 물론 모든 아동들이 가족 및 사회의 일원으로서 육체적으로나 정신적으로 건전하게 성장, 발달할 수 있도록 지역사회나 사회복지 서비스 분야에 있는 공·사 단체나 기관들이 협력하여 아동복지에 필요한 사업을 계획하여 실행에 옮기는 조직적인 활동을 의미한다.

이상과 같이 아동복지에 대한 여러 견해들을 종합해 보면 크게 둘로 나누어 좁은 의미와 넓은 의미로 설명할 수 있다. 좁은 의미의 아동복지란 요보호 아동들을 중심으로 한 복지활동으로서 비교적 개인이나 민간단체를 중심으로 이루어지는 활동을 말한다. 넓은 의미의 아동복지란 일반아동과 그 가족을 대상으로 다양한 복지주체들이 서로 유기적인 관련하에 체계적으로 복지활동을 전개하는 것을 일컫는다. 여기에서 일반아동이란 요보호 아동에 대응되는 대상이나, 실제적으로는 요보호 아동을 포함한 모든 아동이라는 의미로 사용되고 있다. 또한 아동복지의 대상에 가족이 포함되는 것은 아동복지의 일차적인 책임은 가족에게 있으며 최선의 아동복지는 아동양육에 대한 가족의 기능을 강화해 주는 것이라는 입장에 근거하고 있다(박정란 외, 2002).

2. 아동복지 대상

일반적으로 아동은 「아동복지법」과 「유엔 아동권리협약」 규정에 따라 18세 미만의 자로 규정하고 있다. 우리나라의 소년법에서는 20세 미만으로 보며, 민법에서는 20세 미만의 자를 미성년이라 규정하고 있다. 또한 근로기준법에서는 13세 미만인 자를 소년으로 규정하며, 18세 미만인 자를 보호대상으로 한다. 보호를 필요로 하는 아동은 양육환경상 문제가 있는 빈곤, 결손, 부모 부재아동, 신체장애아동, 정서장애아동, 정신장애아동, 사회적·법적 보호가 필요한 아동, 가출아동, 비행아동 등이고, 일반아동은 근로아동, 농어촌 아동, 다문화 가족 아동 등을 들 수 있다(장인협·오정수, 2001).

모든 아동은 출생과 동시에 건전한 가정을 기반으로 하여 부모의 보호 속에서 성장하고 발달되어야 한다. 그러나 그런 환경이 갖추어지지 못한, 즉 양육기능을 상실하였을 때 국가나 사회가 아동들의 욕구와 문제를 해결해야 한다. 일반아동은 건전한 가정에서 양육되므로 국가나 사회가 특별히 보호하지 않아도 생활할 수 있는 대상을 말한다. 그러나 보호를 필요로 하는 아동 못지않게 일반아동에 대한 복지에 대한 수요와 필요성이 늘어나고 있는 추세이다.

3. 아동복지의 필요성

아동복지의 필요성은 크게 세 가지로 나눌 수 있다. 첫째, 기본적 생활의 보장을 들 수 있다. 인간은 보호와 양육을 필요로 하는 존재이다. 따라서 한 인간으로 태어나 제 몫을 다하는 사회적 인간으로 성장·성숙하기 위해서는 타인의 도움을 일정한 기간 절대적으로 필요로 한다. 그러나 부모나 가족이 여타 어려움 때문에 양육의 기능을 다하지 못할 경우 아동이 기본적 생활을 유지하여 건전하게 성장, 발달할 수 있도록 하는 사회의 노력이 그 첫 번째이다.

두 번째는 국가의 인력보호와 육성으로, 아동은 한 사회와 국가 및 세계의 장래에 깊은 영향을 미치는 존재이므로 이를 보호하고 육성하려는 이유에서이다. 세 번째로는 사회문제 발생의 예방으로 아동들이 가지고 있는 욕구를 충족시켜 아동들로 인한 사회문제를 미연에 방지하거나 해결하기 위한 각종 활동이다. 아동이 가지고 있는 욕구를 적절히 충족시키지 못하는 경우는 빈곤가정이나 결손가정에서 많이 발생하며, 또한 이러한 유형의 가족에게서 사회문제가 되는 여러 가지 바람직하지 못한 사건들이 발생하고 있기 때문에, 나중에 아동이 자라서 야기할 수 있는 사회문제의 발생을 미연에 방지하는 데에 아동복지의 역할이 존재한다.

Ⅱ. 아동복지의 이념 및 역사

1. 아동복지의 이념

아동은 미래를 준비하는 성인인 동시에 주역으로 그 존엄성과 가치에 있어서 성인과 차이가 없다는 인식에서 연유하여 소파 방정환은 1921년 '어린이'라는 말을 처음 사용했으며, 1923년 5월 1일 '어린이날' 행사를 거행하였다. 1924년 국제연맹의 아동권리에 관한 「제네바선언」 채택과 1959년 국제연합의 「아동의 권리선언」 채택, 1979년 '국제 아동의 해' 등의 제정은 아동이 권리를 가진 주체라는 인식을 확산시키게 되었다. 그러나 법적 구속력을 갖지 못하는 하나의 선언적 의미일 뿐 아동인권의 실질적 실현에 기여할 수 없는 측면도 있었다. 이러한 선언의 내용을 법적 구속력을 가진 하나의 협약으로 승화시키려는 노력은 1989년 「아동의 권리에 관한 국제협약」으로 매듭지어졌다. 1991년 이 협약의 발효로 우리나라는 2000년 1월 개정된 아동복지법에서 "아동은 어떠한 종류의 차별도 받지 않고 자라나야 하고, 완전하고 조화로운 인격 발달을 위하여 안정된 가정환경에서 행복하게 자라나야 하며, 아동에 관한 모든 활동에 있어서 아동의 이익이 최우선적으로 고려되어야 한다"라는 아동복지의 기본 이념을 명시하였다.

2. 아동복지의 역사

한국인이 자녀에게 많은 투자를 하는 데 비하여 사회 전반에 걸쳐서 모든 아동에 대해 국가적 관심을 나타낸 것은 그리 오래되지 않았는데 아동복지의 역사적 발달을 고려시대부터 현재까지 살펴보면 다음과 같다.

1) 고려시대와 조선시대의 아동복지 발달

한국의 아동복지법의 역사는 그리 오래되지 않았다. 그러나 아동에 대한 국가나 사회적 관심은 역사가 깊다고 볼 수 있다. 시대를 지나오면서 그리고 그 시대를 지배해 온 사상의 영향으로 인하여 아동에 대한 관심은 매우 탈색되었다고 보아야 한다.[1] 어떤 시대에나 사회문제는 항상 존재해 왔으며, 문제에 대한 그 시대의 반응이 어떠했느냐에 따라 보호가 필요한 개인은 사회나 국가가 제공한 복지의 혜택을 받았다고 볼 수 있다.

아동복지와 관련한 고려시대의 제도는 고려사에 기록되어 있는 수양제도(收養制度)를 들 수 있다. 엄격한 신분차별의 사회제도 아래서 고아를 입양할 때 양자보다는 성장한 후 자기 집의 종으로 삼는 방법을 택했다. 사원에서는 고아를 수양하여 승려로 양성하는 관습이 있었다. 조선시대에는 아동구휼제도가 있었다. 성종 16년(1485)에 완성된 『경국대전』 예전의 혜휼조(惠恤條)가 노인과 아동에 관련된 내용이며, 노인이나 고아에 대한 수양, 관에서 의복지급, 의료구제 등이 포함되어 있다. 또한 자율전칙(自恤典則)은 정조 7년(1783)에 유기 및 부랑걸식 아동 보호법령으로서 공포·실시된 것이다. 서울과 지방에서 흉년이 들어 기근이 심한 때 유기를 당하여 호소할 곳이 없는 아동이나 걸식을 하는 부랑아동을 관에서 거두어 기르거나 민가에서 기르도록 하는 법령을 말한다(윤혜미·김해래·신영화, 2006).

2) 일제강점기

1910년 일본은 아동복지법의 전신이라고 할 수 있는 「조선감화령(1923년 9월 법

---

1) 삼국사기를 예를 들면 우리나라는 이미 신라시대에 혈연이 아닌 아동을 입양하여 국가의 왕(신라의 제 4 대와 탈해)이나 왕비(신라의 시조인 박혁거세의 부인)가 된 사실을 알 수 있으며, 미혼모의 문제가 현대에 와서 발생한 것으로 인식되고 있으나 고구려 2대왕은 미혼모에게서 태어났다고 기록되어 있는 것으로 보아 사회적 문제에 대하여 매우 융통성 있게 대했던 것으로 보인다.

령 제12호)」을 제정하였다. 이 영은 복지라기보다는 사회질서 내지 치안적 의미를 지닌 법이라 할 수 있다(신섭중, 1993). 그리고 1929년 일본에서 제정되고 1932년부터 실시되기 시작한 「구호법」을 1944년 3월 조선총독부에서 전문 31조로 만들어 공포한 구제법으로서의 「조선구호령」이 있었다. 13세 이하의 아동 및 임산부와 불구폐질 아동 등을 조치하거나 구호시설에 수용, 보호함으로써 근대적 의미의 공적 부조시책을 폈지만 이는 어디까지나 식민지 지배체제를 강화 또는 합리화시키기 위한 수단으로 이용했다고 할 수 있다.

3) 해방에서 현대까지

1945년 9월부터 한국 정부가 수립된 1948년 8월까지 미군정은 '미군정 법령 제18호'를 발표하여 보건후생부를 만들고, '미군정 법령 제25호'에 의해서 각 도에 보건후생국을 설치하도록 하였다. 그 후 1955년 법률 제25호에 의하여 보건사회부로 통합되었다. 그러나 한국전쟁으로 인해 당시의 인구 2천만 명 중 3백만 명 이상의 요구호자는 대부분 아동으로서 1,000개소가 넘는 수용보호시설(고아시설)을 양산하게 되었다.

아동복지법이 제정되기 이전까지 「아동의 권리헌장」에 관한 영향을 받아 1957년 5월 5일 어린이날을 계기로 아동과 관련이 되는 행정관계부처(보사, 내무, 법무, 문교)의 장관 명의로 '대한민국 어린이헌장'을 제정, 선포하였다. 또한 1961년 「고아입양특례법」을 제정하였다. 이미 1952년부터 시작된 전쟁고아들에 대한 해외입양은 이 법의 제정으로 해외입양을 합법적으로 추진할 수 있게 되었다(장인협·오정수, 2001).

1961년 12월 30일(1962년 1월 1일부터 시행) 법률 제912호로 「아동복리법」을 제정, 공포하였다. 이 법은 전체 29조로 구성되어 있으며, 아동을 건전하게 육성시켜 그 복지를 보장하고자 하는 데 그 목적(제1조)을 두고 있다. 사회구조의 계층화, 복잡화가 급속도로 진행됨에 따라 질병, 빈곤, 약물중독에 의하여 이른바 결손가정이 증대되고, 이혼, 별거, 미혼모 등에 의한 가족해체 현상이 심화되었다. 이에 따른 요보호 아동, 불우아동의 보호 및 유아보육과 건강한 아동의 출생을 위한 임산부 보호의 취지에서 보편성과 통합성, 전문성을 강구하는 계기가 되기도 하였다. 그 후 「아동의 권리에 대한 국제협약」이 1989년 유엔총회에서 채택되

☞ 표 1-1   유엔 아동권리 협약의 주요 내용(4대 기본권: 생존권/보호권/발달권/참여권)

1. 생존권(Survival Rights): 적절한 생활수준을 누릴 권리, 안전한 주거지에서 살아갈 권리, 충분한 영양을 섭취하고 기본적인 보건서비스를 받을 권리 등 기본적인 삶을 누리는 데 필요한 권리
2. 보호권(Protection Rights): 모든 형태의 학대와 방임, 차별, 폭력, 고문, 징집, 부당한 형사처벌, 과도한 노동, 약물과 성폭력 등 어린이에게 유해한 것으로부터 보호받을 권리
3. 발달권(Development Rights): 잠재능력을 최대한 발휘하는 데 필요한 권리로, 교육받을 권리, 여가를 즐길 권리, 문화생활을 하고 정보를 받을 권리, 생각과 양심/종교의 자유를 누릴 권리
4. 참여권(Participation Rights): 자신의 나라와 지역사회 활동에 적극적으로 참가할 수 있는 권리로, 자신의 의견을 표현하고, 자신의 삶에 영향을 주는 문제들에 대해 발언권을 지니며, 단체에 가입하거나 평화적인 집회에 참여할 수 있는 권리

었으며, 한국도 1991년 11월 20일에 국제협약에 서명, 비준함으로써 당사국이 되면서 2000년 1월 1일 「아동복지법」이 전면 개정되었고, 2004년 3월 22일 아동복지법이 일부 개정되어 현재에 이르고 있다.

Ⅲ. 아동복지의 원칙

아동복지를 위한 실천방향은 원칙을 가지고 체계적으로 이루어질 때 효과적이다(이혜원, 2006).

1. 권리와 책임의 원칙

1) 아동의 책임과 권리의 원칙

모든 아동은 하나의 인간으로서 부모와는 상관없이 독자적 권리를 지니고 태어났고, 지도를 받아야 할 권리가 있으며 또한 책임도 가지고 있다. 즉 아동복지의 주체로서 아동에게도 일련의 책임이 있다는 원칙이다. 이것은 권리의 주체임을 주로 내세웠던 종래의 입장에서 진일보한 것인데, 아동관의 변화에 영향을 받은 바 크다. 아동은 단순히 성인의 보호를 필요로 하는 의존적이고 수동적인 존재가 아니라 독립된 개체로서 자신의 생을 능동적으로 받아들이고 행동하여야 한다는

점을 의미한다. 예를 들면, 우리나라 「청소년기본법」(1991)에서는 청소년은 자신의 개발과 건전한 가치관의 확립에 힘쓰고, 가정, 사회, 국가의 구성원으로서의 책임을 다하도록 힘써야 한다고 명시하고 있다. 이것은 영유아나 아동과는 다소 다르게 자신의 발달에 책임을 질 수 있는 연령이라는 발달적 관점이 전제되어 있음을 알 수 있다.

2) 부모의 권리와 책임의 원칙

아동의 보호육성을 위한 일차적인 권리와 책임은 부모에게 주어지며 후견인의 권리를 가지고 있다는 원칙이다. 부모는 아동의 성장 발달에 지대한 영향을 미칠 뿐 아니라 이와 같은 중요한 역할을 수행할 수 없을 때에는 자녀들에게 많은 갈등을 불러일으켜 그들로 하여금 비행으로 나아가게 하는 결과를 초래하게 된다. 오늘날, 아동복지에 대한 책임이 사회나 국가로 많이 이양되기는 하였으나, 자녀 양육에 대한 1차적 책임은 부모에게 있다. 또 이 책임은 사회주의 성향의 사회보다도 자본주의 성향의 사회에서 더 높은 비중으로 부여되어 있다. 세계 아동의 권리선언(1959)에서도 "아동은 가능한 한 양친의 보호와 책임 아래서 자라날 권리가 있다"고 선언한 바 있다.

부모의 양육책임 범위는 매우 광범위하다. 궁극적으로는 이상적인 아동발달을 목표로 하는 일련의 내용이 포함되겠지만, 적어도 기본적인 사회생활을 유지할 수 있는 범위 내에서의 양육책임이 포함된다. 부모의 책임으로서 재정적 지원, 신체적 보호, 정서적 지도, 기타 부모의 의무를 담당할 수 있어야 한다. 예를 들면, 우리나라의 아동복지 관계법에서는 부모와 가정의 책임을 규정하고 있다. 즉 아동복지법(제 5 조 제 1 항)에서는 아동의 보호자는 아동을 가정에서 그의 성장시기에 맞추어 건강하고 안전하게 양육하여야 한다고 명시하고 있으며, 영유아보육법(제 4 조 제 1 항)에서 모든 국민은 영유아를 건전하게 보육할 책임을 진다고 명시하고 있다.

3) 사회 및 국가의 권리와 책임의 원칙

아동을 보호하기 위해서 국가는 단속이나 통제력을 행사하여 의무교육에서와 같이 부모를 다스릴 규정을 설정할 수 있고, 아동을 고용하는 기업주들에 대한 규정을 부과하고 상인들로 하여금 연소자들에게 술이나 담배를 팔지 못하도록 하는 제반 규정을 설정할 권리와 의무가 있다. 아동을 위한 국가의 책임은 부모의 자녀양육에 개입하는 일이다. 부모의 보호가 법이 정한 바의 수준 이하일 때, 또는 아동이 비행이나 범죄에 빠지게 될 때, 즉 아동이 자기 본래의 가정에서 도저히 적응할 수 없을 때 이들로 하여금 위탁가정이나 시설에서의 보호를 받도록 해야 한다.

"한 사회의 미래는 그 사회가 아동을 어떻게 보호하고, 교육하느냐에 의해서 예측할 수 있다"(Moyniham, 1986: 56)는 말은 아동복지에 대한 사회와 국가책임의 중요성을 단적으로 나타낸 것이라고 볼 수 있다. 아동복지사업의 전개에서 사회와 국가의 책임은 아동과 가정이 처한 상황에 따라 달라진다. 원칙적으로는 부모역할을 지지하거나 보충하는 입장에 서며 책임의 정도도 최저한도의 생활보장을 기본선으로 한다. 예를 들면, 우리나라 아동복지법에서는 모든 국민은 아동을 보호양육하고 사회생활에 적응하도록 육성할 책임을 지고, 또 국가와 지방자치단체는 보호자와 더불어 아동을 건전하게 육성할 책임을 지며, 지방자치단체는 영유아를 건전하게 보호할 책임을 진다고 명시하고 있다.

2. 보편성과 선별성의 원칙

1) 보편성의 원칙

보편성의 원칙이란 어떠한 조건이나 제한을 두지 않고 모든 아동에게 같은 종류의 복지사업을 동일한 수준에서 제공한다는 것이다. 그러므로 이 원칙은 평등의 이념과 함께 아동의 건전한 육성을 통해 아동문제 및 사회문제를 예방하려는 가정이 전제되어 있다. 이 원칙은 아동복지 접근방법 중에서 특히 정책적 접근의 궁극적인 목표라 할 수 있을 만큼 의미 있는 원칙이다. 즉 아동양육을 위한 최저소득의 보장, 기본적 의료조치, 최소한도의 사회생활을 영위할 수 있도록 하기 위한 생활훈련과 기초교육 등이 이 원칙하에서 실시되기 때문이다. 따라서 이 원칙은 앞서 기술한 예방의 원칙에서 제기된 국가재정의 부담이라는 문제와 깊은 관련이 있으므로 비교적 경제수준이 높고 사회보장제도가 발달한 구미 선진국에서 많이 활용되고 있다. 복지국가를 지향하는 모든 나라에서도 이 원칙의 실제적 적용을 목표로 하고 있다. 구체적인 실례로서 영국의 아동수당제도를 들 수 있다.

2) 선별성의 원칙

선별성의 원칙은 선정성의 원칙이라고도 하는데, 이 원칙은 여러 가지 조건이나 기준에 의해 아동복지사업의 대상을 제한하는 것을 말한다. 대부분의 경우, 부모의 양육능력의 정도가 기준이 된다. 즉 부모가 양육책임을 다하기 어렵거나 또는 거의 불가능한 경우로서, 이른바 요보호 아동이 그 대상이 된다. 역사적으로 볼 때, 아동복지의 대상은 주로 요보호 아동이었다. 지금도 많은 나라에서 요보호 아동을 우선적인 정책 대상으로 간주하고 있으며, 점차적으로 일반아동으로 확대하여 실시하고 있다. 이러한 양상은 우리나라에서도 비슷하다. 그 이유는 국가재정의 부족에도 원인이 있지만, 적어도 자유주의 성향의 나라에서는 아동복지에 대한 일차적 책임이 부모에게 있으며, 부모의 책임수준을 고려하기 때문이다. 선별성의 원칙이 적용된 예로서 특수교육대상자에 대한 무상교육, 저소득층 맞벌이 부부의 자녀를 위한 무료 탁아를 들 수 있다.

3. 개발성의 원칙

아동이 가진 능력을 최대한 발휘할 수 있도록 하자는 것으로 모든 아동이 이 원칙의 적용을 받는다. 그렇지만 특히 아동발달상의 편차가 심한 장애아동과 우수아동, 결손된 양육환경에서 자라는 고아나 빈곤가정 아동이 주 대상이 된다. 따라서 이 원칙에는 아동의 사회적 자립과 함께 사회적 기여라는 관점이 내포되어 있다. 특히 사회적 자립은 경제적 자립의 의미가 강하게 함축되어 있다. 그것은 장애아동의 경우, 그가 가진 잔존능력이 개발되지 않으면 사회적 자립이 거의 불가능하기 때문이며, 우수아동의 경우는 능력 미개발이 아동 자신과 사회에서 손실일 뿐만 아니라 나아가 사회 부적응을 초래할 가능성이 있기 때문이다. 또 빈곤가정의 아동인 경우에는 열악한 환경이 학업성취를 저해하고, 이로 인해 직업적 성공이 어려워서 빈곤의 악순환을 되풀이할 가능성이 크기 때문이다. 더구나 개인의 능력을 중시하며, 업적 지향적인 현대사회에서 개발성의 원칙은 실제적인 의미가 크다. 따라서 장애아동을 대상으로 한 직업재활과 빈곤가정의 아동을 대상으로 한 직업훈련이 우리나라에서도 매우 강조되고 있다.

4. 포괄성의 원칙

아동문제에 대처할 때 여러 가지 유형의 서비스를 고려해야 그 효과를 거둘 수 있다는 것이다. 그것은 아동발달이 서로 유기적인 관련을 가지고 전개되므로 한 영역의 발달손상은 다른 영역에 파급되며 아동의 문제는 여러 가지 요소가 결합된 복합적인 양상을 띠기 때문이다. 이 원칙은 아동을 전인으로 파악하고 있음이 전제되며, 대표적인 예로서 심신장애아동을 대상으로 한 복지대책을 들 수 있다. 즉 장애아동의 사회적 자립을 위해서 의료재활, 교육재활, 심리재활 및 직업재활이 종합적으로 제공되는 점이 그것이다. 그러므로 관련 분야 간의 상호 유기적인 이해와 협조는 아동복지의 증진에 기여한다고 볼 수 있다.

5. 전문성의 원칙

전문성의 원칙이란 아동복지사업이 전문가와 전문기관에서 이루어져야 한다는 원칙이다, 왜냐하면 아동의 문제는 복잡하고 다양하므로 전문적인 지식과 기술이 필요하기 때문이다. 이 원칙은 전문적 접근에서 중요하게 고려되는 원칙으로서 예전보다 더욱 세분화되고 있다. 예를 들면, 종래의 개별이나 집단 사회사업가에서 의료, 학교, 교정, 산업 등을 전문적으로 다루는 사회사업가가 등장하게 되었다. 이러한 경향은 종래의 동정심에 호소하는 자선에서 아동복지를 기술과학의 입장에서 파악하게 해 준다. 나아가 아동복지의 수준을 향상시키는 데 기여하는 동인이 되고 있다. 최근에는 정책적 접근도 심도 있게 고려되고 있는데, 아동복지 정책 결정과정에 전문가가 참여하는 것이 그것이다.

Ⅳ. 현대사회와 아동문제

아동문제 및 아동복지에 대한 사회적 관심의 질적인 변화에 결정적인 작용을 한 것 중 가장 두드러진 것이 산업화이다. 아동복지에 미친 산업화의 영향은 핵가족화, 자녀수의 감소, 가족관의 변화, 결손 및 해체가정의 증가, 취업모의 증대, 인구의 도시 집중화로 나누어 볼 수 있다(전남련·김재환, 2006).

1. 가족문제

1) 핵가족화

산업화의 영향으로 자연적으로 주거와 직장이 분리되고, 조부모-부모-자녀의 확대가족 형태에서 부모-자녀 중심의 핵가족 형태로 변화하게 되었다. 이러한 현상은 가족 간의 상호 영향력의 감소와 자녀 양육과 안녕에 크게 영향을 미쳤다. 또한 빈곤이나 실업에 의한 가족의 경제적 불안정, 전통적 가족제도의 붕괴, 가족구조상의 결함, 부모 양육상의 결함 등은 곧 아동문제로 귀결된다. 특히 빈곤으로 인한 영양실조, 불결한 주거환경 등은 아동의 건전한 성장·발달에 커다란 장애요인이 되며, 교육기회의 박탈과 함께 나아가 비행으로까지 연결될 수 있다. 부모의 이혼, 별거, 사망 등으로 인해 가족이 해체되거나 결손가정이 될 경우 아동에게 심각한 정서적 상처를 주게 된다.

2) 가치관의 변화

산업사회는 가족구조에 대한 변화와 가치관의 변화도 초래하였다. 현격한 가치관의 변화로는 지나친 경쟁심, 성 개방 및 인명 경시 풍조와 물질주의 사고방식의 팽배 및 가족 이기주의를 들 수 있다. 예를 들어 미혼모의 증가에 따른 자녀의 유기 내지 친권의 포기, 금품을 노린 아동유괴, 아동에 대한 성폭력 등이 있으며, 이는 최근 심각한 사회문제로 대두되고 있다. 산업사회는 자녀의 성취 및 안녕과 마찬가지로 부모 자신의 성취와 안녕도 동시에 강조하고 있다. 즉 옛날처럼 자녀의 성취를 위해 부모가 희생을 감수하는 경향이 줄어들고 있으며, 이에 따라 부모 자신의 이익만을 위해 자녀를 방임하고 가출하거나, 별거, 이혼하는 경향이 늘어나고 있다.

3) 결손가정의 증가

산업화는 확대가족에서 핵가족 형태로 가족의 구조를 변화시키는 데 영향을 미쳤을 뿐만 아니라, 정상적인 핵가족 형태의 유지에도 어려움을 발생시키고 있다. 즉 고도산업사회가 이윤추구를 통한 부의 극대화에 가치를 크게 부여하면서 능력과 기회의 차이에 따른 빈부의 격차가 심화되고, 이윤추구에 급급한 나머지 안전대책을 소홀히 함으로써 산업재해로 인한 안전사고의 발생이 증가하고 있다.

2. 지원체계의 부족문제

1) 취업모의 증가와 가족구조 및 역할의 변화

산업화의 진전으로 인한 여성의 사회진출이 자녀양육의 문제와 가부장적으로 대표되는 우리 가정의 전통적 역할의 변화를 요구하고 있으나, 그에 걸맞은 가정의 역할 변화는 사회 전체적인 보수성의 영향으로 쉽게 이루어지지 못하고 있다. 이러한 가족관계의 비민주적 형태와 아직도 우리 가정문화에 뿌리 깊게 남아 있는 보수적 가족구조와 기능은 구조적 결손가정과는 다른 기능적 결손가정의 수를 증가시키고, 이것은 별거, 이혼 등의 구조적 결손으로 이어지기도 한다.

2) 자녀수의 감소

핵가족제도하에서 자녀수가 감소하고 있다. 그 이유는 첫째, 산업화에 따른 경제구조의 변화로 아동의 노동력에 대한 가치가 매우 감소하여 많은 자녀의 출산이 의미가 없어졌기 때문이다. 둘째, 산업사회의 성취 지향성 때문에 부모 자신과 자녀의 사회적 성취를 위해서는 적게 낳아 집중적으로 투자를 하는 것이 더욱 효과적이라는 인식이 확산되었기 때문이다. 따라서 자녀수의 감소는 아동복지의 수준을 향상시키는 요인이 되기도 하지만, 부정적인 측면으로는 형제자매끼리 어울려 자라는 과정에서 키울 수 있는 협조와 인내 등을 습득하기 어려우며, 나아가 서로에 대한 심리적 의존을 기대하기도 어렵게 한다. 따라서 가정 외에서 이러한 기능을 제공해 줄 수 있는, 즉 전문적인 보육기관과 유아교육 및 사회교육 시설에서의 역할 기대가 요청되고 있다.

3. 경제적 문제

가정의 경제적 불안정은 아동들의 최소한의 욕구가 충족되지 못하는 상태를 초래함으로써 아동들의 건전한 성장과 발달의 장애요인이 되고 있다. 이러한 문제는 아동의 안전과 건강을 해칠 뿐만 아니라, 적절한 교육, 건전한 여가활동 등 교육의 기회마저 박탈함으로써 지능이나 정서발달에 커다란 장애를 주게 된다. 따라서 아동은 양육과 보호를 받을 권리가 있다는 사실에 입각하여 아동에 대한 인식과 책임을 강화하여야 하며, 공적·사적 프로그램을 통해서 경제적 혜택과 안정이 보장되어야 한다. 빈곤, 산업재해에 따른 가족구성원의 사망, 실종 등은 가족의 기본적인 생활의 유지를 어렵게 할 뿐만 아니라, 가정불화의 요인으로 작용하기 쉽다. 이에 따라 아동 및 부모의 가출, 이혼, 별거 등에 의한 해체가정이 증가하고 있다. 이와 같은 현상은 정신적·물질적으로 아동문제를 야기하게 되는데, 즉 결손가정이나 해체가정에서 자라는 아동들은 대체로 경제적 어려움과 함께 적절한 보호를 받지 못하는 경우가 많아서 방임 및 학대의 상태에 놓이는 경우가 많다.

4. 사회환경의 문제

환경오염, 공해문제, 슬럼지역, 위험지역 등은 아동에게 부정적인 영향을 미칠 뿐만 아니라 심각한 사회문제로 대두되고 있다. 선정적이고 폭력적인 대중매체의 영향, 무절제된 성인들의 행태 역시 아동의 건전한 성장·발달에 부적합한 주변환경을 제공하고 있다. 산업화는 필연적으로 도시로의 이주를 촉진시켰다. 도시화는 주생활 및 교육과 놀이공간의 절대적인 부족현상을 가져왔다. 좁고 비위생적인 주거환경과 이른바 콩나물 교실에서의 수업, 열악한 놀이공간 등이 그것이다. 또 도시생활은 성인들의 향락적이고 물질만능주의의 생활이 여과 없이 그대로 노출되기 쉬운 곳이어서 아동의 정상적인 발달을 위협하고 있으며, 각종 비행을 유발하는 요인으로 작용하게 된다. 소음과 유해식품 등의 각종 공해와 함께 교통사고의 위험도 상존하게 된다. 그러한 결과 아동의 건강하고 건전한 육성을 위하여 도시환경의 정화가 시급한 과제로 대두되고 있다.

5. 부적응의 문제

정신지체·자폐아동 등 특수한 문제나 욕구를 지닌 장애아동의 경우 심리적으로 자기학대, 자살, 비행, 학업포기 등의 문제행동을 일으킬 소지가 있기 때문에 특별한 보호조치가 강구되어야 한다. 이러한 아동문제는 가족이나 사회환경의 무관심과 무지, 방치에서 기인되는 경우도 있으므로 이에 적합한 개입이 필요하다.

V. 아동문제의 사회적 이슈

1. 아동권리 문제

아동의 권리보호는 법적인 보장과 더불어 사회적 관행과 기성세대의 인식의 변화가 선행되어야 하는 과제이다(이재연, 1996).

1) 아동권리의 의의

아동의 권리에 있어 두 가지 차원의 중요한 관점은 법적·도덕적 권리와, 복지 및 자유권 차원의 권리이다. 아동의 권리에 대한 중요성은 첫째, 어린이에게는 어른의 사랑이면 충분하지 무슨 권리냐 하는 것에 대한 반론이 제기될 수 있다. 문제는 사랑 안에서 모든 사람들의 이익이 항상 조화되지 않기 때문에 아동의 이익이 희생될 수 있다는 것이다. 반면, 권리는 이상적인 도덕은 아닐지라도 도덕의 '최저 기본선'을 제공해 준다.

둘째, 어린이의 권리가 인정되면 오히려 사회갈등의 골이 늘어나고 깊어진다고 주장하기도 한다. 그러나 권리가 갈등을 만든 것이 아니고 아동들은 이제까지 그들이 받았던 부당한 대우를 그저 조용히 참고 있었으며, 이를 개선하기 위해서 권리가 필요한 것이다.

셋째, 권리의 체계는 국가권력이 국민과 아동의 일상생활에 개입하는 정도를 늘리게 되어 아동과 국민의 자유와 자율성을 침해한다고 주장하기도 한다. 그러나 권리의 인정이 국가의 부당한 개입이 될 가능성도 무시할 수는 없지만 사용방식에 따라 부당한 개입을 최소화하는 기제로 활용될 수 있으며, 사회적 권력이 적은 아동의 경우 권리의 인정은 더욱 중요해진다.

2) 아동권리의 발달과 아동권리에 대한 국제협약

아동의 권리에 대한 인식은 1922년 아동복리회(Save the Children Fund)의 창설자인 애글란타인 젭(Eglantyne Jebb) 여사에 의해 성문화된 아동권리선언(Declaration on the Rights of the Child)으로부터 시작되었다. 그는 "인류는 아동들에게 주어야 할 최선의 것을 돌려주어야 한다"고 주장하였다. 1924년 9월 26일 국제연맹(League of Nations)은 그의 선언문을 전문과 5개조로 된 「아동권리에 관한 제네바

선언(Declaration of Geneva)」으로 채택하였다. 1959년 11월 20일 국제연합(UN)은 전문 10개조로 된 「유엔아동권리선언」을 채택하였다. 유엔은 1979년을 '세계 아동의 해'로 선포하여 아동에 관한 관심을 촉구하였고, 1989년 11월 20일 유엔은 「아동의 권리에 관한 국제협약」을 만장일치로 채택하였다. 1990년 9월 2일 세계 20개국 이상의 비준을 받아 동 협약은 국제법의 효력이 발효되어, 1998년 세계 191개국이 비준함으로써 인류사상 가장 많은 국가가 비준한 국제협약이 되었다. 우리나라는 1990년 9월 25일 서명하고, 이듬해 11월 20일에 비준하여 현재 국내법으로서 효력을 가지고 있다(이배근, 1997).

2. 아동학대 문제

1) 아동학대의 정의

협의의 정의로 아동학대를 신체적 학대에 한정한 것으로서 비우발적이고 객관적으로 관찰가능한 상처를 초래하는 행위를 의미한다. 광의의 정의로는 아동학대를 아동발달상의 욕구를 충족시키는 데 실패한 모든 환경이라고 보아 아동 방임과 냉대까지도 포함하는 개념이다. 판타나(Fantana, 1973)는 아동의 건강한 발달에 필요한 정서적·물질적 요구의 결손은 소극적 형태의 학대이며, 언어적 학대나 구타는 적극적인 형태의 학대라고 정의하였고, 길(Gill, 1970)은 아동의 평등한 권리와 자유를 박탈하거나 아동의 적절한 발달을 저해하는 행위, 그리고 방임의 조건과 제도를 모두 아동학대라고 정의하고 있다(이원숙, 2003: 재인용).

2) 아동학대의 유형

아동학대와 방임이란 '만 18세 미만의 아동이 그의 부모나 후견인으로부터 신체적·정신적 또는 복지상태에 위해나 위협을 받고 있는 상황'이라고 보고 신체적 방임은 아동유기, 양육태만, 교육 및 의료적 방임을 의미하며 신체적 학대에 비해 작위보다는 부작위의 경향을 갖는다. 보건복지부의 아동학대에 대한 관리지침에 의하면, 아동학대를 "보호자를 포함한 성인에 의하여 아동의 건강·복지를 해치거나 정상적 발달을 저해할 수 있는 신체적·정신적·성적 폭력, 가혹행위 및 아동의 보호자에 의하여 이루어지는 유기와 방임"으로 정의하고 유형별로 다음과 같이 분류하고 있다(보건복지부, 2009).

① 신체학대란 보호자가 아동에게 신체적 손상을 입히거나 또는 신체적 손상을 입도록 허용한 우발적 사고를 제외한 모든 행위를 포함한다(신체적 손상이란 구타나 폭력에 의한 멍이나 화상, 찢김, 골절, 장기파열, 기능의 손상 등을 말하며, 또한 충격, 관통, 열, 화학물질이나 약물과 같은 다른 방법에 의해 발생된 손상 포함).

② 정서적 학대란 아동에게 가해진 신체적 구속, 억제, 혹은 감금, 언어적 또는 정서적 위협, 기타 가학적 행위를 포함한다.

③ 성적 학대란 성기나 기타의 신체적 접촉을 포함하여 강간, 성적 행위, 성기 노출, 자위행위, 성적 유희 등 성인의 성적 충족을 목적으로 아동에게 가해진 신체적 접촉이나 상호작용을 말한다.

④ 방임이란 보호자가 고의적 반복으로 아동에 대한 양육 및 보호를 소홀히 함으로써 아동의 건강이나 복지를 해치거나 혹은 정상적인 발달을 저해할 수 있는 모든 행위를 말하며, 방임에는 의료적 처치의 거부 등 신체적 방임, 유기, 장시간 아동을 위험한 상태로 방치하는 등의 부적절한 감독, 교육적 방임, 정서적 방임 등이 있다.

3) 아동학대에 대한 사회적 대응

1979년 한국사회복지협의회가 서울에 아동학대고발센터를 개설하였으나, 시민의 무관심과 신고정신의 미흡으로 1년 만에 폐쇄하였다. 1983년 한국어린이보호회에 어린이 상담전화를 개설하고, 1985년 서울 시립아동상담소에 아동권익보호 신고서를 개설하였다. 1989년 한국아동학대예방협회가 창설되었으며, 최근 한국이웃사랑회가 전국 16개 지역에 아동학대상담센터를 개설하였고, 한국어린이보호재단이 24시간 아동학대상담 신고전화와 피학대아동 일시보호시설을 운영하고 있다. 1993년 아동학대방지법 시안 작성, 1997년 국회 차원의 공청회 개최, 보건복지부의 아동복지법 개정안에 포함시킬 조정안이 제출되었다. 현재는 아동학대 관리지침이 전문가에 의해 작성되어 사용되어지고 있다.

3. 시설아동 문제

1) 시설아동보호의 의의

한국전쟁이라는 특수 상황에서 아동에 대한 긴급보호를 위해 보호시설들이 대량 설립된 후 지금까지 보편화되어 오고 있다. 우리나라의 입양과 위탁보호는 혈통을 중시하는 가족 이데올로기와 주택의 좁은 공간, 과중한 교육비, 아동이 성년으로 성장한 후에도 져야 하는 큰 부담으로 인하여 활성화되지 못했다. 탈시설화, 정상화와 같은 진일보한 보호의 방법이 주창되기도 하지만 현실적으로 상당 기간 요보호 아동은 시설보호 이외의 실천 가능한 대안의 활성화를 기대하기가 어렵다고 본다. 시설보호는 소위 말하는 '시설병(hospitalism)'이라는 문제 때문에 시설아동의 사회생활을 어렵게 하는 등 아동문제를 야기시킨다고 지적되고 있다(유효순, 2000).

2) 시설아동의 심리사회적 문제

시설아동은 어머니와 오랫동안 분리된 상태로 자라기 때문에 모성의 상실을 경험하며, 이러한 상실의 경험으로 인하여 성장 후에도 다른 사람들과의 정서적 관계를 맺기가 어렵게 되고 많은 정신병리적 요인을 갖게 된다. 일반적으로 시설아동들은 일반가정 아동들에 비해 게으름, 주의 산만, 거짓말, 발표력 부족, 정서불안, 고마움을 모름, 창의력 부족, 파괴적 행동, 단순한 사고, 물품 낭비, 도벽 등의 습관이 상대적으로 많다고 한다.

4. 소년소녀가장 문제

1) 소년소녀가장 세대의 현황과 문제점

소년소녀가장이란 만 20세 이하의 소년소녀가 경제적·심리적으로 가사의 실질적인 책임을 지고 한 가정을 이끌어 가는 경우를 말한다. 현행 우리나라의 적용은 18세 미만의 아동으로만 구성된 가정을 소년소녀가장 세대라 하고 있다. 1985년부터 정부는 생활보호법(국민기초생활보장법의 제정으로 폐지, 대체됨)을 적용하여 이들 세대에 대해 최저한의 경제적 생활을 보장해 주고 있다. 그러나 아동들이 가사의 책임을 지고 가정을 이끌어 나가는 것이 경제적으로 불가능에 가깝기 때문에 이로 인한 위험에 상시적으로 노출되어 있는 실정이다.

2) 소년소녀가장 세대의 전환

위와 같은 위험에 직면해 있음에도 불구하고 우리나라에서는 국가와 사회가 시설수용의 대안만을 수용하도록 조장하는 듯한 분위기가 없지 않다. 실제적 방법으로는 친척 위탁이나 위탁가정보호로 대체하거나, 이들의 구체적 상황을 감안하여 소단위 그룹들을 설치여야 할 것이며, 불가피한 경우에만 시설보호로서 대체하여야 한다.

5. 결손가정 문제

일반가정이란 양친과 자녀로 이루어진 가정을 말하며, 한부모가정은 양친 중의 일방만 있는 가정이다. 소년소녀가장 세대는 양친이 모두 있지 않은 경우 등이 있는데, 일반적으로 한부모가정과 소년소녀가장 세대를 결손가정이라 한다. 물론 결손가정을 문제가정으로 간주하는 사회적 편견은 시정되어야 하지만 그런 편견이 적지 않은 것으로 나타나고 있다. 실제로 비행과 관계가 높은 가정적 변수는 구조적인 결손가정이 아니라 양친이 다 있지만 부부 혹은 부모-자녀 간에 갈등이 있거나 상호작용이 거의 이루어지지 않는 기능적 결손가정이 문제가 되는 것이다.

Ⅵ. 아동복지 서비스 프로그램

1. 지지적 서비스(Supportive Services)

가정의 역할을 지원, 강화함으로써 부모의 역할을 보다 향상시키고, 부모역할의 긴장이나 장애, 부모-자녀 관계에서 발생하는 갈등상황 등을 외부에서의 지원을 통해 극복할 수 있도록 하는 서비스로서, 가족의 적응기능을 향상시키고 가족 스스로 건강한 가정을 가꾸어 가는 데 필요한 지원을 하는 서비스이다(공계순 외, 2009).

1) 일반 아동복지사업

아동복지사업 분야는 보통 일반아동을 대상으로 하는 복지사업과 보호나 도움을 필요로 하는 아동을 위한 복지사업으로 구분한다. 예전에는 사회적 약자나 요보호 대상자를 중심으로 선정된 범위에서 실시되어 왔으나, 최근에는 사회복지의 발달에 따른 보편주의적 실천에 입각하여 일반아동을 위한 서비스가 확대 실시되고 있다. 즉 가족에서 이탈된 아동들에게 정상적인 사회생활을 유지할 수 있도록 보호·치료하는 것에서 나아가 전체 아동의 신체적 건강, 영양, 환경, 정신위생

등 제반 복지활동을 포함하는 다원적이고 포괄적인 것이 되고 있다. 이에 따라 아동복지가 이루어지고 있는 중요한 장소인 가정, 교육 및 보육기관, 아동복지기관 및 단체, 국가 및 사회를 기준으로 일반아동을 위한 복지가 확대 실시되고 있다.

2) 아동상담사업

아동복지의 권위자 카두신(Kadushin)은 아동상담사업을 아동복지사업 중 가장 일차적인 사업으로 규정하며, 이는 부모와 아동이 가정에서 바람직한 관계를 가지며 행복할 수 있도록 지지·강화해 주는 사업이라고 정의하였다. 사회적 요구에 따라 아동을 위한 상담사업은 개별상담, 집단상담, 가족상담 및 치료를 통해 아동이 가정 내에서 정상적으로 성장·발달할 수 있도록 돕는 데 있고, 아동상담의 대상은 발달상 혹은 적응상의 문제를 지닌 아동이며, 아동이 영향을 많이 받는 부모 또는 주 양육자 및 교사에 대한 상담도 대상으로 포함된다.

3) 미혼부모 아동복지사업

미혼부모란 법적으로 혼인을 하지 않은 상태에서 성관계를 맺어 이로 인해 결과적으로 아기를 임신하고 있거나 출생한 아기의 부모가 된 사람을 말하며, 기혼자가 자신의 배우자 이외의 사람과 관계를 맺어 부모가 된 사람도 포함된다. 또한 미혼부모 아동복지사업은 미혼부모와 그 자녀를 위한 사업이라 할 수 있으며, 미혼부모가 사회·경제적인 입장에서뿐만 아니라 정신적·육체적으로 직면하고 있는 문제를 해결할 수 있도록 가족과 이웃 및 사회복지사가 이들에게 적절한 도움을 주어 미혼부모로 하여금 자신의 문제를 통찰하고 해결할 수 있는 능력을 제공하는 여러 가지 사업을 말한다.

4) 학교사회복지사업

학교사회복지사업이란 학교라는 환경에서 아동이 겪게 되는 다양한 문제를 예방하고 해결함은 물론, 모든 아동이 자신의 잠재력과 능력을 최대로 발휘할 수 있도록 최상의 교육환경과 공평한 교육기회를 제공하고, 궁극적으로는 교육의 본질적인 목적과 학생복지를 실현하는 학교사회복지사의 전문적인 기술과 기법을 통해 복지를 실천하는 일체의 활동이다.

2. 보충적 서비스(Supplementary Services)

보충적 서비스는 가정 내에서 이루어지는 서비스의 형태로 부적절하거나 제한된 부모역할의 일부를 보조하거나 대행하는 서비스이다. 탁아보호서비스는 자녀양육이라는 가족기능의 일부를 전문적 사회제도가 맡아 주는 것으로 여성의 사회진출로 탁아보호서비스에 대한 욕구는 점차 증가하고 있다. 아동학대예방서비스는 아동이 유기, 학대, 착취당하는 경우 전문기관에 의해 수행되는 서비스이며, 홈메이커서비스는 훈련받은 종사원이 가사 전반을 돌보는 서비스를 제공하는 것이다. 소득보완사업은 소득의 산출이라는 부모의 역할을 대신함으로써 아동이 정상적인 성장과 발달을 할 수 있도록 도와주는 서비스제도이다.

1) 보육사업

보육사업은 일차적으로 어머니의 취업으로 인해 일정기간 자녀를 돌볼 수 없는 경우, 부모가 질병이 있거나 아동이 장애를 가진 경우 가정의 양육기능을 보완하기 위해 제공되는 서비스이다. 보호와 교육을 동시에 제공하고, 아동의 성장욕구와 자녀양육의 도움을 필요로 하는 부모의 욕구, 여성인력의 활용을 위한 국가적인 측면의 욕구 모두를 충족시켜 주는, 즉 아동 및 여성복지, 그리고 가족복지의 실현을 위한 전문적 사회복지사업이다.

2) 보호사업

보호사업은 학대아동과 그 부모 및 학대자를 대상으로 보호, 교육, 상담, 치료 등의 서비스를 통해 도움을 주고, 학대를 예방하기 위해 실시하는 다양한 활동을 의미한다.

3. 지지와 보충적 서비스

아동의 복지실천을 위한 지지적 서비스와 보충적 서비스는 부모와 가정의 역할을 보다 잘 수행하도록 하기 위한 지원적 서비스와 함께 가정의 역할을 수행함에 있어서 구조적·기능적 결핍으로 인해 발생되는 결손 부분을 보충적 서비스를 지원받아 해소함으로써 아동의 양육과 발달이 제대로 이루어질 수 있도록 하는 서비스이다.

1) 장애아동복지사업

장애아동이 가지고 있는 잠재력을 최대한 발휘하여 정상적인 생활이 가능하도록 원조하는 것이다.

2) 비행아동복지사업

교정복지사업은 현재 사회적으로 용납할 수 없는 행위를 한 아동뿐만 아니라, 앞으로 할 가능성이 있는 행위를 한 아동, 즉 비행아동을 대상으로 선도하고 보호하는 여러 활동을 말한다.

3) 소년소녀가장 아동복지사업

소년소녀가장의 아동들에게 경제적·심리적·사회적으로 최소한의 생활을 할 수 있도록 보장해 줌으로써 가정해체와 비행아동의 예방, 아동의 자립능력 배양 및 건전한 사회인으로 육성하기 위한 각종의 대책을 마련해 주는 것이다.

4) 한부모 아동복지사업

부모 중의 일방이 사망·실종하거나 부모가 이혼·별거하거나 또는 부모 중 일방이 배우자를 유기하는 경우와, 이 밖에 부모 중의 일방이 교정시설에서 무기 또는 장기적으로 복역하게 되는 경우에 공적 부조, 사회보험, 모자복지시설과 여성복지상담소와 같은 사회복지서비스, 자립지원서비스를 지원해 주는 것이다.

4. 대리적 서비스(Substitute Services)

아동이 자신의 가정을 완전히 떠나서 다른 가족이나 양육인에 의해 일시적, 혹은 영구적으로 보호를 받게 되는 서비스로서 가정위탁보호사업, 입양사업, 시설보호사업 등이 포함된다.

1) 가정위탁보호사업

가정위탁보호는 아동을 자신의 가정에서 일시적으로나 장기적으로 돌보아 줄 수 없는 경우에, 어떤 계획된 일정 기간 동안 사회복지기관을 통하여 제공되는 대리적 가정보호이다. 가정위탁은 부모의 수형, 장기입원, 별거 등으로 일정한 기간 일반가정에서 위탁보호되고, 위탁의 사유가 된 상황이 해소되어 친부모 밑에서 자랄 수 있게 되면 아동은 자신의 가정으로 돌아가게 된다. 이 점에서 가정위탁의 기본적 전제는 위탁보호의 수준이 자신의 친부모에 의한 양육 수준 이상이어야 한다. 이 사업은 입양과 같이 위탁부모의 법적 가족이 되는 것도 아니고, 시설보호와는 달리 일반가정에서 이루어진다는 점이 특징이다. 아동이 가정 분위기에서 보호됨으로써, 친부모와 영구적으로 분리되는 것을 방지하고 발달적인 손상을 줄이려는 데 의의가 있다.

최근 한국에서는 가정위탁과 시설보호의 중간 형태로서 소규모 아동복지시설이 '소공동체'라는 이름으로 살레시오 수도회를 중심으로 활발하게 시도되었다. 이 소공동체는 부모의 보호를 받지 못하는 아동과 청소년을 적게는 5명 내외에서 많게는 20여 명까지 공동생활을 하면서 보호하는 방식이다. 주로 주택가에 위치하고, 생활을 함께하는 보호자가 있다는 점에서 가정위탁에 가깝고, 공동체가 큰 경우에도 소규모 시설이라고 볼 수 있다. 이러한 소공동체 운동을 통해서, "보호를 필요로 하는 아동에게 가정과 같은 주거여건과 보호를 제공하는 것을 목적으로 하는 사업"인 '공동생활가정사업'이 개정된 「아동복지법」(제52조 제 3 항 제 5 호)에 포함되게 되었다.

2) 입양사업

입양은 성인에게 다른 아동을 법적인 절차를 밟아서 자신의 자녀로 삼는 것을 의미하며, 입양된 아동은 친부모와 동등하게 양부모와 친자의 관계를 맺게 된다. 입양은 생물학적 과정이 아닌 법적이고 사회적인 과정을 통하여 친권관계를 창조하는 행위라고 할 수 있다. 우리나라는 전통적으로 가까운 친족 중에서 양자를 입양하는 풍습이 있었고, 이 입양은 가문의 대를 잇고 제사를 지내는 것이 핵심이었다. 자녀 없는 부모에게 양자를 주는 전통적인 입양과 달리 부모 없는 자녀에게 부모를 주는 현대적 의미의 입양은 「고아입양특례법」(1961)에 의해서 장려되었다.

입양은 이를 전담하는 기관을 거치지 않은 단독입양과 기관에 의해 입양을 성립시키는 기관입양이 있고, 입양아동이 가진 원래의 국적과 같은 부모에게 입양되는 국내입양과 그렇지 않은 국외입양이 있다. 어떤 경우나 입양의 질은 입양부모의 양육태도와 가정환경에 의해서 크게 좌우된다. 따라서 대부분의 입양전문기관은 양부모의 조건으로 부부의 연령은 30~50세 정도이고, 결혼 지속기간은 3~

10년 정도이며, 가구의 소득은 평균 이상일 것을 요구하기도 한다(남기민, 2005).

입양기관을 통해서 입양이 성립될 경우에는 사회복지사는 입양의 전 과정에서 핵심적인 역할을 한다. 입양과정은 흔히 최초의 면접, 가정조사, 입양, 그리고 사후조사로 이루어진다. 최초의 면접은 입양을 원하는 신청자를 대상으로 입양의 동기 및 태도, 연령, 불임 여부, 가족상황, 경제적 여건, 원하는 아동의 특성 등에 대해 개별면접을 한다. 가정조사는 최초의 면접에서 나타난 사항을 확인하기 위해 부부의 공동면접, 개별면접과 가정방문을 실시한다. 이 과정에서는 법률적 조건을 최저 기준으로 하면서 입양부모로서의 적합한 조건과 가정환경을 갖추었는지 살펴보게 된다. 그 다음 입양 신청자에게 입양할 아동에 관한 모든 자료를 제공하여 입양의 가부를 결정짓고, 입양이 되면 입양신고를 한다. 입양 1개월을 전후로 가정방문을 실시하고 입양 아동의 적응도를 평가한다.

3) 시설보호사업

시설보호는 가정에서 욕구가 제대로 충족되지 못한 아동을 위해서 집단보호와 치료를 마련해 주는 대리보호를 의미한다. 따라서 아동은 자기의 가정과 부모 밑에서 성장해야 한다는 것이 중요한 원칙이지만, 도저히 가정에서 성장할 수 없는 아동들은 불가피하게 시설보호를 받게 된다.

한국의 경우 전쟁고아를 단순히 수용 보호하는 차원에서 시설보호가 확대되었다가 요보호 아동이 줄어들고 그 특성이 바뀌면서 아동복지시설이 전문화되어 왔다. 우선 아동에게 장애가 있느냐 여부에 따라서 장애아동은 전문화된 장애인복지시설에서 보호되고, 비장애아동은 연령에 따라서 3세 미만은 영아시설, 3세 이상은 육아시설에서 보호를 받게 되었다. 영육아 시설에 입소하기 전에 요보호 아동을 발견하고 상담하기 위해서 아동상담소와 이들을 일시보호하기 위해서 아동일시보호시설이 설립되었다. 성장한 요보호 아동의 자립을 촉진시키기 위해서는 직업훈련시설이 설립되고, 보호기간 연장 아동이 주거문제를 해소하면서 자립할 수 있도록 자립지원시설이 설치되었다.

최근에는 가출, 폭력, 약물오남용, 성비행 등 문제행동을 하는 아동과 청소년이 늘어나면서 이들을 단기간 또는 중장기간 보호하면서 치료하는 아동보호치료시설, 아동단기보호시설이 설치되거나 지정되고, 지역사회 아동의 건전한 육성을 위해서 아동복지관이 새롭게 설립되고 있다. 아동복지법은 아동복지시설의 종류를 다음과 같이 정하고 있다(제52조 제1항). 또한, 아동복지시설을 단일 업무만을 수행하는 시설뿐만 아니라 "통합하여 설치할 수 있다"고 규정하였다(제52조 2항).

(1) **아동양육시설**: 보호대상아동을 입소시켜 보호, 양육 및 취업훈련, 자립지원 서비스 등을 제공하는 것을 목적으로 하는 시설

(2) **아동일시보호시설**: 보호대상아동을 일시보호하고 아동에 대한 향후의 양육대책 수립 및 보호조치를 행하는 것을 목적으로 하는 시설

(3) **아동보호치료시설**: 아동에게 보호 및 치료 서비스를 제공하는 다음 각 목의 시설

　가. 불량행위를 하거나 불량행위를 할 우려가 있는 아동으로서 보호자가 없거나 친권자나 후견인이 입소를 신청한 아동 또는 가정법원, 지방법원소년부지원에서 보호위탁 된 19세 미만인 사람을 입소시켜 차료와 선도를 통하여 건전한 사회인으로 육성하는 것을 목적으로 하는 시설

　나. 정서적·행동적 장애로 인하여 어려움을 겪고 있는 아동 또는 학대로 인하여 부모로부터 일시 격리되어 치료받을 필요가 있는 아동을 보호·치료하는 시설

(4) **공동생활가정**: 보호대상아동에게 가정과 같은 주거여건과 보호, 양육, 자립지원 서비스를 제공하는 것을 목적으로 하는 시설

(5) **자립지원시설**: 아동복지시설에서 퇴소한 사람에게 취업준비기간 또는 취업 후 일정 기간 동안 보호함으로써 자립을 지원하는 것을 목적으로 하는 시설

(6) **아동상담소**: 아동과 그 가족의 문제에 관한 상담, 치료, 예방 및 연구 등을 목적으로 하는 시설.

(7) **아동전용시설**: 어린이공원, 어린이놀이터, 아동회관, 체육·연극·영화·과학실험전시 시설, 아동휴게숙박시설, 야영장 등 아동에게 건전한 놀이·오락, 그 밖의 각종 편의를 제공하여 심신의 건강유지와 복지증진에 필요한 서비스를 제공하는 것을 목적으로 하는 시설.

(8) **지역아동센터**: 지역사회 아동의 보호·교육, 건전한 놀이와 오락의 제공, 보호자와 지역사회의 연계 등 아동의 건전육성을 위하여 종합적인 아동복지서비스를 제공하는 시설.

☞ 표 1-2　아동복지사업(서비스)의 분류

분류기준	가정 ◄──────── 분류의 연속선 ────────► 시설					
서비스 실시장소	아동의 가정			가정 외부		
서비스 기능	지지적 서비스	보완적 서비스		대리적 서비스		
서비스 종류	• 아동상담사업 • 가족상담 및 치료	• 사회보험 • 공공부조 • 아동학대 방지 및 보호 사업	보육 사업	• 가정위탁 보호사업 • 입양사업	• 시설보호사업 • 공동가정생활 그룹홈 사업	

4) 공공부조사업

아동의 보호자가 현실적으로 생활불능 상태에 있거나 생활이 곤란한 상태에 있는 자에게 국가 또는 공공단체가 최종적인 생활보장수단으로서 갹출을 요건으로 하지 않고 최저생활에 필요한 급여를 행하는 제도로 국민기초생활보장법을 근거로 공공부조가 실시되며 재원은 전액 국가재정으로 이루어진다.

■ **공공부조사업의 종류**

　(1) **거택보호:** 빈곤으로 인한 각종 요보호 아동의 발생을 미연에 방지하기 위하여 극빈 가정과 모자세대 등의 생활이 어려운 가정에 경제적 지원을 함.

　(2) **시설보호:** 아동이 보호자로부터 유기 또는 이탈된 경우나 보호자가 자신의 자녀를 도저히 가정에서 양육하기가 어려운 19세 미만의 아동을 지원함.

　(3) **자활보호:** 보호대상자의 자립능력을 배양시켜 스스로 저소득층을 벗어나 자립하여 정상적인 사회성원이 되도록 지원함.

　(4) **교육보호:** 취학적령기에 있는 생활보호대상자의 자녀에게 교육기회를 부여하여 장차 이들이 사회에서 정상적인 근로능력을 가지고 자활해 나갈 수 있도록 중학교, 고등학교의 수업료 및 입학금 전액을 국가가 지원함.

　(5) **의료보호:** 질병이 발생해도 스스로 의료비를 부담할 수 없는 저소득층을 지원함.

Ⅶ. 아동복지의 과제와 전망

아동이 성숙한 시민으로 육성되기 위해서는 부모와 사회 및 국가가 전체 아동의 복지증진을 도모해야 한다. 따라서 현재의 요보호 아동 중심의 정책과 실천에서 탈피하여 전체 아동의 건전한 성장과 발달을 보장한다는 기본적인 인식의 대전환이 필요하다. 그렇게 함으로써 아동복지의 사후 치료적인 측면보다는 예방적인 아동복지서비스로의 발전을 가져올 수 있을 것이다.

1. 아동복지의 과제

인류의 경제적 성장과 발달은 삶의 질에 대한 복지욕구를 점차 증가시키고 있다. 개인 중심의 핵가족사회로 변모하면서, 아동에 대한 사회적 관심과 그 가치에도 많은 변화가 오고 있다. 저출산이 또 다른 문제를 야기시키기도 하고, 아동의 지위와 그 특성에 관한 인식의 증가만큼이나 아동을 둘러싼 환경은 오히려 점점 악화되기도 한다. 이제 국가 및 사회는 부모와 더불어 아동의 양육과 보호, 권리보장 등에 있어 책임을 지는 아동복지의 중요한 주체이다. 아동의 다양한 욕구와 문제를 해결하기 위해 부모, 사회, 국가 모두는 공동의 노력을 해야 할 것이다. 구체적으로 살펴보면 다음과 같다.

① 요보호 아동의 선별적 아동복지 우선 해결, ② 아동수당제도의 도입, ③ 아동문제 발생의 예방, ④ 부모교육의 강화, ⑤ 아동전용시설의 확충, ⑥ 보육시설의 확충 및 보육프로그램의 개발, ⑦ 종합적인 장애아동복지서비스 체계 구축, ⑧ 국내 입양과 가정위탁보호서비스의 활성화, ⑨ 아동복지시설의 기능변화와 서비스 개발, ⑩ 아동복지 전문가의 전문성 강화, ⑪ 전문화된 아동복지 실천방법의 개발, ⑫ 아동복지 전문가의 대우 개선.

2. 아동복지의 전망

첫째, 아동복지서비스는 아동이 가정으로부터 이탈되지 않도록 예방에 초점을 두는 것이다. 요보호 아동 중심의 서비스에서 일반아동을 위한 보편적 서비스로의 확대가 필요하며, 이를 위한 프로그램과 제도가 개발되어야 한다.

둘째, 아동의 권리를 보장하는 아동복지 실천 및 아동복지에 있어 아동을 보는 관점, 아동에게 주어지는 서비스의 내용, 서비스를 전달하는 과정, 전문가의 역할 등에 변화를 요구한다. 따라서 미래의 아동복지는 권리를 지닌 존재로서의 아동을 다루는, 보다 발전된 의미의 아동복지가 이루어져야 할 것이다.

셋째, 요보호 아동을 위한 서비스의 강화이다. 요보호 아동을 중심으로 한 기존 서비스체계를 전환하는 아동복지시설의 개방화가 선행되어야 하며, 시설환경의 개선과 정비·시설처우의 전문화가 이루어져야 한다. 입양·위탁가정에 대한 경제적 지원책을 강구하여 가정양육을 양성화하고, 전문적인 서비스가 이루어지도록 해야 한다.

넷째, 보호 아동의 보호범위를 확대하여 결손가정의 아동, 학대받는 아동, 약물남용에 처한 아동, 기타 장애아동 등 요보호 아동을 위한 배려와 함께 예방적인 차원에서 일반아동을 위한 보편적인 프로그램도 지속적으로 개발되어야 한다.

다섯째, 지역사회의 중심의 아동복지 실천 및 지방자치단체 중심의 아동복지정책과 지원은 물론, 지역사회를 기초로 하는 지역사회복지관과 아동복지관의 아동 프로그램 활성화를 통해, 지역사회 내의 아동 관련 욕구와 문제를 자체 내에서 해결하는 방향으로 아동복지사업이 이루어져야 할 것이다.

여섯째, 공공 및 민간 차원의 조화로운 아동복지 실천과 아동복지의 성공을 위해 국가 및 공공기관의 구체적 정책과 법률, 행정체계라는 하드웨어와 민간 차원에서 이루어지는 다양한 서비스라는 소프트웨어가 상호 조화를 이루어야 할 것이다.

제2절 청소년복지

Ⅰ. 청소년복지의 이해

1. 청소년복지의 정의

청소년복지에 대한 기존의 정의를 검토하여 보면 다음과 같다. 김치묵(1977)은 『한국사회복지총람』에서 청소년복지와 아동복지에 관한 개념이 뚜렷이 구분되어 있지 않고 일반적으로 아동복지 속에 청소년이 포함되어 있는 것 같은 상황에서 아동복지와 분리된 청소년복지란 제목의 내용을 엮어가는 데 약간의 혼란과 무리가 있다고 전제했다. 그는 청소년복지로 청소년의 인격형성에 중요한 영향을 주는 교육, 환경, 보건, 직업, 인간성 회복, 여가선용 문제 등을 복지적인 차원에서 현재의 상황을 검토하여 앞날을 위하여 반드시 고려하여야 할 문제를 제시하려 하였다. 그가 청소년복지에 대한 정의를 체계적으로 시도하지는 않았지만, 청소년 복지를 '청소년의 인격형성에 영향을 주는 제 요인'으로 본 것은 시사점을 주고 있다.

송정부(1991)는 청소년복지란 각종의 지원적 · 보호적 · 보충적인 구호와 봉사를 통하여 아동과 청소년의 복지를 증진하기 위한 다양한 행동을 의미하고 있다고 하였다. 모든 청소년이 건강하고 품위 있는 인격을 성취하기 위해서는 봉사의 계획과 실천이 요망되며 지역사회 안에 있는 모든 기관과 시설, 특히 보건, 교육, 사회복지 분야의 기관과 시설이 이 일을 위하여 동원되어야 하는 것이라고 하였다. 그의 정의는 청소년복지의 실천적인 면을 강조하여 청소년복지가 강단의 논의보다는 현장의 실천에서 비롯되었음을 함축하고 있다.

김성이(1993)는 청소년복지 문제를 청소년의 욕구와 경제시장 간의 상호작용에서 적응하지 못할 때에 일어나는 문제로 보는 '잔여적' 개념으로만 볼 것인가, 아니면 사회 '제도적' 개념으로 볼 것인가가 심각히 토의되어야 한다고 전제하면서, 제도적 입장에서 개념을 정리하였다. 즉 "청소년복지는 가정이나 사회로부터 버려지거나 적응하지 못하는 청소년들뿐만 아니라, 모든 청소년들의 안녕에 관심을 가진다. 청소년복지 활동은 청소년들의 기본적 욕구를 충족케 하고, 정신적 · 정서적 · 신체적으로 최상의 발달을 기하기 위해서 청소년 자신들에게 직접적으로 또는 가정이나 사회를 통해 간접적으로 제공되는 모든 사회제도적, 전문적 활동을 말한다"(김성이, 1993: 6).

청소년복지를 제도적 입장에서 파악한 것은 프리들랜더(Friedlander)가 아동복지를 본 입장과 일맥상통한 점이 있다. 그는 "아동복지는 단지 빈곤, 방치, 질병, 결함 등을 지닌 아동, 혹은 환경에 적응하지 못하는 비행아동들에만 관심을 두는 것이 아니라, 모든 아동이 신체적 · 지적 · 정서적 발달에 있어서 안전하며 행복할 수 있도록 위험을 지키며 보호하기 위하여 공사의 제 기관에서 실시하는 사회적 · 경제적 · 보건적인 제 활동들이다"(Friedlander, 1980: 67)라고 했다.

이상과 같이 청소년복지를 정의할 때 정소년기는 인생의 주기상 아동기에서 성인기로 가는 과정에 있다는 점에 유의할 필요가 있다. 부모와 가족의 의존에서 벗어나서 성인으로 자립해야 하는 발달과업을 가지고 있는 것이다. 모든 사람은 각 발달단계마다 그 단계에서 반드시 성취해야 할 발달과업을 가지고 있는데, 청소년기는 자기의 신체적 성숙을 꾀하고, 동성과 이성의 친구를 사귀며, 경제적으로 독립할 준비를 하는 시기이다. 따라서 청소년복지는 청소년이 성장하는 과정에서 보다 절실한 사회적 욕구인 교육, 보건, 직업에 관한 욕구 등을 충족시키면서 일탈, 불평등, 사회해체와 같은 사회문제를 극복하도록 돕는 사회적 서비스이어야 한다(홍봉선·남미애, 2006).

2. 청소년복지의 대상

청소년복지의 대상은 모든 청소년이다. 청소년의 문제는 청소년 개인의 신체적·정서적·심리적 상태뿐만 아니라 부모, 가족, 또래와 같은 대인관계적 측면, 학교 및 교육제도, 기타 청소년이 접하는 사회환경 및 문화적 측면에서 파악해야 한다(김경준 외, 2005). 전통적인 가족제도의 붕괴, 결손가정, 빈곤가정, 부도덕가정, 부재가정 등으로 야기되는 가정문제는 성장하는 청소년에게 정서적으로 불안정하고 다양한 문제를 일으키는 요소가 된다. 학교는 청소년에게 각자의 가치관, 의지력, 지적 능력 등을 형성하는 교육과정이 되어야 한다. 그럼에도 불구하고 입시위주의 교육이나 학원폭력, 집단따돌림 등으로 학교기능이 상실되면서 반사회적이고 반항적인 불량교우 집단화의 문제를 야기시키게 된다. 사회적으로는 전통사회가 해체되고 도시화, 산업화, 정보화가 진행되면서 많은 청소년들이 사회부적응과 가치관의 혼란으로 인해 현실도피, 반항, 비행화하는 경향이 짙어지고 있다.

3. 청소년복지의 필요성

첫째, 청소년문제의 발생과 청소년복지의 필요성을 가족과 사회의 변동 자체에서 찾고 있다. 핵가족화와 이혼, 기혼여성의 취업, 산업화와 도시화 등은 많은 문제점을 낳았다. 따라서 청소년복지는 가족정책, 산업정책, 지역복지정책 등 다른 사회정책과 밀접한 관계 속에서 다루어진다.

둘째, 학교교육의 연장과 그 역기능 속에서 청소년복지의 필요성이 다루어진다. 의무교육의 실시, 미진학 청소년에 대한 대책 등의 전통적인 복지사업뿐만 아니라, 중등학생들의 학업성취와 진로지도 전반에 대한 관심을 갖는다. 또한, 공교육기간이 늘어나면서 생활교육보다는 지식위주의 교육이 만연되고, 입시위주의 교육과 과도한 학습량으로 청소년의 건전한 신체적·정서적 성장이 왜곡되는 문제에 관심을 가진다.

셋째, 청소년복지를 위한 정부와 민간의 협력이 강조되고 있다. 오늘날 청소년은 다양한 성격의 집단으로 인식되고 있다. 따라서 청소년집단을 위해서 소득, 보건, 교육, 주택, 여가 서비스 등을 단일한 방식으로 제공하기보다는 국가와 지방자치단체, 그리고 민간이 다양한 방식으로 접근하는 것이 바람직하다고 본다.

넷째, 청소년을 복지의 대상으로만 인식하지 않고 사회변동의 주체로 인식하는 경향이 높아지고 있다. 시민사회에서 청소년의 권리가 강조되면서 청소년과 관련된 정책의 의사결정에 청소년의 참여와 관여가 증대되고 있다. 또한, 청소년들이 자원봉사활동을 통해서 지역사회문제를 해결하도록 장려되고, 미래의 주인으로서뿐만 아니라 현재 한 시민으로서 책임을 다하도록 강조되고 있다.

Ⅱ. 청소년복지의 이념 및 역사

1. 청소년복지의 이념

사회복지가 인간다운 삶의 유지, 삶의 질 향상에 근거를 두고 있는 것처럼, 청소년복지 역시 청소년들에게 인간 상호 간의 이해와 철학을 가르치는 것이 되어야 하며, 욕구를 최대한으로 해결해 주는 다양한 서비스를 인본주의에 바탕을 두고 행해져야 한다. 이러한 청소년복지의 이념은 다음의 목표에 대한 성실한 실천이 전제되어야 한다. 첫째, 청소년과 관계된 부정적인 환경을 긍정적인 환경으로 개선시키며, 둘째, 청소년문제의 사전예방을 위한 왜곡된 사회의 정상화와 공·사적인 지원체계의 강화, 셋째, 문제청소년과 요보호 청소년의 적극적인 치료와 교정을 통한 사회적 통합을 들 수 있다(이종복·전남련, 2007).

2. 청소년복지의 역사

1) 청소년복지의 맹아기
해방 후부터 아동복리법과 미성년자보호법이 제정된 1961년까지는 청소년복지가 조선구호령(1944)과 몇 개의 미군정 법령 및 처무준칙에 따라 실시되었다. 이 시기에는 청소년복지가 아동복지와 그 영역이 구분되지도 않았으며, 아동복지도 다른 사회복지의 영역과 별 구분 없이 긴급구호를 하는 수준이었다. 그러나 요보호 아동의 보호·연소노동자 보호·비행소년의 보호에서 청소년복지의 맹아를 찾을 수 있다(이용교, 2004).

(1) 13세 이하 요보호 아동의 보호

이 시기의 공공구호 대상은 65세 이상의 무의탁 노인, 6세 이하의 아동을 부양하는 여자(모), 13세 이하의 아동, 불치의 병으로 신음하는 사람, 요보호 임산부, 심신장애자 등이고, 청소년은 배제되어 있음을 알 수 있다. 물론 일부 나이 어린 청소년도 포함되었지만, 청소년은 아동의 연장선에서 보호한 것이다.

(2) 아동시설의 인가제와 유형

사회복지시설이 대상별로 구분되어서 아동시설이 정체성을 갖게 되고 정부의 지원과 감독이 강화된 것은 의미 있는 일이다. 정부(사회부)는 '후생시설 설치기준'(1950)을 공포하여 아동시설을 '인가시설'로 하였다. 이 기준은 6·25로 발생된 수많은 전쟁고아를 수용 보호하는 데 근거가 되었으며, 이후 '후생시설 운영요령'(1952)으로 강화되었다. 이 운영요령은 아동시설을 영아원, 육아원, 감화원 등으로 구분하고, 이 밖에도 후생시설을 모자원, 정신치료감화원, 불구자수용원, 맹아원, 직업보도원, 양로원 등으로 구분하였다.

(3) 18세 미만 아동 노동의 보호

청소년을 보호의 대상으로 인식한 것은 「아동노동법규」에서 찾아볼 수 있다. 미군정은 「아동노동법규」(1946)에서 아동의 노동을 보호하기 위하여 상공업체 고용금지(14세 미만), 중공업체 또는 유해업체 종사금지(16세 미만), 위험직종 또는 유해직종 종사금지(18세 미만), 그리고 일일 노동시간의 제한(16세 미만 8시간 이내)을 규정하였다. 비록, '아동'이란 용어를 사용하고 있지만, 18세 미만 '근로청소년'을 보호하기 위한 최초의 규정이란 점에서 의의가 있고, 이러한 정신은 「미성년자노동보호법」(1947)과 「근로기준법」(1953)에 의해서 계승되었다.

(4) 20세 미만 비행소년의 보호

비행아동에 대한 시설보호는 일제하에서부터 시작되어서 영흥학원, 목포학원 등이 설치 운영되었다. 이에 대한 법으로 소년령(1942)이 제정되고, 소년법원으로

경성소년재판소(1942)가 설치되었다. 또한 반사회적 성향을 가진 20세 미만 소년
의 생활환경 조정과 선행교정을 위해 보호처분을 행하고, 형사처분에 있어 특별
조치를 하기 위한 「소년법」(1958)이 제정되었다. 이 시기의 보호대상은 일차적으
로 요보호 아동이었지만, 그 대상에 따라서 연령에 약간씩 차이가 있음을 알 수
있다. 즉 시설보호의 대상은 13세 이하로 제한하고 있지만, 근로아동은 18세 미
만, 비행소년은 20세 미만으로 확대되었다. 생계욕구에 대한 복지서비스는 '아동'
에 한정시켰지만, 노동과 인권의 옹호에서는 그 대상을 '소년'까지 확장시킨 것이
다. 그러나 당시의 보호수준은 매우 열악한 것이었고, 서비스의 질에 대한 국가
책임의 한계도 명확하지 않았다.

2) 청소년복지의 도입기

한국에서 청소년복지가 도입되기 시작한 것은 「미성년자보호법」과 「아동복리
법」(1961)의 제정에서 찾을 수 있다. 아동복리법의 제정 이전에도 「보호시설에 있
는 고아의 후견직무에 관한 법률」(1961), 「고아입양특례법」(1961)이 제정되었지만
그 이름에서 볼 수 있는 바와 같이 아동의 극히 일부인 '고아'에 대한 보호가 입
법 목적이었다. 또한, 청소년복지의 시각에서 볼 때, 미성년자보호법(1961)이 제정
되어서 청소년의 보호와 선도를 위한 법적 장치가 마련되었다(이용교, 2004).

아동복리법의 체제는 전면 개정되어 「아동복지법」(1981)이 제정되면서 보호의
대상이 '요보호 아동'에서 전체 '아동'으로 크게 바뀌었다. 이는 아동복지의 대상
을 일부로 인식하지 않고 전체로 본다는 점에서 큰 변화였다. 이 법에서는 '아동'
이란 용어를 사용하고 있지만, 사회통념상 '청소년'이 포함되어 있다. 청소년복지
의 도입은 비행의 우려가 있는 미성년자의 보호와 근로청소년의 복지, 그리고 장
애청소년의 복지에 초점이 맞추어졌다. 일반 청소년에 대한 복지도 포괄적인 욕
구의 충족과 문제의 해결보다는 선도와 보호에 한정되었다.

(1) 18세 미만 요보호 아동의 보호

아동복리법은 요보호 아동의 연령을 기존의 13세 이하에서 '18세 미만'으로 상
향시키고, 아동복지에 대한 국가의 책임을 규정했다는 점에서 그 의의가 크다.
보호대상을 18세 미만의 아동으로 확장시킨 것은 비록 '아동'이란 용어를 사용하
고 있지만 '청소년'까지 포함한 것으로 볼 수 있다. 또한, 보호의 대상인 '요보호

아동'에 대한 정의를 명확히 하고, 이들에 대한 국가의 책임을 명시하였다.

(2) 아동복리시설의 세분화

아동복리법은 아동복리시설을 아동상담소, 보육시설, 조산시설, 정신박약아시설, 맹아양호시설, 농아양호시설, 신체허약아보호시설, 아동휴양시설, 교호시설, 부랑아보호시설, 소년직업보도시설, 지체부자유아보호시설, 모자보호시설 등 13개 종류로 규정하였다. 이를 후생시설 운영요령의 시설유형과 비교하여 볼 때, 시설의 종류가 세분화되었고, 특히 장애아동을 위한 시설이 성인시설과 구분되었음을 알 수 있다. 전문화된 복지서비스는 대상자의 분류와 욕구에 따라서 제공되어야 하는데, 청소년복지는 아동복지와 별도로 인식되지 않았고 아동복지의 연장선에서 다루어졌다.

'아동상담소'는 기존의 아동복리시설과는 다른 기능을 수행하였다. 이전 시기의 시설들은 요보호 아동을 긴급구호하는 차원에서 수용보호가 핵심이었고, 아동의 연령과 장애 유무로 분리 수용하는 정도였다. 그런데 아동상담소는 가정에서 보호자로부터 유실, 유기 또는 이탈된 아동을 상담하고 귀가 조치하거나 수용시설로 이송하는 기능을 수행하였다. 따라서 상담소는 가정과 수용시설의 중간지점에 있으면서 요보호 아동을 보호하였는데, 특히 가출·부랑아동과 학대받은 아동을 상담하는 기능을 수행하였다.

(3) 장애청소년에 대한 복지사업

장애청소년에 대한 복지는 장애아동 혹은 전체 장애인에 대한 복지와 분화되지 않은 상태에서 이루어졌지만 뚜렷한 진전이 있었다. 「특수교육진흥법」(1977)은 장애인에 대한 특수교육을 증진하여 그들에게 필요한 생활 지식과 기능을 전수함으로써 일반 사회생활에 참여하게 함을 목적으로 하였다. 장애인에는 시각, 청각, 정신박약, 정서장애, 언어장애, 기타 심신장애자 등이 포함되었다. 이들은 국공립 특수교육기관에 취학하거나 사립교육기관 중 의무교육과정에 취학할 경우 무상교육을 받을 수 있도록 하였는데, 일차적인 수혜자는 장애아동과 청소년이었다. 장애인복지에 대한 관심은 1981년 세계장애자의 해를 계기로 증대되어서 「심신장애자복지법」이 제정되고 보건사회부에 전담부서인 재활과가 설치되었다. 이 법은 장애인복지에 대한 국가와 지방자치단체의 책임이 미약하고 장애발생의 예방과 장애인의 고용촉진에서 한계가 있다는 비판도 받았지만, 「장애인복지법」(1989)으로 전문 개정될 때까지 장애인복지사업의 근거법이 되었다.

(4) 미성년자의 보호와 선도

청소년에 대한 복지는 생계, 보건, 교육, 주거 등 인간의 기본적인 욕구에서 아동과 차별화한 것이 아니라 '풍속'이나 '여가'에서 구분하는 데 그쳤다. 이 시기에 청소년을 대상으로 한 대표적인 법인 「미성년자보호법」(1961)은 미성년자(만 20세 미만)의 흡연, 음주, 기타 선량한 풍속을 해하는 행위를 금지하고, 미성년자의 보호에 필요한 사항을 규정함으로써 미성년자의 건강보호와 선도를 도모하고자 하였다. 미성년자들을 규제하는 행위는 대부분 성인들이 아무런 죄의식이 없이 하는 행위임에도 불구하고 미성년자란 '지위' 때문에 '비행'이라는 낙인을 찍는 경우가 많았다.

(5) 근로청소년을 위한 복지사업

정부가 청소년에게 구체적으로 복지서비스를 시행한 것은 근로청소년에 대한 교육과 여가사업에서 찾을 수 있다. 일반학교에 부설한 야간특별학급과 산업체 부설학교의 개설(1977)은 중고등학교에 취학할 기회를 박탈당한 근로청소년에게 중등교육 기회를 제공하였다. 이 사업은 산업체에는 고용안정을 도모하고 근로청소년에게는 일하면서 공부할 수 있는 기회를 준 이중의 목적을 가졌다. 근로청소년의 학력과 연령이 높아지면서 이 사업은 점차 축소되었지만, 아동이 아닌 '청소년'에게 직접적인 혜택을 주는 사업이었다. 또한 근로청소년의 건전한 여가생활을 도모하기 위하여 주요 공단지역에 '근로청소년회관'을 건립하기 시작하였고 (1981), 미혼 여성근로자의 주거욕구를 충족시키기 위해서 '근로청소년 임대아파트'를 건립하였다(1981).

(6) 청소년보호대책의 실천

이 시기에 정부는 '중앙청소년보호대책위원회'(1964)를 설치하고 명시적으로 '청소년'을 정책의 대상으로 설정하였다. 이 위원회의 설치와 운영은 이 시기 청소년복지의 위상을 가늠할 수 있다. 즉 청소년은 보호의 대상으로 인식되고, 국가의 책임은 행정적인 대책을 세울 뿐, 보호책임은 위원회에게 전가되었다. 따라서 매년 청소년보호대책위원회가 열렸지만, 청소년복지의 제도화 등 획기적인 정책은 수립되지 않았다. 이 위원회는 후에 청소년대책위원회(1977)로 개칭되고 위원장은 내무부장관에서 국무총리로 바뀌었지만 그 역할은 크게 달라지지 않았다.

3) 청소년복지의 전개기

한국에서 아동복지와 구분되는 청소년복지의 영역이 될 수 있었던 것은 「청소년육성법」(1987)의 제정에서 찾을 수 있다. 그런데 이 법의 어느 조항에도 '청소년복지' 혹은 '복지'라는 단어는 없다. 다만, 이 법은 "청소년의 인격형성을 도모하고, 청소년의 보호·육성·선도 및 지원에 관한 사업을 효율적으로 추진함으로써 청소년이 국가·사회발전에 이바지할 수 있는 건실하고 유능한 국민으로 성장하도록 함을 목적으로"(청소년육성법 제1조) 제정된 것에 비추어 볼 때, 청소년복지의 수행을 위한 근거법이 될 수 있었다. 청소년육성법의 대체법으로 제정된 「청소년기본법」(1991)에서는 "청소년의 복지를 증진"(청소년기본법 제3조)을 법의 목적으로 규정하였다(박종삼 외, 2006).

(1) 청소년정책의 영역설정

청소년육성법의 제정이 청소년복지에 미친 영향은 청소년정책의 영역을 설정하고 이를 담당할 수 있는 행정체계가 확립되었다는 점이다. 정부는 체육부에 청소년국을 설치하고(1988), 시·도에 가정복지국 청소년과를 설치하였으며, 매년 청소년의 육성 등을 위한 가정·학교·사회 각 영역에 걸친 종합계획을 수립·시행하도록 하였다.

이 종합계획의 주요 내용은 청소년 건전활동 지원, 가정의 교육기능 강화, 학교의 선도기능 강화, 청소년 유해사회환경 정비, 취약계층 청소년 보호선도, 청소년 육성 추진기반 조성 등으로 편성되어서 청소년복지는 취약계층 청소년 보호선도에서 취급되었다. 그런데 취약계층 청소년 보호선도의 내용은 근로청소년, 농어촌청소년, 무직·미진학 청소년, 요보호 청소년, 비행청소년 등 주요 대상별로 추진사업을 열거하고 있을 뿐이다. 이러한 사업의 수준이 국제적인 기준에서 볼 때 어떠하며, 그 사업이 청소년의 욕구와 문제를 얼마나 충족시켜 주고 있는지 밝히지 않고 있다. 이 점에서 청소년기본법도 청소년육성은 청소년복지의 증진을 통해서 이루어진다는 것을 명시하고는 있지만, 청소년복지의 정의, 청소년복지시설의 종류, 그리고 청소년복지에 대한 정부의 책임을 구체적으로 명시하지 않았다는 한계를 안고 있다.

(2) 교육보호의 제도화

이 시기에 빈곤청소년에게 가장 도움을 준 복지는 「생활보호법」의 개정과 그 후속 조치에서 찾을 수 있다. 생활보호법의 개정(1982)으로 보호의 종류를 기존의 네 가지 보호(생계보호, 의료보호, 해산보호, 장제보호)에 교육보호와 자활보호를 첨가한 것은 청소년복지에 획기적으로 기여하였다. 특히, 교육보호는 그 보호대상자가 중고등학생이기 때문에 생활보호를 받는 빈곤청소년들이 실질적인 혜택을 받았다. 1987년에 처음 실시될 때에는 보호대상자가 생활보호대상자의 일부로 제한되었지만 점차 저소득층 자녀에게 중학교와 고등학교의 입학금과 수업료를 면제해 주었다. 청소년기의 가장 큰 욕구가 교육욕구라고 할 때 이 교육보호는 빈곤청소년을 위한 가장 필요한 복지사업의 하나이다.

(3) 청소년시설의 제도화

「청소년육성법」은 청소년단체의 지원과 청소년시설의 설치·운영을 핵심적인 내용으로 담고 있는데, 그중 청소년시설은 청소년 전용시설과 이용시설로 구분되었다(청소년육성법 시행령 제2조). 청소년시설의 정의는 청소년기본법에서 '청소년수련시설'로 바뀌면서 생활권 수련시설, 자연권 수련시설, 유스호스텔로 정리되고, 수련시설이 아닌 전용시설과 이용시설은 법적 지원와 감독의 대상에서 제외되었다. 이처럼 청소년육성법은 청소년시설에 "학교시설 외에 청소년의 심신단련과 정서계발을 목적으로 설치된 시설"(청소년육성법 제2조)을 모두 포함하고, 청소년기본법은 체육청소년부가 관장할 수 있는 시설만을 수련시설로 분류하였다.

양 법에서 청소년복지시설은 매우 소홀히 다루어졌고, 특히 요보호 청소년을 일시적·장기적으로 수용보호하고 치료하는 청소년쉼터, 가출청소년보호시설, 학대받는 아동일시보호시설, 약물오남용치료시설, 청소년 중간의 집 등의 설치·운영, 그리고 이러한 복지시설에 대한 정부지원 등에 관한 규정을 전혀 포함시키지 않았다.

(4) 청소년상담사업의 확대

정부는 전체 청소년의 건전한 육성과 특히 요보호 계층 청소년의 고민상담, 취업과 진로, 여가문제 등을 지원할 수 있는 '청소년종합지원센터'를 1990년도에 대구와 광주에 설치하였다. 이 지원센터를 1년 동안 시범 운영한 결과를 바탕으로 전문적인 청소년상담사업을 전개하기 위하여 1991년부터 시·도 청소년상담실로 개칭하고 다른 시·도에도 확대하였다.

시·도 청소년상담실은 일반 청소년을 위한 복지기관이 거의 없는 상태에서 청소년의 고민을 상담할 수 있는 통로가 되었고, 운영비를 중앙정부와 시도가 공동으로 분담하는 재원조달 방식을 제시하였다. 또한, 청소년상담실은 기존의 '근로청소년회관'과 달리 행정공무원이 운영하지 않고, 청소년단체 등 청소년관련 기관이 시·도로부터 위탁받아 운영하면서 사회복지사 등 전문가를 채용하였다는 점에서 청소년복지사업의 전문성을 제고시켰다.

(5) 사회복지사업과의 낮은 연계

현행 청소년복지사업의 가장 큰 문제점은 사회복지사업과 연계성이 없이 이루어진다는 것이다. 사회복지사업의 수행에 기본이 되는 「사회복지사업법」(1970 제정, 1997년 개정)은 사회복지사업의 관계 법령으로 청소년기본법과 청소년보호법을 포함시키지 않고 있다. 이 때문에 청소년복지의 수행을 위해서 불가피하게 필요한 '사회복지법인'의 등록, '사회복지사'의 채용, '사회복지시설에 대한 국가의 책임' 등이 모두 배제되고 있는 셈이다. 청소년사업의 하나로 청소년복지가 논의되고 있지만, 이를 담보할 수 있는 구체적인 틀이 없기 때문에 현재 한국 청소년복지사업은 대부분 법적 보호를 받지 못하고 있다.

Ⅲ. 청소년기와 청소년의 특성

1. 일반적 특성

1) 자아정체감

자아정체(ego-identity)는 자신이 스스로에 대해 일관성을 자각하는 것으로 주체적 본질을 형성한다. 청소년기는 주관적 측면인 개인적 정체감과 객관적 측면인 심리사회적 정체감이 분화되고 이들의 재통합화와 구조화가 요구되는 시기로 청소년들은 대개 정체감 위기를 체험한다. 즉 여러 가지 일의 실패, 성적 성숙으로 인한 내적 충동의 질적·양적 변화, 성인기를 준비하기 위한 직업이나 강요받는 배우자 선택, 경쟁적 분위기와 자기능력 등의 문제 속에서 이상적 자기개념과 실제적 자기개념과의 갈등, 포부 수준과 현실적 상황과의 갈등 등 많은 좌절들이 정신세계와 현실세계 활동의 과정에서 혼란과 불안정을 노출시키는 특징을 보인다(Zastrow & Kirst-Ashmen, 1997).

2) 사회적 미성숙성

가정, 학교 및 교우집단이 주된 생활환경인 청소년들은 경험영역이 좁을 뿐만 아니라 활동 종류도 극히 제한된 범위에 머물고 있다. 생산활동이나 수입활동 같은 직업생활이나 사교활동의 경험이 부족하기 때문에 생활현장은 경쟁의 폭이 좁아 현실감각이 희박하고 사회적 성숙도가 낮다. 거기에다 자기중심적인 이기성이 강하여 기존 사회제도와 관습에의 동화성이 약하다. 따라서 청소년들은 현실생활에 적지 않은 부적응 현상을 경험하게 되고 좌절감이나 불만감도 높기 마련이다.

3) 생리·신체적 특징

신체적 성숙이 뚜렷하게 나타나게 된다. 즉 청소년기가 되면 신장과 체중, 가슴이 급격하게 커지고, 이 시기의 가장 중요한 변화인 성적인 성숙과 성의식의 변화현상이 나타난다. 남녀 모두 성기능의 발달이 현저하며 남녀 구별이 확실해진다. 이 시기에는 마음의 불안과 갈등을 발산시킬 수 있는 적극적인 운동을 필요로 한다.

이 시기에 대부분의 청소년들은 자신의 신체적·성적 변화에 대해 어떻게 적응해야 할지 몰라서 당황하고 성적인 발달에 수치심과 불안감을 느낀다. 또한 신체 각 부분의 불균형적 발달로 인해 불안정한 상태에 놓이는데, 이것이 심리적 측면에 다양한 영향을 미침으로써 부적응 현상을 초래한다. 그 결과 사회심리·정서적 특징으로서 무엇보다 빠른 생리변화에 따른 자신감의 상실과 심각한 정서불안 현상을 들 수 있다. 청소년기 초기에는 민감하고 성적 색채가 강한 정서의 변화로 극심한 감정변화와 외계의 자극, 대상에 대한 과민반응을 나타내고 신경질적이며 무엇에 쫓기는 듯한 불안과 공포에 휩싸이기도 한다. 그러나 청소년기 중·후기에 접어들면서 격심한 정서의 표출보다는 자아의식의 고양과 더불어 내부적으로 침체되고, 고독을 즐기며 낭만적·감상적 경향을 보인다(김성이 외, 2010).

2. 사회심리적 특징

자아정체성의 확립과 독립의 요구에 따른 '심리적 이유'의 현상이 나타난다. 청소년기가 되면 타인이나 외계 사물과의 종속적 관계에서 벗어나서 점차 감춰졌던 내면세계에 눈을 뜨기 시작하며, 자기의 주관적 세계 속에서 자아를 찾고 자기를 발견하여 독립적인 자아형성을 희구한다. 이 시기의 청소년은 정신적 의존관계에 있는 부모로부터 이탈하여 자기자신의 판단과 책임에 따른 독립적인 개인으로 인정받기를 바라면서, 소속감의 바탕도 가정과 부모로부터 동료와 이성 등의 사회 집단으로 변화되어 간다. 이러한 자아의식의 발달과 독립심으로 말미암아 부모에 대한 신뢰감과 존경심이 줄고 자립적·독립적 인간관계가 가능한 교우나 동료집단 관계를 중요시한다. 즉 청소년기는 자신이 자주적으로 선택한 친구와 상호 대등한 수평적 입장에서 자신의 내면적 생활에 대한 의견을 교환하는 친구에 대한 의존도가 높은 시기이다. 그러므로 이때 독립적으로 성장하고자 하는 자아가 성인들로부터 수용받지 못하고 거부당하거나 성인들의 가치, 제도, 관습을 강요당할 경우 청소년들은 자신의 정신적 자주성을 강하게 주장하면서 스스로 자기만의 세계를 찾아간다(남일재 외, 2006).

3. 지적(정신적) 특징

청소년기는 지적 발달이 이루어져 문제해결 능력이 최고 수준에 도달하고 통찰력·판단력은 물론 사고력으로서의 추상력과 논리성에서도 상당한 수준에 이르게 된다. 그리고 상상력과 철학적 사고의 발달로 문학이나 예술에 대한 흥미가 높아지고, 선·악과 가치기준에 대한 탐구심이 증대된다. 이에 청소년은 보다 고차원적·지적인 세계를 희구하고 풍부한 미래상을 그리면서 양적·질적 발달을 동시에 추구한다.

4. 사회적 특성

청소년들은 자신의 존재를 사회적 관계 속에서 '우리 감정'(we-filling)의 공동체적 차원으로 자각하고, 사회의 존재는 너와 나의 일부로서 협력체적 구성임을 인식하게 된다. 청소년은 자신을 독립적인 개인으로 인정해 주기를 바라면서 공동체적 집단의 구성원으로 인식하며, 그러한 의식 속에서 자신을 발견하는 존재로 인식하게 된다(장휘숙, 2004).

Ⅳ. 현대사회와 청소년문제

1. 가정적 문제

청소년의 비행이나 문제를 발생시키는 원인에 대해서는 사회구조적 측면과 개인의 심리, 생물학적 측면에서 다양하게 제기되어 왔고 또한 청소년을 둘러싼 학교, 사회, 가정 등의 영향이 관심의 대상이 되어 왔다. 그러나 무엇보다도 청소년의 일차적 사회화 기능을 담당하고 있는 가정적 요인이 청소년문제와 밀접하게 관련되어 있다고 보는 견해가 지배적이다. 그동안 사회변동에 따른 가정구조 및 기능의 변화와 새로운 형태의 문제 가정의 출현으로 말미암아 실제로 가정이 청소년의 교육 및 사회화의 역할을 제대로 감당하지 못해 왔을 뿐만 아니라 도리어 청소년의 일탈을 야기하는 요인을 제공해 왔던 것도 사실이다. 지난 20~30년간 우리나라의 산업화와 도시화는 가정의 구조와 기능에 큰 변화를 가져왔으며 이에 따라 청소년문제를 발생시킬 수 있는 현대가정의 문제점을 다음과 같이 열거해 볼 수 있다(김만두·한혜경, 2000).

첫째, 핵가족화의 가족구조에 있어 취업여성의 증가, 이혼의 증가, 주말부부의 증가, 자녀수 감소, 주거생활 변화 등으로 문제가정이 많이 생겨나고 그 속에서 결손가정의 아동, 유기된 아동, 보호가 결핍된 아동, 신체적·정신적·정서적으로 장애를 가진 아동이 생겨날 뿐만 아니라 가출 및 비행청소년 등 각종 문제를 가진 청소년을 사회에 배출할 가능성이 높아졌다.

둘째, 전통적인 가정의 기능을 현대에 와서 여러 전문적 기관이 부분적으로 대체하면서 그 기능이 점차 축소·약화되고 있고, 그로 인해 부모 자식 간의 대화 단절, 부모의 자식에 대한 지나친 기대로 인한 청소년의 심리적 압박감, 과잉보호로 인한 의존성, 빈곤가정의 문제, 결손가정의 문제 등이 초래되었다.

2. 학교적 문제

근래에 들어와 청소년문제나 비행의 주요 원인을 학교교육에서 찾고자 하는 노력들이 증가하고 있다. 즉 사회변동과 더불어 학교의 구조가 점차 형식화·관료화되면서, 그 기능에 있어서도 본래적 기능보다 부차적 기능이 강조되면서 학교

교육이 여러 가지 병리현상을 나타내게 되었으며, 이러한 병리현상이 오늘날 증가하는 학생 청소년 범죄 및 비행을 야기하는 중요한 요인이라는 것이다(박종삼외, 2006).

우선 변화되고 있는 학교조직의 성격과 기능을 살펴보면, 학교의 공동사회적 성격이 이익사회적 성격으로 변모하여 학교조직체의 효과적이고 과학적인 관리를 위하여 점차 표준화되고 전문화 및 중앙집권화 되는 관료주의 성격이 강화되면서 획일화된 교육과정·성적표 작성·졸업장 발행의 업무 등을 단순하고 기계적으로 수행하는 형식주의가 등장하게 되었다. 이러한 과정으로 인하여 학교교육의 부정적인 면이 야기되는데, 특히 입시위주 교육과 연계됨으로써 진학을 위한 통과의례로써 제도화된 학교 내에 수용된 청소년들에게 많은 부정적인 영향을 미치게 되었다. 학교의 입시탁아소 현상, 과다한 경쟁, 그 속에서의 소외감 및 탈락 등이 자살·가출로의 일탈행동으로 청소년들을 유도하고, 비진학·미취업 청소년 집단을 형성하면서 청소년범죄의 비율을 증가시키고 있다.

또한 입시위주의 학교교육은 과도한 시험, 비정상적인 교육과정, 부정적인 인간관계 형성, 주지교육의 강조로 학생들에게 심리적인 압박감을 주게 되고 비정상적인 행동을 야기하게 된다. 이러한 교육의 병리현상은 수험생들에게 '입시 스트레스'를 가져다주고, 수험생들이 이러한 입시 스트레스를 적절히 해소하지 못할 때 반동적으로 무단가출, 약물남용, 자살 및 비행행동을 할 수 있다.

3. 사회적 문제

청소년문제를 논의할 때 보통 청소년 비행으로 한정시키는 경향이 있으나 청소년 문제는 포괄적인 의미의 사회문제의 하나로서 '청소년에 관한 사회문제'라고 일단 규정할 수 있다. 즉 청소년문제는 청소년 비행이나 문제청소년뿐만 아니라 청소년이 살고 있는 환경, 청소년의 고민, 일상생활, 가치관에 대한 포괄적인 내용을 포함하고 있는 것이다.

현대사회는 산업화 사회로 기계화된 대량생산 기제가 보편화된 사회이다. 이러한 산업화는 도시화, 대중사회화, 핵가족화 등과 같이 맞물리면서 여러 가지 사회문제를 야기하고 있다. 환경오염, 생태계 파괴의 문제, 자원부족과 고갈의 문제, 과밀도시에서의 쓰레기, 주택난, 교통난 등 생활환경의 문제와 같은 표면적인 문제와 함께, 평등지향적인 가치체계와 대규모 조직에서의 위계체계와의 마찰, 노동으로부터의 소외, 가치관과 권위의 붕괴에 따른 무질서·무규범 상태 등의 구조적인 문제를 안고 있는 것이다.

이러한 사회변화는 청소년에게도 영향을 끼치게 되는데 생산력 발달에 따라 청소년 취업이 지체되고, 전문화가 요구되면서 교육과 훈련기간이 길어지게 되고 따라서 청소년기가 연장되며, 청소년문제가 확대되었다. 이러한 과정 속에서 좋은 직장에 취업하고자 하는 경쟁과 교육 훈련과정에서의 경쟁 또한 심해지고 있다. 이러한 현대사회의 청소년들이 보편적으로 겪는 문제에다가 우리나라의 청소년들은 일류학교에 가기 위하여 치열한 학업 및 입시경쟁에서 오는 이중 삼중의 고통을 겪고 있다.

4. 대중사회와 청소년문제

현대사회가 대중사회라는 것은 산업화에 따른 산업 및 경제구조의 변화, 정치 및 사회구조의 변화와 함께 대두된 인간소외, 획일화, 대중화 현상을 강조하는 견해에서 비롯된 것이다. 대중사회에서는 인간이 사회를 주체성 있게 움직이는 것이 아니고 인간이 사회구조, 기계문명에 예속되어 기계적인 규칙이나 원칙에 따르게 되는 결과를 낳고 있다. 또한 인간관계가 이해득실을 중시하고 단편적으로 변화되어 전인적인 교제를 하기 힘든 것도 소외를 가중시키고 있다. 따라서 대중은 사회를 주도하는 소수의 엘리트나 생산자의 결정에 동조하며 살게 되는 경향이 있다. 대중사회에서는 문화생활도 상품화되어 대중화되며 획일화되기 쉽다. 대중문화는 대중매체에 의해 주도되고 전파되며 대중매체의 상업주의 때문에 선정성, 폭력성이 강조되고 저질화되고 있다(표갑수, 2004).

오늘날 청소년의 주요 여가이용 방법인 TV, 스마트폰, 대중매체의 상업성 등이 청소년에게 악영향을 줄 수 있다. 이 밖에도 향락산업의 번창, 외설물과 폭력물의 범람, 황금만능주의, 편의주의, 편법주의 등 부정적인 사회풍조의 만연과 같은 현상이 청소년의 건전한 성장에 유해요인이 되고 있다. 해결방안으로는 방송의 공영화, 유해환경에 대한 법규정비 및 지속적 규제, 시민단체의 유해환경 정비활동, 학교·지역사회·직장 등을 중심으로 한 자율적이고 주체성 있는 문화활동의 전개가 제시될 수 있다.

V. 청소년복지 프로그램

1. 가족의 양육을 보완하는 청소년복지

1) 생활보호

가정에서 이탈된 요보호 아동은 아동상담소를 거쳐서 영아시설이나 육아시설에 입소하고, 육아시설에서 퇴소한 아동은 직업보도시설이나 자립지원시설을 거쳐서 사회에 진출하게 된다. 이러한 시설보호사업은 생활보호사업의 일환으로 실시되었는데, 1985년부터 소년소녀가장 지원사업이 도입되면서, 요보호 아동과 청소년에 대한 거택보호가 새롭게 인식되었다. 즉 요보호 아동을 시설에 입소시키기보다는 가능한 한 기존의 가정에서 보호하는 방안을 장려하게 된 것이다. 그런데 현재 시설보호는 거택보호와 연계가 부족한 상태에서 별도의 사업인 것처럼 운영되고 있는 것이 문제이다.

"아동이 그 보호자로부터 유실, 유기 또는 이탈된 경우, 그 보호자가 아동을 양육하기에 부적당하거나 양육할 능력이 없는 경우"(아동복지법 제2조 2항)라고 시장·군수에 의해서 판정된 아동은 거택보호나 시설보호를 받게 되는데, 한번 요보호 아동이 되면 그 보호자의 부양의무는 사실상 면제되고 있다는 것은 큰 문제이다.

특히, 시설에 입소한 후에는 아동의 보호자에게 아무런 책임도 묻지 않는 관행은 아동양육을 기피하는 보호자에게 남용될 수 있다. 현재 육아시설에서 보호를 받고 있는 아동의 약 80%에게 아버지나 어머니가 있다는 사실에서 볼 때, 보호자의 양육기피로 인한 아동의 가정복귀의 지연은 큰 사회문제이다. 또한, 보호자가 없는 아동과 청소년을 소년소녀가장 세대로 지정한 후에 국가와 지방자치단체가 적절한 서비스를 제공하지 못한 것도 문제이다.

따라서 요보호 아동에 대한 보호자의 책임과 국가와 지방자치단체의 책임을 적절히 조정할 필요가 있다. 한 가지 방법으로 요보호 아동이 발생하면, 시장·군수는 그 보호자와 협의하여 보호방법과 기간을 문서로 명시하여 보호조치를 취하고, 보호기간이 지나면 욕구사정을 다시 하여야 한다. 보호방법도 보호자의 양육여건과 청소년의 욕구 등을 충분히 고려하여, 거택보호와 시설보호가 유기적인 연계성을 가지고 이루어져야 할 것이다. 즉 시설보호기간 중에도 명절이나 연휴 기간에는 아동이 보호자를 방문하게 하고, 보호자도 복지시설을 방문하여 상담할 수 있도록 하여 조기귀가를 촉진시킨다.

2) 교육보호

지난 30년 동안 도시근로자 가구의 가계수지 변화를 보면, 교육비와 교양오락비가 매년 크게 증가하였다. 정부는 빈곤가족의 자녀교육비를 보충하기 위하여 생활보호대상자에게는 1979년부터 중학교 입학금과 수업료를 지원하기 시작하여 현재는 고등학교까지 확대하고 있지만, 그 혜택을 받는 사람은 전체 중고등학생의 3.3%(15만 1,000명)에 불과하다. 그런데, 고등학교 진학률이 98.0% 이상이고 대학진학률이 60%를 넘는 상황에서 교육보호의 범위를 중고등학교로 한정하는 것은 교육의 기회균등과 선택의 자유라는 취지에서 볼 때 부당한 시책임을 알 수 있다. 따라서 소년소녀가장 세대에게만 지원하고 있는 교과서대, 학용품비 등 교육비를 다른 생활보호대상자에게 확대하고 점차 대학이나 대학교에 이르기까지 교육보호를 확대시켜야 할 것이다(박종삼 외, 2006).

3) 시설보호

부모 혹은 보호자가 청소년을 보호할 수 없을 때 그 청소년은 사회복지시설 등에서 보호를 받게 된다. 우리나라 아동과 청소년복지는 해방과 6·25전쟁으로 귀환동포와 전쟁고아를 긴급히 보호하는 문제가 가장 시급하였기 때문에 시설보호에 최우선순위를 두었다. 그러나 전쟁고아가 성장하면서 점차 시설보호자의 수는 감소하였고, 소년소녀가장 세대 지원사업과 같이 요보호 아동을 가정에서 보호하는 방식을 장려하고 있다. 현재의 시설보호방식은 "보호자가 없거나 보호자가 있어도 보호할 능력이 없는" 경우로 한정하고 있기 때문에 부모의 양육을 받지 못하는 아동·청소년 중에는 국가의 지원을 받는 사회복지시설에 입소하지 못하고 국가의 지원을 받지 못하는 소규모 시설에서 보호받기도 한다.

사회복지서비스는 대상자에 대한 획일적인 서비스보다는 개별화된 서비스를 하는 것을 바람직하다고 인식하지만, 현실은 수용시설의 경우 최소한 30명 이상을 수용해야 사회복지법인이 될 수 있다. 이 때문에 수많은 소규모 시설과 집단가정이 법적 보호를 받지 못하고 국가와 지방자치단체의 지원에서 소외되고 있다. 따라서 현재 있는 아동과 청소년복지시설을 활용하여 대규모 시설을 소규모 시설처럼 운영하고, 무허가 집단가정을 법인화하는 방안을 강구하여야 한다.

2. 청소년문제를 예방하고 치료하는 청소년복지

1) 상담서비스

청소년기는 신체적·정신적으로 성장하는 시기이므로 자신의 몸과 마음의 변화에 대해서 민감하고 자신의 욕구를 충족시키고자 노력하지만 적절한 자원을 찾지 못하는 경우가 많다. 우리나라 청소년은 주로 학습에 관한 고민과 성적문제를 호소하고 있다. 청소년이 고민하는 문제는 정확한 정보를 제공함으로써 해결할 수 있는 것이 있고, 가치판단과 절도 있는 생활에 의해서만 해결할 수 있는 것도 있다. 그런데 우리 사회는 학교에서는 입시위주의 교육 때문에 체험학습의 시간을 충분히 확보하지 못하였고, 성교육은 청소년이 이미 알고 경험하는 것을 적절히 지도하지 못하였다.

정부는 청소년상담을 체계화하기 위하여 시·도 단위에 청소년종합상담실, 시·군·구 단위에 청소년상담실을 설치하고, 이들을 지원하기 위하여 한국청소년상담원을 설립하였다. 이러한 상담기관에서는 전화상담과 면접을 통하여 청소년에게 다양한 상담을 실시하고, 부모교육 등을 통해서 청소년에 대한 이해와 관심을 촉구하기도 한다. 최근 중고등학교에서 집단따돌림, 학교폭력 등이 심각하게 인식되면서, 청소년문제를 예방하거나 조기에 치료할 수 있도록 학교사회사업이 도입되어야 한다는 주장이 나오고 있다(한국청소년 개발원, 2007).

2) 일시보호서비스

부모의 이혼, 별거, 가출, 사망 등으로 인하여 아동과 청소년들이 가정에서 적절히 보호받지 못하는 사례와 함께 청소년 가출이 끊임없이 일어나고 있지만 이에 대한 정부의 대책은 매우 소극적이다. 과거에는 가족의 빈곤 때문에 취업을 겸한 탈출형 가출이 많았지만, 최근에는 입시위주의 교육환경에서 벗어나 유흥업소 주변에서 즐기려는 추구형 가출이 많아지고 있다. 가출청소년은 가출횟수와 가출기간이 늘어날수록 유흥업소나 관련 업소에서 일하기 쉽다. 청소년 가출이 단순가출에서 만성가출, 일회성 가출에서 반복성 가출로 악화됨에도 불구하고 가출청소년에 대한 정부의 대책은 일회성 단속과 귀가조치에 불과하다. 즉 가출한 청소년이 거리를 배회하다가 경찰에 단속되면 아동상담소에서 보호자에게 인계하거나 부득이한 경우 육아시설에 입소하는 것에 그쳤다. 아동상담소의 보호를 받는 사람은 대부분 아동이고 청소년도 일부 보호를 받는 정도였다(박용순, 2003).

현재 가출청소년을 위한 일시보호시설은 일부 청소년쉼터만이 정부의 재정지원을 받고 있다. 청소년쉼터는 가출한 청소년들이 비행을 저지르는 것을 예방하고 가정복귀를 돕기 위해서 숙식제공, 상담, 부모상담, 이송 등을 실시하고 있다. 이러한 청소년쉼터는 종교기관 등에서도 운영하고 있는데 재정적인 어려움이 많다. 따라서 가출청소년을 위한 쉼터를 이들이 많이 모이는 지역에 설치하여 조기귀가와 자립을 지원해야 할 것이다. 또한 가족의 결손이나 해체로 돌아갈 가족이 없는 요보호 청소년을 일시적으로 양육하는 보호시설이 도시빈민지역에 설치되어야 할 것이다.

3) 문제행동에 대한 대책

청소년문제에 대한 사회적 관심은 주로 청소년문제의 유형과 그 추세에 집중되어 있다. 대검찰청에 따르면 청소년 범죄자의 수는 늘어나고, 연령이 낮아지며, 폭력화되는 경향이 있다. 청소년의 문제행동에 관심을 가지고 있다면, 문제행동을 예방하고, 문제행동을 한 청소년을 적절히 보호하고 교정할 수 있는 체계를 갖추어야 한다(한국폭력대책국민회의, 2005). 검찰에 통제된 범죄소년 중에서 극히 일부는 소년원으로 송치되고, 대부분은 보호관찰, 선도조건부 기소유예 등으로 사회에 내보낸다. 그런데 보호소년에 대한 상담, 진단, 치료, 그리고 사회복귀가 체계적으로 이루어지지 않고 반성문이나 보호자의 각서 한 장으로 종결되는 경우가 적지 않다. 청소년문제를 예방하는 활동과 함께 문제유형별로 전문적으로 보호하고 치료할 수 있는 청소년복지시설이 절실하다.

3. 사회문제의 예방과 피해자를 돕는 청소년복지

1) 청소년권리의 옹호

청소년복지를 모색할 때 가장 근본적인 쟁점 중의 하나는 연령차별이다. 전통사회는 청소년을 미성년자로 보고, 그의 보호와 복지는 부모의 책임으로 간주하였다. 이러한 청소년관은 장유유서라는 가치관과 함께 널리 생활화되어 청소년의 입장을 배제시켜 왔다. 그런데 청소년을 하나의 인격체로 인식하자는 사회사조는 힘을 얻어서, 1989년에 유엔총회는 「아동의 권리에 관한 국제협약」을 채택하고 최선의 이익을 보장하기 위해서 청소년의 의견을 존중하고, 청소년의 참여를 보장할 것을 천명하였다.

아동과 청소년의 인권을 침해하는 것은 헌법에서 보장하는 국민의 기본권을 침해하는 것이고, 동시에 국제법의 위반이기도 하다. 한국 정부가 1990년에 서명하고 1991년에 비준한 이 협약의 제19조 제1항은 "당사국은 아동이 부모, 후견인 기타 아동 양육자의 양육을 받고 있는 동안 모든 형태의 신체적·정신적 폭력, 상해나 학대, 방임 또는 유기, 성적 학대를 포함한 혹사나 착취로부터 아동을 보호하기 위하여 모든 적절한 입법적·행정적·사회적 및 교육적 조치를 취하여야 한다"라고 규정하였다. 따라서 정부는 이 협약에서 규정한 권리 내용을 아동과 청소년에게 가르쳐야 하고, 기존 국내법이 이 협약의 내용과 배치될 경우에는 개정하여야 한다. 예컨대, 대부분의 중고등학교에서는 학생들의 집단활동을 학교장의 사전승인을 받도록 하고 있는 것은 기본적 인권인 표현의 자유와 집회·결사의 자유를 명백히 침해하는 것이다.

또한 범죄를 저지른 비행청소년 중의 상당수는 가족의 결손이나 빈곤으로 인하여, 적절한 법률서비스를 받지 못하는 경우가 많다. 경찰의 수사단계에서부터 변호사의 도움을 받았으면, 선도조건부 기소유예로 불기소되거나 보호관찰로 풀려나올 수 있는 경우에도 단지 보호자가 없기 때문에, 소년원에 송치되는 경우도 적지 않다. 따라서 피의자인 청소년들이 법률서비스를 받을 수 있도록 법률구조사업을 펴고, 청소년보호위원제도를 활성화하여 청소년들이 사회 속에서 교정, 교화를 받을 수 있는 기회를 확대해야 할 것이다.

14세 미만의 청소년들은 형사미성년자로 법의 보호를 받기도 하지만, 형사미성년자라는 이유 때문에 범죄의 피의자로 악용되는 경우도 있다. 대개의 경우 경찰이 수사단계에서 협박과 회유 그리고 가혹행위를 통해서 청소년들에게 자백을 강요한 후에 형사미성년자라는 이유를 들어 기소를 하지 않는 방식으로 처리하는 사례가 있다. 이처럼 청소년의 인권을 옹호하는 사업은 모든 청소년에게 교과서를 통한 권리교육에서부터 비행청소년에 대한 법률서비스까지 광범위하게 이루어져야 한다. 청소년의 인권을 옹호하기 위해서는 청소년의 생활과 문제, 그리고 청소년의 욕구에 맞는 적절한 사업을 연구하는 청소년복지연구소와 청소년인권센터 등이 설립되어야 할 것이다.

2) 학대받는 청소년의 보호

현행 아동복지법은 학대금지 행위를 위반한 보호자를 조사만 할 수 있고, 학대받은 아동을 강제로 격리, 보호할 수 있는 법적 근거가 마련되어 있지 않아서 학대받은 아동의 신변보호가 사실상 어렵다. 시·도 아동상담소에서 아동학대의 사례를 신고받기도 하지만, 아동상담소는 기아, 미아, 가출아 등 전통적인 요보호아동의 상담과 분류 그리고 귀가조치와 시설배치 등에 바빠서 아동학대와 같이 복잡한 사안에는 소극적인 경향이 있다.

성적인 학대인 경우는 1994년 4월 1일 발효된 「성폭력범죄의 처벌 및 피해자 보호 등에 관한 법률」(성폭력특별법)로 인하여 과거보다 신고가 증가하고 있다. 그러나 성적으로 학대받은 아동도 경찰이나 검찰의 조사과정에서 지나치게 많은 물증을 요구하는 현행법 때문에 성적 모독을 당하기 쉽기 때문에 고소를 취하하거나 출두를 포기하는 사례도 적지 않다(박병현, 2003: 37-38).

시·도 아동상담소에 병설된 일시보호시설이 학대에 못 이겨 가정을 탈출한 일부 아동을 일시적으로 보호하기는 하지만, 학대받은 아동을 전문적으로 치료하는 기관은 사실상 거의 없다. 아동학대에 대한 신고체계를 갖추고, 피해자와 가해자에 대한 의료적 서비스를 전문화해야 한다. 학대받은 아동을 상담하고 학대의 정도에 따라서 전문적으로 치료하는 기관의 설립은 매우 절실하다. 당분간 새로운 기관의 설립이 어렵다면, 대학병원이나 시·도립 병원을 시·도 단위에 1개소 이상씩 아동학대치료센터로 지정하여 피해 아동과 청소년뿐만 아니라 가해자를 위한 치료 프로그램을 제공해야 할 것이다(이용교, 2004).

3) 청소년 유해환경의 규제

청소년의 성장과 발전을 해치는 유해한 환경을 바꾸지 않고는 청소년의 복지를 실현시킬 수 없다. 공격성을 자극하고 성적 수치심과 성충동을 조장하는 폭력적이고 음란한 대중매체, 청소년에게 음주, 흡연, 성행위를 부추기는 유흥업소가 가정과 학교 근처에 산재해 있다. 정부는 「학교보건법」, 「풍속영업의 규제에 관한 법률」 그리고 「청소년보호법」 등에 의해서 유해한 업소의 출입, 유해매체의 이용 등을 통제하고자 하나 그 성과는 크지 않았다(홍봉남·남미애, 2006).

청소년에게 유해한 물품, 시설, 매체 등은 합법적이거나 불법적인 형태로 청소 년들을 고객으로 하는 상품인 경우가 많다. 예컨대, 음란비디오는 성인용이라는 명목으로 생산되어 청소년에게 판매되거나 대여되고, 제작 자체가 불법인 음란물 인 경우도 있다. 특히, 폭력성과 음란성이 있는 매체들이 비디오, 컴퓨터통신, 유 선방송 혹은 공중파방송을 통하여 유통되기 때문에 전통적인 법으로 규제하는 것 은 한계가 있다. 청소년과 부모가 중심이 되어서 지역사회에서 모니터링과 불매 운동 등으로 이러한 유해한 매체를 규제하는 사회운동을 실시하여야 한다. 정부 와 지방자치단체도 법률이나 조례 등을 통하여 청소년 유해환경을 보다 합리적으 로 규제하는 방안을 강구해야 할 것이다. 청소년들의 흡연을 부추기는 담배자판 기를 규제하는 조례를 제정한 부천시의 사례는 좋은 예가 될 수 있다.

4) 청소년 노동력의 보전

청소년 중 학생의 비중이 높아지면서 근로청소년의 비율은 급속히 감소하였지 만, 학생의 신분이면서 시간제로 일하는 청소년이 늘어나는 경향이 있다. 아르바 이트로 일하는 수많은 청소년은 근로기준법이 미치지 않는 5인 미만 사업장에서 일하여, 근로시간, 임금 등 근로조건에서 법적 보호를 받기 어렵다. 19세 미만의 연소자는 술을 파는 일과 심야노동(22~06시)이 법으로 금지되어 있지만, 수많은 청소년이 단란주점 등에서 밤늦게까지 술을 팔고, 매매춘에 관여하기도 한다(보건 복지부, 2005). 청소년의 노동력을 착취하거나 성적 서비스를 강요하는 유흥업소 혹은 변태업소에서 청소년을 고용하는 것을 엄격히 규제하고, 청소년의 심야노동 에 대한 근로감독을 강화하며, 청소년의 능력과 흥미에 맞는 일거리를 많이 개발 해서 소개하는 직업알선과 창업을 장려해야 한다.

VI. 청소년복지의 과제와 전망

1. 청소년복지의 과제

1) 거시적 과제

(1) 청소년복지의 정체성

청소년복지의 범위와 한계설정의 문제이다. 청소년복지는 사회복지뿐만 아니라 아동복지, 청소년정책, 청소년활동, 청소년문화 등 각 분야에서 언급되고 있다. 청소년복지를 포괄적인 개념으로 이해하고 청소년복지의 독자성을 탐색할 수 있지만, 협의의 관점에서 사회복지 분야로서 청소년복지의 원칙과 방법 그리고 대상에 대한 복지방안을 설정하는 데는 혼란을 줄 수 있다. 따라서 청소년복지의 정체성을 시급히 확립하고 발전시켜야 한다.

(2) 청소년복지의 방향성

이제 사회복지는 예방과 치료 수준에서 더 나아가 문명사적 대전환기를 맞이하여 사회의 보완적 역할뿐만 아니라 어떤 형태로든 복지가 사회에 기여를 해야 한다는 요구도 일부분 수용해야 한다. 그렇다면 청소년복지는 이 요구에 적합한 새로운 복지형태가 될 수 있다(Singley & Hynes, 2005). 청소년복지는 자본주의 사회에서 사회복지가 추구하는 한 부문으로서 자본주의와 민주주의 사회경제 법칙 안에서 지속적으로 발전시켜야 하는 복지 분야로서 자리매김할 수 있다. 이러한 점에서 아동복지가 보호대상으로서 아동에 대한 애정과 관심을 바탕으로 사회복지사의 능력과 실천적 체계에 초점을 맞춘다면, 청소년복지는 자본주의 속에서 사회구성원으로서 영향을 주고받는 청소년들에게 아동복지의 보호와 지원에 더하여 정책을 체계적으로 전달하고, 개발-지향적 프로그램을 제공하며, 적합한 사회환경을 조성하여 청소년 스스로 자립하는 복지방향을 모색해야 한다.

2) 미시적 과제

(1) 청소년복지제도의 정립

현행 「청소년기본법」과 「청소년보호법」에서는 청소년복지와 관련되는 부분적인 과업과 규정이 제시되어 있다. 각종 청소년복지사업을 제도화하기 위해서는 「사회복지사업법」에 청소년복지에 관련된 규정을 명시하고 청소년복지사업을 포함시켜야 한다. 이는 청소년복지의 정체성을 확보하는 법과 제도의 기반을 마련하고, 청소년복지사업의 활성화를 꾀하는 데 매우 필요한 과제이다.

(2) 청소년복지서비스 전달체계의 개선

청소년복지서비스 전달체계의 가장 큰 문제점은 아동복지서비스와 중복적으로 또는 그 연장선상에서 운용되고 있어 그 고유성과 정체성이 떨어질 수밖에 없다는 것이다. 이 외에도 공공 또는 민간부문의 전달체계 모두 복지의 특성을 살리는 수평적 의사결정이 원활히 이루어지고 있지 않으며, 복지자원과 복지전문가의 부족도 문제점으로 지적할 수 있다. 한편, 공공복지서비스 전달체계는 청소년 관련 복지체계의 중복성과 관련 행정에 있어 실제 집행체계는 지방행정자치부의 행정 통제를 받고 있다는 점도 지적할 수 있다. 이러한 문제점을 개선하기 위해서는 먼저 공공과 민간부문의 전달체계의 협력 및 명확한 역할 분담이 이루어져야 한다. 청소년복지의 특성상 공공부문이 우선적으로 노력하고 민간부문에서는 공공보호와 지원의 범위에서 불가피하게 벗어난 청소년을 위해 관심을 쏟아야 한다. 그리고 공공부문에 있어서는 지역주민들의 욕구에 따라서 프로그램을 실시할 수 있는 장점이 있는 지방분권화와 재원충당의 용이성이 장점인 중앙집권화를 적절히 절충하여 관리하는 방식을 모색해야 한다.

(3) 청소년복지시설의 전문화와 연계

최근 청소년쉼터와 청소년상담실 등 청소년복지시설들이 증가하고 다양한 프로그램을 제공하고 있다. 그래도 아직 약물중독과 성 문제 등 급격히 변화하는 청소년문제에 충분히 대처할 만한 시설은 부족하다. 따라서 청소년복지시설의 전문화가 시급하며 아울러 청소년복지시설 간의 연계체계가 반드시 확보되어야 한다.

(4) 청소년 정보·문화 접촉기회의 확충

점차 정보와 문화의 중요성이 강조되고 있다. 청소년들에게 정보와 문화의 공간은 지식습득의 장소일 뿐만 아니라 여가시간을 유익하게 보낼 수 있는 시설이다. 독일의 경우는 인구 2만 명에 청소년회관(청)을 1개씩 짓도록 하고 있다. 우리나라의 경우는 인구 10만 명당 청소년회관이 1개소인 셈이기 때문에 더 많은 시설을 짓는 것이 시급하다. 또한 이미 설립된 청소년회관은 전문인력을 충원하고 사업비를 확보해서 이용률을 획기적으로 높여야 한다. 보다 중요한 일은 청소년문화의 집처럼 청소년들이 다양한 문화접촉의 기회를 가질 수 있고, 정보매체에 쉽게 접근할 수 있는 시설과 프로그램을 만드는 일이다. 이를 위해서는 기존의 청소년회관과 함께 시민회관, 구민회관 등 공공시설을 지역주민들이 자치적으로 운영하고 활용할 수 있도록 탈바꿈하고, 시설관리 위주 운영방식에서 탈피하여 프로그램 중심으로 운영하는 한편, 지역사회 부모와 청소년들이 함께할 수 있는 건강한 매체활용교육 등을 활성화시켜야 한다.

2. 청소년복지의 전망

1980년대 중반까지 청소년복지는 아동복지의 하나로 다루어졌고 관심영역도 청소년의 비행이나 문제를 중심으로 제한되었다. 지난 10여 년 사이에 청소년복지에 관한 사회적 관심은 양적으로 증가하고 질적으로 심화되었으며 앞으로 다음과 같이 변화될 것으로 전망된다.

첫째, 청소년복지 관련 시민단체가 출현하면서 관심영역이 세분화될 것이다. 이미 청소년의 가출, 학교폭력, 인권문제 등이 사회적 관심사가 되었고, 앞으로 부모가 있는 요보호 아동의 양육, 학교사회사업, 청소년 실업 등이 관심을 받을 것이다.

둘째, 청소년복지에 대한 관심은 관심영역별로 세분화된 학술단체가 연구를 주도하면서 더욱 증폭될 것이다. 청소년에 대한 사회적 관심은 한국청소년학회의 창설(1991년)로 체계화되었고, 최근 한국학교사회사업학회, 한국청소년복지학회, 한국아동권리학회 등 전문 학술모임이 청소년복지 영역에 대한 연구를 강조하고 있다.

셋째, 청소년복지서비스를 제공하는 청소년복지시설이 확충되면서 시설이용자의 욕구와 서비스에 대한 관심이 늘어날 것이다.

넷째, 청소년복지가 일부 문제청소년이나 요보호 청소년에 국한되지 않고 전체 청소년의 학습과 생활로 확산될 것이다. 또한 학생 봉사활동, 청소년 인권신장, 중등교육의 의무교육화, 학교급식의 확대, 청소년의 다양한 체험활동에 대한 강조 등 전체 청소년의 '삶의 질'에 관심을 둘 것이다.

생각해 볼 문제 및 과제

1. 아동복지의 개념과 특성을 설명해 본다.

2. 아동복지의 원칙을 제시해 본다.

3. 아동복지의 세 가지 서비스에 대해 설명해 본다.

4. 아동의 삶과 복지욕구를 이해한다.

5. 아동복지의 방향성에 대해 생각해 본다.

6. 청소년복지의 개념과 특성을 설명해 본다.

7. 청소년기의 발달특성에 대해 생각해 본다.

8. 청소년복지의 기초이론을 이해한다.

9. 청소년복지 프로그램에 대해 알아본다.

10. 청소년복지의 전망에 대해 설명해 본다.

참고문헌

공계순·박현선·오승환·이상균·이현주(2009). 아동복지론. 학지사.

김경준·최인재·조흥식·이용교·이상균·정익중(2005). 청소년 복지정책 현황과 개선방안 연구. 한국청소년개발원.

김만두·한혜경(2000). 현대사회복지개론. 홍익재.

김성이(1993). 청소년복지의 개념과 의의. 한국청소년개발원.

김성이·조학래·노충래·신효진(2010). 청소년복지학. 양서원.

남기민(2005). 현대사회복지론. 양서원.

남일재 외(2006). 사회복지개론. 공동체.

박병현(2003). 사회복지정책론. 현학사.

박용순(2003). 사회복지개론. 학지사.

박정란 외(2002). 아동복지론. 양서원.

박종삼 외(2006). 사회복지개론. 학지사.

보건복지부(2005). 보건복지백서.

보건복지가족부(2009). 아동청소년 종합실태조사 보고서.

송정부(1991). 지역사회의 청소년복지대책. 밝은 사회 건전한 청소년. 체육청소년부.

신섭중(1993). 한국사회복지정책론. 서울대학교 출판부.

유효순(2000). 아동발달. 창지사.

윤혜미·김혜래·신영화(2006). 아동복지론. 청목출판사.

이배근(1997). "아동권리 증진을 위한 국제사회의 노력". 아동권리연구, 1(1):34~50.

이용교(2004). 디지털 청소년복지. 인간과 복지.

이원숙(2003). 성폭력과 상담. 학지사.

이재연(1996). "아동의 권리보장과 보호". 정신건강연구, 15.

이종복·전남련(2007). 인간행동과 사회환경. 학현사.

이혜원(2006). 아동권리와 아동복지(아산재단 연구총서, 제29집). 집문당.

장인협·오정수(2001). 아동·청소년복지론. 서울대학교 출판부.

장휘숙(2004). 청년심리학. 학지사.

전남련·김재환(2006). 아동복지. 형설출판사.

표갑수(2004). 아동 및 청소년복지론. 나남출판.

한국폭력대책국민회의(2005). 학교폭력 대책 마련을 위한 전문가 토론회 자료.

홍봉남·남미애(2006). 청소년복지론. 양서원.

한국청소년개발원(2007). 청소년복지론. 교육과학사.

Friedlander, W.(1974). *Introduction to Social Welfare*. New Jersey: Englewood Cliffs, Prentice-Hall.

Kadushin, A.(1980). *A Child Welfare Services*. New York: Macmillan Publishing Co.

Singley, S., & Hynes, K.(2005). "Transitions to parenthood: work-family policies, gender, and the couple context." *Gender and Society*, 19(3): 376-397.

Zastrow, C., & Kirst-Ashman, K. (1997). *Understanding Human Behavior and the Social Environment*(4th ed.). Chicago: Nelson-Hall Publishing.

제 **2** 장

가족복지

I. 가족복지의 이해

1. 가족복지의 정의

가족복지는 현대 산업사회의 급격한 변동에도 불구하고 한 개인의 생활주기를 다루는 점에서 다른 곳에서 발견할 수 없는 중요한 가치를 지니고 있으나, 가족 규모의 축소, 가족기능의 다른 사회제도로의 이양·대체에 의해 급속히 변화하고 있는 것이 사실이다. 가족에 대한 사회복지는 가족생활을 보호, 강화하고, 가족구성원 개개인의 사회적 기능수행을 높이기 위하여 시행되는 제반 서비스 활동을 의미한다(이팔한 외, 1999). 그러므로 가족복지는 가족의 문제를 다양한 측면에서 검토하고 파악하여 가족생활의 향상과 문제해결을 통한 사회복지 증진을 모색하는 데 그 목적이 있다.

가족복지는 가족생활을 보장하는 사회적 노력(제도적·정책적·기술적 서비스 활동)을 의미한다. 가족복지는 가족문제의 해결과 예방, 인간의 사회적 기능수행의 활성화, 생활의 질적 향상 등에 직접적으로 관심을 갖는 사회복지서비스나 과정을 포함한다. 이러한 가족복지가 다른 사회복지분야와의 차이점은 아동복지, 노인복지, 여성복지 등은 그 대상이 특정인인 데 반해 가족복지는 '가족 전체'를 대상으로 하는 것이다. 즉 가족복지는 가족성원 개개인의 요구와 문제에 초점을 두기보다 '한 단위로서 가족의 전체성'에 주목하면서 가족과 가족성원이 경험하는 문제를 예방하고 해결하여 가족이 건강하고 행복한 상태로 유지될 수 있도록 하는 원조인 것이다(Patterson, 2002).

2. 가족복지의 대상

1) 가족복지의 내용적인 대상영역

1970년대까지 미국에서는 가족복지의 내용적인 대상영역으로 첫째, 가족이 스트레스 상황에 놓일 경우에 가족복지활동의 대상이 되고, 둘째, 경제적 곤궁 및 사회자원 도입의 곤란 등 경제적·사회적 요구를 충족할 수 없는 상황인 경우를 말하며, 셋째, 가족관계나 가족구성원의 개인적 기능의 장애 상황으로 가족이 사회적 제 기능을 수행하는 데 제한이 생기는 경우 등을 대상으로 하였다(이혜경, 2006).

2) 가족복지의 가족주기적인 대상영역

펠드만(Feldman)과 쉐츠(Scherz)는 가족의 생활주기를 중시하고 가족주기 각 단계의 일반적 상황을 명확하게 하여 가족주기를 결혼성립기, 육아기, 노후기 등 3기로 나누어 각 시점에 해당하는 가족복지 대상영역을 설정하고 있다(성정현 외, 2004).

첫째, 부부결혼의 성립기에서는 건전하지 않은 결혼형태가 가족의 성립을 곤란하게 하고, 가족구성원 상호간의 불균형 상황을 낳게 되어, 당연히 가족복지의 대상영역으로 설정된다고 본다. 둘째, 육아기에서 가족복지의 대상영역은 건전한 육아기능 수행과 관련된다. 육아기능의 주된 목표는 건전한 신뢰감의 육성, 자기통제, 학습능력의 습득 등을 도와주는 것이다. 셋째, 노후기에서의 가족복지의 대상영역은 노인 단독의 문제가 아니라 가족문제로서의 노인문제가 주요 대상영역이 된다.

3) 가족구조상의 특성에 따른 대상영역

가족구조상 특성에 따라 가족복지의 대상을 규정하는 것으로 맞벌이가족, 미혼모가족, 이혼 및 재혼가족, 아동가장가족, 노인가족, 핵가족 등 가족의 구조상의 다양화를 고려하여 각 가족이 지닌 특성에 따라 복지개입을 달리하는 경우를 말한다.

4) 가족기능상의 문제에 따른 대상영역

가족의 기능상의 문제에 따라 가족복지의 대상을 규정하는 것으로 빈곤가족, 학대가족, 알코올중독가족, 청소년비행가족, 실직 등으로 인한 소득의 상실로 경제적인 측면에서 기능상의 결손을 경험하는 가족, 그리고 병리 혹은 장애로 인한 심적 및 의료적 문제를 겪고 있는 가족의 경우를 말한다.

3. 가족복지의 필요성

산업화 이전의 가족은 자녀의 출산, 양육과 교육기능, 생산과 소비의 경제적 기능, 가족성원의 보호와 부양 등 많은 기능을 수행하여 인간의 욕구와 문제는 가족을 통하여 해결될 수 있었다. 그러나 산업화 이후의 급격한 변화는 가족상황을 급격하게 변화시키면서 가족이 수행하던 많은 기능을 축소하고 가족복지서비스가 가족기능을 보완하고 대체하게 되었다(한균자 외, 2003).

1) 가족과 사회관계에 대한 시각의 변화

현대 가족은 과거 가족이 지닌 주요 기능이 약화되어 스스로의 힘으로는 해결할 수 없는 많은 문제를 안고 있다. 예를 들어 가족이 아니라 개인에게 지급되는 임금노동의 증가는 가족주의와 가족의 결속력을 약화시켜 가족의 해체를 용이하게 만들었고, 여성의 취업증가와 핵가족화, 소가족화는 아동과 노인 그리고 장애인을 보호하기 어렵게 만들어 병원이나 다양한 사회복지시설이 일정 부분을 대신하여 보호하게 되었다(김인숙, 2007).

한편, 가족의 기능이 전반적으로 약화되고 있다는 분석과는 달리 오히려 과거보다 가족이 더 많은 책임을 지니고 있다고 보는 입장도 있다. 이것은 취업모의 증가, 평균수명의 연장, 가족이 지속적으로 보호해야 하는 심신장애인의 증가, 소가족화, 탈시설화정책, 사회복지서비스를 제한하는 비용절약 정책 때문에 가족성원의 보호와 복지에 대한 가족의 책임이 예전보다 더 강조되고 있다는 것이다. 따라서 가족기능은 약화되면서 책임은 오히려 증가되는 변화에 맞춰 다양한 가족복지서비스가 제공되어야 한다.

2) 가족에 대한 개입의 관점 변화

1980년대 이전까지 자유주의 국가에서 가족성원의 보호는 가족의 책임으로 간주하여 국가가 가족에 개입하는 것이 오히려 문제를 일으킨다는 입장을 취했지만 이러한 관점은 이제 낡은 이데올로기로 간주된다. 특히 기혼여성의 취업증가는 가족에 대한 국가 개입을 꺼리는 보수적인 입장을 취하고 있는 국가에서조차 가족문제에 적극 개입하는 계기를 마련해 주었다.

3) 다양한 가족형태의 등장과 욕구의 다양화

우리나라에서 맞벌이가족, 독신가구와 1세대 부부가족, 이혼과 재혼가족의 증가와 소년소녀가장가족, 동거가족, 동성애가족, 공동체가족 등의 등장과 증가는 보다 다양한 가족의 욕구를 분출시키게 되었고 이러한 다양한 가족들의 욕구를 충족시켜 주는 가족복지 대책이 필요하게 되었다. 시대의 변화에 따라 이제 이러한 가족을 문제가족으로 보고 접근하던 기존의 가족복지정책은 오히려 가족을 해체시키고 가족문제를 심화시키는 요인으로 작용하게 되었다.

4) 사회문제 해결단위로서의 가족의 유용성

가족이 인간과 사회의 문제를 해결하는 데 효율적인 단위라는 사실이 강조되고 있다. 인간의 문제를 해결하고자 하는 접근방법으로 개인을 대상으로 한 개별적인 접근보다 가족을 단위로 한 가족치료(상담)가 문제해결에 보다 효과적이라는 결과가 나온 것이 한 예라고 볼 수 있다.

II. 가족복지의 이론 및 역사

1. 가족복지의 이론적 관점

가족에 대한 연구는 꾸준히 여러 학문 분야에서 다양하게 연구되었으며, 가족 또한 이러한 연구를 바탕으로 각기 다른 시각으로 가족을 설명할 필요가 요구되었다. 여기서는 구조기능주의 이론, 갈등이론, 상징적 상호작용이론, 여성해방론, 체계이론으로 나누어 살펴보고자 한다(Holstein & Gubrium, 1999; 김정옥 외, 2007).

1) 구조기능주의 이론

구조기능주의 이론은 사회학자 파슨즈(Parsons)와 구드(Goode)를 중심으로 사회학과 인류학에서 유래한 이론으로 결혼과 가족에 대한 초기연구에서 가장 많이 이용된 이론이다. 가족성원 간의 다양한 내적 관계뿐 아니라 가족과 더 큰 사회와의 관계를 강조해 사회유지와 통합을 목적으로 가족 간의 역할에 있어 상호의존을 강조한 이론이다. 산업화의 영향으로 구조적으로는 핵가족화되어 가족의 기능은 축소되고 가족과 일터가 분리됨에 따라 남녀의 역할은 도구적·표현적 역할로 이분되어 오늘날까지 이어져 내려 온다고 주장하여 비판의 대상이 되는 이론이기도 하다.

2) 갈등이론

갈등이론이란 마르크스(Marx)와 엥겔스(Engels)의 이론으로 자본주의 체계 내에서의 가족관계에 대응한 이론이다. 경쟁과 갈등, 합의 힘, 공격 등의 개념이 많이 사용되고 갈등을 일으키는 원인을 불평등한 역할분담과 잘못된 사회체계로 보았다.

3) 상징적 상호작용이론

상징적 상호작용이론이란 개인 간의 상호작용이 사회에 미치는 영향에 대해 미시적으로 접근한 이론이다. 가족을 연구하는 데 있어 가장 폭넓게 사용되는 이론으로 가족 내부에서의 가족 간의 의사소통과 역할에 대한 기대, 수행에 있어 서로의 행동으로 조정해 가는 가족관계에 초점을 둔다.

4) 여성해방론

여성해방론이란 여성이 억압받고 착취당한다는 명제 아래 사회에서 여성에게 권력을 부여하고 억압상황은 변화시켜야 한다고 주장하는 이론이다. 여성해방론은 갈등이론의 한 형태로 볼 수 있으며 가부장제와 성차별에 초점을 맞추고, 가족의 고정된 기능이나 역할에 대해 새로운 방향으로 가족문제에 접근한 이론으로 자주 사용되는 개념은 갈등, 투쟁, 저항, 평등이다.

5) 가족체계이론

가족체계이론은 일반체계이론에서 유래하였으며, 가족을 이해하도록 돕는 가장 핵심적인 가족치료이론이기도 하다. 주로 경계, 투과성 분석, 투입, 산출에 대한 개념을 중요시하고, 가족성원 간의 상호작용을 통해 각각의 하위체계가 서로 어떻게 영향을 미치는지 탐구하는 동시에 친족, 이웃, 사회와의 더 큰 상위체계와의 상관관계에 관한 연구를 중심으로 한 이론이다.

2. 가족복지의 역사

1) 외국의 가족에 대한 관점 변화

(1) Charity Organization Society(C.O.S.)부터 1910년대 후반까지

사회복지실천에서 가족에 대한 관심은 자선조직협회(C.O.S.) 초창기부터 있어 왔다. 그래서 우애방문가들은 원조를 위한 관심의 단위도 개인이 아닌 가족 상황이었다.

(2) 1920~1930년대

제 1차 세계대전으로 사회개혁에 대한 국가적 관심은 줄어들었고 정신위생운동은 사회복지실천의 관심을 가족에서 개인으로 이동시켰다. 1930년대에는 대공황의 영향으로 빈곤문제에 대한 대처기능이 민간기관에서 공적기관으로 넘어가게 되었다.

(3) 1940년대

다시 가족에 대한 관심이 기능학파를 중심으로 강조되기 시작했지만 이때의 가족은 개인을 이해하기 위한 배경으로서의 의미가 더 강했다.

(4) 1950~1960년대

가족이 다시 관심의 단위로 떠오른 시기로서 가족이 개인의 배경으로서가 아니라 가족 자체가 원조의 대상이 되기 시작하였다. 그러므로 가족의 개념을 단순한 가족 성원의 집합이 아니라 더 넓은 의미로 보았다.

(5) 1970~1980년대

사회복지에서 가족이 관심의 중심부가 되었고 가족 중심이라는 개념이 자리 잡았다.

(6) 1990년대 이후

다양한 가족형태가 출현하기 시작하면서 많은 문제가 일어나고, 그에 따른 가족에 대한 서비스 제공이 사회적 과제로 새롭게 부각되었다.

2) 한국의 가족복지 발달

(1) 무계획적·임기응변적 미군정기

일제강점기를 벗어난 광복 직후 3년은 미군정기로서 우리나라는 전반적인 산업의 피폐와 전쟁 이재민들의 대거 귀환 등으로 인해 노동력 과잉이라는 조건에 놓여 있었다. 하지만 지배집단은 이념적으로 좌파세력에 대한 통제에 치중하였고, 일반민중들의 복지에 관련된 대책은 전무하였다. 그래서 민간구호단체시설이 급증하고 외국 자선단체와 기관이 대거 도입되었다. 이같이 무계획적으로 난립된 기관과 단체는 당시 우리나라 이재민 구호에 큰 공헌을 하였으나 한편으로 우리나라 복지사업계에 혼란을 초래하기도 하였다.

(2) 대한민국 정부수립과 한국전쟁기

1948년 대한민국 정부가 수립되자 국민의 생존권을 보장하는 관계 법률을 제정하려 했으나 한국전쟁이 돌발하여 우리나라의 힘으로는 감당하기 어려운 궁지에 빠졌다. 그래서 9.28 수복 이후에 사회부와 유엔 민사원조사령부와의 공동 노력으로 보사행정이 시행되어 수용소와 급식소를 설치하였다. 휴전협정 이후, 난민

정착사업과 주택사업, 공적부조사업과 응급구호사업에 주력하였다. 이때 각종시설이 급속하게 증가하였고 전후의 피해를 수습하는 대책이 급선무였으므로 시설 중심의 운영을 할 수밖에 없었다. 그 후 사회질서가 점차 안정되면서 탁아, 미아부모 찾기 운동이 전개되어 성과를 올리기도 했다.

(3) 1960년대 이후

1961년 이후 급속한 경제성장으로 서구문명의 도입, 도시화와 공업화, 인구의 도시집중, 주택부족 등 과거와 다른 사회문제가 생겨 「생활보호법」과 「재해구호법」이 새로 제정되면서 일제강점기의 구호법은 폐지되었다. 당시 우리 사회는 요구호자의 물질적 욕구 충족이 너무나 시급하여 요보호자의 자립과 자활이 중요한 과제였으나 지원할 여력이 없어 한계가 있었고 상황에 대처할 능력도 취약하여 자원의 낭비와 시행착오를 극복하기 어려웠다.

1962년 역사상 처음으로 선진국의 사회보장제도를 연구하고 기존 제도의 적합성 여부를 검토한 후 '사회보장제도 심의위원회'라는 기구를 만들었다. 그러나 서구에서 시행착오가 있었던 제도를 우리 사회에 도입하면서 일제강점기에 단절된 우리나라 전통의 가정 중심 복지를 재창조하는 시도도 없이 구미의 복지사업을 이식시켰다. 그리하여 1970년 이후에는 복지사회의 구현을 목표로 내걸고 사업을 수행하였으나 가족 전체를 대상으로 하기보다 각 개인을 대상으로 시행하여 수혜 대상이 극히 제한되어 있었다. 진정한 가족복지는 문제가정뿐만 아니라 정상가족의 활성화를 지원하는 포괄적인 활동이어야 하며 예방적·조정적·치료적 기능을 제도적으로 뒷받침해야 한다.

Ⅲ. 가족복지의 방법

가족복지는 가족의 문제해결을 위한 사회적 개입을 의미하고, 그 방법은 사회복지방법의 분류와 같이 크게 거시적·중범위적·미시적인 방법으로 분류할 수 있다. 거시적인 방법과 중범위적 방법으로는 가족복지정책과 가족복지행정을, 미시적인 방법으로 가족복지서비스와 가족사회사업을 들 수 있다(이진숙, 2003; 김영화·이진숙·이옥희, 2006).

1. 거시적 접근: 가족복지정책

가족복지정책은 사회구조적인 문제에 대하여 제도적·환경적·거시적인 방안을
통해 국가가 가족생활의 유지 강화를 위해 시행하는 활동이다. 즉 가족 외적 요
인인 산업화, 도시화 등에 따른 사회경제적 조건의 변화로 인하여 문제가족이 야
기되었다고 보고 가족이 처한 사회적 조건과 환경을 개선하려는 국가적 제 노력
을 말한다.

최근 들어 가족정책이 절실히 요청되는 이유는 가족정책이 다음과 같은 장점을
갖고 있기 때문이다. 첫째, 전통적으로 유지되어 온 핵가족의 붕괴에 즈음하여
가족정책이 그것을 방지하는 잠재적인 전략이 될 수 있다. 둘째, 가족정책은 사
회복지의 전개와 분석에 유용한 틀을 제공할 수 있으며, 변화하는 가족의 복지요
구에 즉각적으로 대응할 수 있다. 셋째, 모든 영역에서 종래의 제반 사회정책과
공공정책을 평가하는 데 하나의 기준이 될 수 있다.

1) 사회정책의 한 분야로서의 가족정책

가족정책을 사회문제를 해결하기 위한 사회정책의 한 분야로 보는 것으로 대가
족을 위한 소득보장정책, 인구정책, 빈민·장애인·노인·무의탁자들과 같은 요부
양 가족성원에게 서비스를 제공하는 정책들이 여기에 포함된다.

☞ 표 2-1 **가족복지의 접근방법**

접근방법	연구부문	개별 제도, 서비스, 프로그램
거시적/ 중범위적 방법	가족복지정책	가족수당, 소득공제, 가족소득 지원, 건강지원, 자립 불가 능하거나 무의탁 아동·노인·장애인·병자 등의 가족원 을 대상으로 하는 제도와 프로그램, 주택정책 혹은 급여
	가족복지행정	가족문제대책 추진위원회의 결성, 가족문제별 가족원조활 동 조직의 결성, 가족문제 통합서비스 부문 설치, 가족문 제지도 연수체제의 결성
미시적 방법	가족복지서비스, 가족사회사업	가족보존서비스, 가족상담, 가족치료, 부부상담, 가족생활 교육, 가족조정서비스, 결혼지원서비스, 가족계획사업, 가 족옹호

출처: 박승희(2005). 한국사회복지정책론.

2) 다른 정책의 수단으로서의 가족정책

다른 사회정책의 목적을 달성하기 위한 수단이나 도구로 가족정책이 활용되는 것이다. 예를 들면, 인구증가 정책으로 가족수당, 아동수당 등을 지급하여 자녀를 더 많이 낳도록 장려하는 것이다.

3) 사회정책의 선택을 위한 관점 및 기준으로서의 가족정책

모든 사회정책은 가족에게 직·간접적으로 영향을 주기 때문에 가족정책의 관점에서 보아야 한다는 것으로, 이 경우 모든 정책영역, 즉 조세, 교통, 군사정책, 토지이용 등도 가족정책의 영역에 포함될 수 있는 것이고, 정책결과의 평가뿐만 아니라 정책결정 기준으로서 가족복지를 이용하는 것이다.

2. 미시적 접근: 가족복지서비스

가족복지서비스는 가족복지의 직접적 접근에 해당하는 것으로 가족을 대상으로 행해지는 다양한 전문적 사회사업활동을 말한다. 즉 가족이 빈곤, 질병, 실업, 가족관계의 붕괴 등 생활상의 곤란으로 가족구성원 개개인의 존엄성이 상실되고 가족생활이 중대한 위기에 직면했을 때 이에 개입하여 가족의 문제를 해결하고 가족생활을 강화하기 위한 사회적 활동이다. 가족복지정책은 주로 예방적 성격을 갖는 데 반해 사회복지서비스는 사후 회복적 성격을 갖는다(김유숙, 2003; 김성천 외, 2009)

1) 가족에 대한 직접적 개입

가족에 대한 직접적 개입의 대표적인 것이 가족사회사업이다. 가족사회사업은 부부 간의 문제, 부모와 자녀 간의 관계문제, 세대 간의 갈등과 같은 문제와 관련하여 전문가가 개입하는 방법이다.

2) 가족보호

가족보호는 가정 내에서 발생하는 각종 장애문제에 대해 보호를 제공해 줌으로써 가족의 역할수행과 능력고취를 향상시키는 기능을 수행하는 것이다.

3) 가정생활교육

집단역학의 학습과정을 통해 가족 및 개인들의 사회적 기능을 향상시키기 위한 서비스로 가족구성원들로 하여금 집단 및 지역사회 생활의 정상적 형태 및 긴장요소를 이해하도록 하여 대인관계를 향상시키고 상황적 위기를 예방 혹은 완화시키는 데 목적이 있다.

4) 가족계획사업

가족계획사업은 재생산적 건강보호서비스의 일종으로 임신중절, 성병으로부터의 보호, 영양, 자녀수에 대한 계획, 임신을 위한 서비스 등을 제공함으로써 건강한 가족생활을 도모하도록 한다.

5) 가족보전과 가정기반서비스

가족복지관들은 다양한 가족의 욕구충족과 가족보존을 위하여 여러 가지 가족보존과 가정기반서비스를 개발하고 있다. 가정법률상담, 학령 전 아동 및 노인을 위한 주간보호 등의 가족보존과 가정기반서비스들은 다양한 접근 및 치료방법, 상호 보완적인 서비스의 결합형태로 행해지기 때문에 여러 다양한 전달체계의 의해 수행된다.

6) 가족치료

가족을 단위로 하는 사회사업, 치료 및 상담 등의 방법을 절충하는 모델로 가족복지기관 및 사회복지 관련 분야에서 활발하게 행해지고 있다.

7) 가족옹호

가족옹호는 지역사회에 필요한 변화를 유도하기 위하여 사람들로 하여금 기술의 적용 및 사회행동의 사명을 가지고 가족욕구에 대한 직접적이고 전문적인 지식을 이용하게 함으로써 가족의 생활조건을 향상시키도록 계획된 전문적 서비스이다.

Ⅳ. 현대의 가족문제

1. 문제발생적 원인을 규명하기 위한 가족문제의 분류

1) 구조적인 가족문제

구조적 가족문제는 가족구성원 간의 관계문제로 인한 결손가정이나 가족구성원

상 문제가 그 근원이 되고 있다.

2) 기능적인 가족문제

가족의 기능적 장애는 가족의 문제를 일으키는 주원인으로 우선 가족 내 하위체계의 기능을 들 수 있다. 이러한 체계는 부부 관계기능, 부모자녀 관계기능, 형제자매 관계기능 등으로 구분할 수 있다. 둘째, 가족구성원의 역할기능으로서 가족형태가 급격히 변하는 과정에서 생긴 갈등이 새로운 가족문제를 파생시키고 있다.

3) 사회환경적인 가족문제

많은 가족들이 빈곤, 질병, 실업, 범죄 등의 사회경제적 문제에 직면하고 있으며, 이러한 요인이 가족의 관계와 기능 면에 많은 문제를 야기하고 있다.

4) 역동적인 가족문제

구조적·관계적·사회경제적 조건 등의 상호 역동성에 의해 문제가 발생한다고 보는 관점으로 구조적 결함으로 인한 결손가정, 기능적 장애로 인한 경제적 부양기능 결여, 가족의 감정관계로 인한 부부관계의 혼란 등의 문제들이 상호 역동적으로 발생된다는 것이다.

2. 이론적 관점에 따른 가족문제의 분류

첫째, 기능주의적 관점에서는 가족기능이 통합되어 있지 않을 때 이를 가족문제로 본다. 이러한 관점에서 가족문제는 가족을 상호 관련된 제도의 체계로 보기 때문에 부부간, 부모와 자녀 간의 규범과 역할기대에서 그 원인을 찾을 수 있다는 것이다.

둘째, 갈등주의적 관점에서는 사회질서가 권력의 차이가 있는 이익집단의 충돌로 형성되므로, 어떤 가족이 많은 권력을 가진 집단으로부터 충분한 보상과 만족을 획득하지 못한다고 느낄 때 문제가 될 수 있다고 보는 것이다.

셋째, 체계론적 관점은 급속한 사회변화로 전통적 가족기능이 약화되고 가족연대성이 파괴되거나 축소된 것을 주요한 가족문제로 보는데, 이것은 가족해체론에 근거하고 있다. 여러 관점들은 종합적으로 개인에게 가족이란 가족구성원 개개인을 대표하는 하나의 전체가 됨으로써 가족은 개인과 전체 사회를 연결하는 매개체의 역할을 하고 있는 중간집단으로 인식되어야 한다고 본다. 따라서 가족문제는 중간집단으로서의 가족이 사회변동에 대응할 수 없게 되었기 때문에 발생한 제반 문제로 볼 수 있다(김연옥 외, 2005).

3. 한국의 가족문제

한국 가족의 변화와 가족구성원의 문제에 대한 통계자료를 근거로 우리나라 가족문제의 성향을 다음과 같이 지적할 수 있다. 첫째, 경제적 부양의 문제, 즉 가족소득의 문제가 많이 나타나고 있음을 알 수 있다. 둘째, 핵가족화의 결과로 가족구성원들에 대한 가족의 보호기능이 약화되는 데서 오는 문제가 증가하고 있다. 셋째, 가족의 통제능력과 기능의 약화로 가족공동체로서의 사회화와 정서적 지지의 기능이 약화되는 문제가 제기되고 있다. 넷째, 결손가정의 증가에 따른 자녀유기, 가족구성원의 심리적·경제적 소외문제 등이 증가하고 있다(표갑수, 2002).

V. 가족복지의 실천 분야 및 복지대책 프로그램

1. 빈곤가족

빈곤가족은 물질적 결핍, 심리적 박탈, 문화적 가치로부터의 소외 등을 포함하고 있는 것으로 이러한 관점에서 빈곤가족을 정의할 수 있다. 빈곤가족이란 가족 전체 또는 가구원들이 인간으로 생활해 나가는 데 있어 기본적으로 필요하다고 인정되는 자원이나 경제적 능력을 갖추지 못한 상태로, 심리적·정신적으로 손상되어 있으며 긴장, 억압, 박탈된 상태에 처해 있는 가족을 일컫는다. 빈곤가족의 문제로는 일반적으로 기본적인 욕구충족을 위협하는 낮은 소득과 불충분한 자녀교육, 주거의 불안정성, 생활의 어려움으로 인한 가족관계에서의 갈등을 들 수 있다. 특히 경제적 빈곤은 수입증대를 위한 투자인 교육 및 훈련, 체력강화, 사업운영에 필요한 자금동원 및 정보 수집 등을 하지 못하게 된다. 나아가 빈곤한 부모는 자녀에 대한 재투자의 부족으로 빈곤을 세습시키는 경향을 보이고 있다(한국보건사회연구원, 2004).

■ 빈곤가족을 위한 복지대책

우리나라에서 빈곤가족을 위한 사회복지정책은 절대 빈곤가족을 대상으로 하는 「국민기초생활보장법」이 있으며 상대적 빈곤가족에 대한 정책은 거의 전무한 상황에 있다. 그러나 절대적이든 상대적이든 빈곤가족의 문제를 해결하는 일차적인 해결은 우선 경제적 문제를 해소하는 것으로 국가차원에서의 정책적 지원이 필요하다. 동시에 빈곤가족이 당면하고 있는 정서적·심리적 문제를 해결하기 위한 프로그램 개발 등이 필요하다.

표 2-2 우리나라의 빈곤가족의 복지대책

보호 종류	특성	목적	대상	자산조사방법
생계보호	대응적, 사회적, 직접적	생존유지	빈곤선 이하 계층	욕구, 자산 중심의 자산조사
자립지원	예방적, 사전적, 간접적	능력개발	일반 빈곤층 포함	근로능력, 자산 중심의 자산조사

출처: 최일섭·정은(2006). 현대사회복지의 이해.

2. 방임 및 학대가족

1) 자녀방임 및 학대가족

자녀방임 및 학대가족은 학대의 가해자가 부모이고 피학대 아동이 자녀인 가족을 의미한다. 그러나 가정 내 아동학대는 사회문화적 환경의 차이로 명백히 규명하기 어려운 과제이므로 아동방임 및 학대 예방이나 개입과정에서 신중한 접근이 요구되기도 한다. 자녀방임 및 학대는 진단기준이 모호하고 노출이 극히 일부분에 불과하여 사실적 현상의 빈도를 파악하기 어렵지만 신체적 학대와 성학대 현상으로 크게 구분 짓는다.

2) 아내학대가족

아내학대가족은 가족폭력의 개념에서 의미를 찾을 수 있다. 우리나라에서는 아내학대가 자녀학대의 경우보다 더 사적인 문제로 간주되어 노출이 어렵다. 복지대책으로는 사회문화적 규범과 가치의 변화가 가장 기본적인 예방책이며 주거지역 내 상담 및 보호서비스의 제공이 무엇보다 중요하다. 치료적 복지방안으로는 법규의 보완이 절실하며, 상담 및 교육서비스의 공급확대가 이뤄질 수 있어야 한다. 사회복지서비스 제공으로는 일시적으로 보호를 받을 수 있는 정부가 운영하는 시설(자매복지회관, 성현여성의 집, 대구여성회관, 가화원 등)과 민간이 운영하는 시설(엠마우스, 여성의 쉼터)을 이용할 수 있다(최경석 외, 2001).

■ **방임 및 학대가족을 위한 복지대책**

(1) **예방적 복지방안**

① 거시적 체계 내에서의 예방적 복지방안

ㄱ. 사회문화적 가치관의 변화를 위한 부모의식교육 실시 및 부모교육내용을 확대한다.

ㄴ. 신고 및 조사제도의 수립 필요

② 중간체계에서의 예방적 복지

③ 미시적 체계 내에서의 예방적 복지방안

ㄱ. 아동의 학대 대처능력 향상 교육 필요

ㄴ. 부모 및 가족 간의 상호작용 훈련이 필요하다.

(2) **치료적 복지방안**

① 거시적 체계 내에서의 치료적 복지방안

관련 법제도는 아동학대가 극심하여 가족기능의 회복이 불가능한 경우에 적용되는 부모역할의 대리적 법적 조치와, 가족기능 회복이 가능한 경우 법적 조치를 들 수 있다.

② 중간체계 내에서의 치료적 복지방안

ㄱ. 경제적 향상을 위한 지원서비스를 제공한다.

ㄴ. 아동교육기관과 교사의 참여를 증진시킨다.

ㄷ. 가족치료과정을 단계별로 조직화한다.

③ 미시적 체계 내에서의 치료적 복지방안

가족치료서비스의 제공 확대와 부모교육 및 상담서비스를 확대한다.

3. 이혼가족

이혼이란 법률상 완전 유효하게 성립된 혼인을 당사자인 부와 처가 살아 있는 동안에 그 결합관계를 해소시킴으로써 혼인으로 인하여 발생했던 일체의 효과를 소멸시키는 것을 말하며 그 종류에는 협의이혼(합의이혼), 재판이혼, 조정이혼이 있다.

(1) 이혼부부에 대한 대책

① 새로운 기회로 받아들인다.

② 전 배우자와의 감정은 되도록 빠른 시일 내에 정리한다.

③ 정상적이고 폭넓은 인간관계 확립에 힘쓴다.

④ 역할을 재정립하고, 경제적 자립능력을 갖기 위해 노력한다.

⑤ 법적인 제반 문제들은 해결한다.

(2) 이혼자녀에 대한 대책 프로그램의 서비스 구성요소

☞ 표 2-3   이혼자녀 대책 프로그램의 구성요소와 내용

구성요소	내 용
교 육	아동에게 미치는 이혼의 심각성, 예상되는 아동의 반응, 문제를 어떻게 조절하는가에 대한 정보를 알려 주어야 한다. 이러한 정보는 대중매체를 통해 일반대중에게 알릴 수 있다.
가이던스	적절한 정보를 제공할 뿐만 아니라 가이던스(지도)를 해야 한다.
화 해	결혼생활 부조화가 있을 경우에 이혼을 피하도록 결혼생활 상담이 있어야 한다. 부부는 이혼으로 인한 아동의 심각성을 이해할 경우 이혼 결정을 변경할 수도 있다.
중 재	이혼 후에 아동에 대한 책임의 분담, 방문, 보호 등에 대한 조절과 중재가 아동의 건전한 발달의 측면에서 고려되어야 한다.

출처: 김성천(2002). 한국가족복지정책의 재조명.

4. 한부모가족

과거의 한부모가족은 주로 배우자 사망에 의해 발생하였으나 현대에 와서는 그 비율이 점점 줄어들고 이혼, 별거, 유기에 의한 한부모가족의 발생비율이 늘고 있다. 사회복지서비스 부문에서는 모자보호시설과 모자자립시설, 직업보도시설, 부녀상담 등을 통해 지원받을 수 있다(조원탁 외, 2005).

■ 한부모가족을 위한 복지대책

(1) 법과 제도적 지원대책 강화

① 「건강가정기본법」에 의한 사업의 활성화

② 국민복지 연금제도의 조속한 실시 및 수혜대상 확대

③ 아동수당제도의 도입 및 한부모가족에 대한 우선 실시

(2) **경제적 지원 강화**

① 일시 생계보호 실시, 전문직업 훈련 및 취업알선 사업강화

② 무료 정기건강진단서비스 실시 진료지역 확대

③ 공영주택 임대 및 우선분양주택자금 융자 확대

(3) **심리·정서적 지원**

① 모·부자 복지상담소 및 아동상담소 증설과 전문상담원 배치

② 가정문제 상담소의 각 지역별 설립과 가정문제의 전문적, 지속적 상담 실시

③ 모·부자 복지상담소를 활용한 한부모 모임의 마련 및 활성화

④ 모범 한부모가족의 발굴 및 표창

(4) **복지적 지원 프로그램 강화**

① 한부모가족의 부모–자녀관계 교육 프로그램 개발

② 보육시설의 접근성을 높이는 제도적 장치 마련

③ 의료서비스 지원과 지역사회 의료진과 연결된 주치의 제도

④ 보건소를 포함한 자원의 활용

(5) **사회적 지원 강화**

① 가정봉사원제도의 실시

② 한부모가족을 위한 가사노동 제공자로서의 자원봉사자 활용

5. 장애인가족

일반적으로 장애인은 신체 또는 정신의 장애로 인해 생활이 불편한 사람을 말한다. 우리나라 「장애인복지법」(1981)에 따르면 "장애인이라 함은 지체장애, 시각장애, 청각장애, 언어장애 또는 정신지체 등 정신적 결함으로 인하여 장기간에 걸쳐 일상생활 또는 사회생활에 상당한 제약을 받는 자로서 대통령령으로 정하는 기준에 해당하는 자를 말한다"라고 명시하고 있다.

가족구성원 중에 신체장애인이 생길 경우 그러한 현실을 받아들이기까지는 위기, 변천, 일시적 안정화, 재적응 등의 여러 단계를 거친다. 각 단계마다 가족의 특성, 구조, 목표, 역할, 경계 등의 가족체계 속성들은 변화를 보인다(Schwartz, 2003). 장애인복지관에서는 재가 장애인에 대한 가정지원서비스를 실시하고 있다. 장애인 및 가족이 처한 어려움을 극복하기 위해서는 가족 자체의 노력도 중요하지만 한계가 있으므로 전문기관과 사회로부터의 지지가 필요하다(이원숙, 2003). 장애인가족을 위해서는 정책적 측면에서의 각종 특수교육 및 재활시설의 설치와

경제적 지원, 전문적 측면에서의 다양한 서비스 등이 제공될 수 있다. 우리나라에서는 가족보다는 장애자 개인 위주의 대책이 주로 제공되고 있으며, 가족의 기능을 부분적으로 지지, 보충, 대리하고 있다.

■ **장애인가족을 위한 복지대책**

(1) **사회보장 급여수준 차별화 및 신설**

(2) **일상생활 지원 강화**

(3) **사회생활을 위한 여건 조성**

① 우선 장애인에 대한 인식개선과 시민의식을 바꾸어야 한다.

② 사회적 지지망 강화가 필요하다.

③ 장애인의 편의시설 강화가 필요하다.

(4) **장애발생 예방대책의 강화**

(5) **치료 및 재활서비스 시설의 확대**

6. 알코올중독자가족

우리나라는 술에 대한 인심이 좋기에 알코올중독자가 외국에 비해 많다. 알코올중독은 개인의 병이 아닌 가족의 병으로 인식해야 하며 함께 치료하는 것을 원칙으로 해야 한다(김유숙, 2003).

■ **알코올중독자가족을 위한 복지대책**

(1) **단주치료**

단주치료를 통해 자기관리능력을 강화시킨 뒤 사회로의 복귀 필요

(2) **재활치료**

개인의 지나친 음주유형은 변화시키고, 다시 과거의 습관으로 돌아가지 않도록 설계된 모든 행동(프로그램)

예: 외래 프로그램, 치료공동체, 회복의집 운영, 쉼터 조성 등

(3) **가족치료**

(4) **지역사회 프로그램**

① 사회적 지지 서비스

② 사회적응 프로그램의 활성화

③ 알코올중독자와 자조집단의 활성화

(5) **알코올중독 예방서비스**

① 사회적 지지를 위해 지역사회를 대상으로 홍보·계몽

② 치료기관의 적극적 참여, 국가차원의 적극적 홍보 필요
③ 전문가들의 관심, 전문적 치료시설에 대한 투자 필요

7. 치매노인가족

치매노인 부양을 전담하게 된 가족은 매우 큰 부양부담을 느낄 수밖에 없다. 그런데도 치매노인을 부양하는 가족이 경험하는 부담감에 관심을 기울일 여력이 없을 정도로 미흡한 현행 사회복지제도하에서는 치매노인을 부양하는 가족의 고통은 배가되고 있는 실정이다. 또 치매노인의 부양책임은 여성에게 집중되는 경향이 강하다. 치매노인의 주 부양자는 배우자, 며느리, 딸 등 가족인 경우가 95% 이상(윤홍식, 2004; 한국보건사회연구원, 2004)으로 나타났다.

■ 치매노인가족을 위한 복지대책

(1) 한국치매가족회
가족 중 치매환자가 있는 사람들의 조직으로 정기적인 모임을 갖고 강의와 간담회를 개최하고 있다.
(2) 의료서비스
(3) 재가복지서비스

VI. 가족복지의 과제와 전망

1. 가족복지의 과제

1) 가족복지의 실천적 과제

(1) 사례관리의 강화

우리 사회에서 가족문제를 가지고 있는 대부분의 가족들은 복합적 문제를 가지고 있어 만성적이고 복합적인 문제를 가진 개인과 가족과 함께 일하면서, 그들과 자원제공자들의 기능을 향상시켜 환경 속에서 자신들에게 필요한 서비스와 자원을 스스로 획득하여 사회적 기능을 원활히 수행할 수 있도록 돕는 통합적 접근방법인 사례관리가 요구되고 있다(Kelly & Mullen, 2006). 사례관리자는 가족상담, 교육, 기술훈련 등의 직접 서비스뿐만 아니라 지역사회 자원개발 및 연결, 지역사회 환경조성, 옹호와 같은 간접서비스를 제공함으로써 가족이 겪게 되는 신체적ㆍ

심리적 · 사회적 문제를 극복할 수 있도록 도와야 한다(김영화 · 이진수 · 이옥희, 2006).

(2) 가족단위 상담 프로그램의 강화

현재 건강가정지원센터 등에서 실시되고 있는 한부모가정을 위한 통합적 프로그램, 부부상담 프로그램, 이혼상담 프로그램, 부모의 이혼에 따른 자녀상담, 노인상담, 위기청소년상담 등 가족의 정서적 유대와 지지를 강화하는 가족단위의 상담 프로그램이 더 확대되고 활성화되어야 할 것이다(여성가족부, 2006).

(3) 가족생활주기에 따른 가족활동 및 가족문화 프로그램 개발 및 확대

현재 건강가정지원센터 등에서 실시되고 있지만, 좀 더 가족의 유형 및 가족생활주기에 따른 고유기능인 정서적 유대와 지지를 강화하고 가족의 정신건강함양을 위한 가족활동 프로그램의 개발 및 제공이 요구된다. 부부관계 및 가족 간 의사소통을 위한 프로그램, 가족생활주기에 따른 가족생활교육, 자원봉사단 활동 등 가족의 응집력 향상을 위한 여가활동 프로그램의 개발과 확대가 필요하고, 이와 함께 다양한 가족형태에 대한 인식의 고취와 함께 진정한 가족의 건강성 등에 대한 교육도 함께 이루어져야 할 것이다(양옥경, 2002).

2) 가족복지의 정책적 과제

(1) 가족친화적인 복지정책 개발

다양한 가족형태에서 발생하는 상이한 욕구를 차별 없고 국가의 주도적인 지원 아래 이루어지는 가족친화적인 복지정책의 개발이 필요하다.

(2) 저소득 가족의 경제적 지원정책 확대방안

① 생계비 지원 강화

가구유형별 특성을 감안한 기초생활보장이 되기 위해서는 부양의무자의 부양능력, 가구원의 근로능력, 가구원의 질병 및 장애유무, 간병 및 보육의 필요성, 가구주 직종의 특성 등에 대한 종합적인 조사를 통한 생계비 지원이 이루어져야 할 것이다.

② 사회보장 내 다양한 가족수당제도 도입

부양부담의 경감 및 부양에 대한 장기적 대응이 가능할 수 있도록 아동수당, 노인수당, 보호자수당 등을 도입하여 돌봄 대상자의 가정에 경제적 지원을 함으로써 빈곤문제와 부양의 책임을 가족과 사회가 함께 분담하도록 한다.

③ 이혼 시 적정 자녀양육비 산정 및 자녀양육비 부담의무 강화

현재의 법, 제도 틀에서는 이혼 후 자녀양육비를 합리적으로 산정하는 방안과 비양육부모가 양육부모에게 자녀양육비를 의무적으로 지급하도록 하는 방안에 있어서 모두 한계가 있다.

⑶ 부양의 사회화를 강화하기 위한 정책 개발

보편적 보육관점에 따라 이제는 보육서비스를 모든 아동의 기본권으로 보고 학령기 이전의 일정한 연령의 모든 아동은 보육의 기회를 공평하게 가질 수 있도록 할 필요가 있다.

⑷ 가족복지 담당인력의 전문화

현재 「건강가정기본법」에서 가족복지 담당인력으로서 '건강가정사'를 두고, 담당직무로 교육, 상담, 문화사업 등을 수행한다. 현행 건강가정지원법에서는 시행규칙에 이수해야 하는 교과목 12과목을 지정하여 이수하도록 되어 있다. 건강가정사의 전문성을 확보하기 위해서는 건강가정사의 보수교육 확대 및 보수체계 등이 좀 더 현실적으로 이루어져야 할 것이다(조흥식 외, 2003).

⑸ 가족복지서비스 전달체계 구축

정부차원에서는 가족친화적 관점이 개별 정책에 반영될 수 있도록 가족정책을 담당할 기구를 마련해야 하며, 민간차원에서 사회복지관 산하에 가족복지센터를 마련해야 한다. 또한 이 두 전달체계의 원활한 교류를 위한 네트워크를 구축해야 한다.

2. 가족복지의 전망

1) 가족복지정책의 보편주의 관점으로의 변화

가족복지학에서는 개입대상을 생태체계론적 관점에 따라 유기적인 상호적 관계성에 기반하는 '전체로서의 가족'으로 강조하고 있다. 즉 가족복지는 가족성원 개개인보다는 '한 단위로서의 가족 전체'에 주목하면서 가족성원들 간에 상호작용을 한 결과로 대표되는 '가족의 전체성'에서 나타나는 요구와 문제를 해결함을 목적으로 한다. 그동안 우리나라 가족복지정책에서의 개입대상은 가족의 문제를 주로 구성원 개개인 중심의 차원에서 정책을 수립하여 왔고, 단지 인구정책 차원에서만 가족정책을 다루어 온 것으로 평가된다. 따라서 정책의 개입대상을 문제

가족 중심 또는 구성원 중심에서 벗어나 모든 가족, 현재 존재하고 있는 모든 가족의 유형을 대상으로 하는 전체로서의 가족의 접근과 보편주의적 접근이 요구된다(정수경, 2008).

2) 가족문제 접근의 변화: 구조 중심의 접근에서 기능 중심의 접근으로

가족구조상의 문제 중심이 아닌 어떠한 형태의 가족이든 간에 가족의 기본적인 기능을 수행하고 있는지 여부가 가족복지의 이슈가 되어야 할 것이다. 현대사회에서는 전통적으로 가족이 수행해 왔던 기능 중의 많은 부분을 사회에 이양시켜 이제 가족은 스스로 내재적·외연적 문제들을 해결할 수 있는 능력을 상실하였고, 또한 복지에 대한 관심이 증대되면서 가족의 기능에 대한 국가와 사회의 개입요구가 커지고 있는 상황이다. 이러한 상황에서 어떠한 구조의 가족도 이제는 모든 기능을 수행할 수 없으며 기능의 약화가 필연적 상황이다. 따라서 국가와 사회는 가족의 구조와 상관없이 가족의 기능에 초점을 두어 가족기능의 지원에 정책과 서비스를 집중시켜야 할 것이다.

3) 부양의 사회화

부양의 책임을 사적 책임에서 국가책임으로 전환해야 한다. 우리 사회에서 가족관련 정책은 정상가족의 규범과 성별분업을 지지하는 범위 내에서 부양의 책임도 주로 가족 내 여성의 역할에 의존하여 '선 가정, 후 국가 개입'의 원칙을 견지하면서 취약가족에 대한 사후대책에 치중해야 한다(Glomb, Steel, & Arvey, 2002). 따라서 저출산율, 이혼율 증가, 고령인구의 증가는 가족이 일차적인 부양체계가 되기에는 구조적으로 한계가 있다는 것을 드러내며, 가족 내 복지부담을 가족책임주의 또는 사적 책임으로 방치하는 것에서 벗어나 가족복지를 국가가 책임지는 사회화 방향으로의 발전이 요구된다.

4) 사회적 인식의 변화

정상가족이라는 사회적 신화를 깨고 다양한 유형의 가족이 우리와 함께 계속해서 존재해 왔음을 인식하고 수용하는 자세가 필요하다. 즉 다양한 유형의 가족들을 비정상적이고 문제가 있는 가족으로 바라보던 시각으로부터 탈피하여 다양성을 존중하고 인정하는 개방적이고 강점관점적인 시각을 가질 수 있도록 하는 사회인식 개선사업이 필요하다.

생각해 볼 문제 및 과제

1. 가족복지의 개념을 설명해 본다.

2. 가족복지의 필요성에 대해 설명해 본다.

3. 가족 내에서 발생할 수 있는 다양한 문제에 대해 이해한다.

4. 가족복지의 이론적 관점을 제시해 본다.

5. 현대 가족의 문제와 대책에 대해 생각해 본다.

6. 가족복지의 전망에 대해 설명해 본다.

참고문헌

김성천(2002). "한국가족복지정책의 재조명: 문제점과 개혁방향의 모색". 한국가족복지학.

김성천 외(2009). 사회복지학의 원리와 실제. 학지사.

김연옥 외(2005). 가족복지론. 나남출판.

김영화·이진숙·이옥희(2006). 성인지적 가족복지론.

김유숙(2003). 가족치료. 학지사.

김인숙(2007). 가족정책의 개념과 범주: 가족복지의 정책과 실천. 공동체.

김정옥 외(2007). 결혼과 가족. 신정.

박승희(2005). 한국사회복지정책론. 성균관대학교출판부.

성정현·여지영·우국희·최승희(2004). 가족복지론. 양서원.

양옥경(2002). "가족주의 가치관에 따른 한국인의 복지의식 연구: 서울지역 기혼자를 중심 으로". 한국사회복지학.

여성가족부(2006). 가족친화사회환경 조성 현황 및 자료. 국무회의 자료.

윤홍식(2004). "가족의 변화와 건강가정기본법의 대응: 한국가족정책의 원칙과 방향 정립 을 위한 고찰". 한국가족복지학.

이원숙(2003). 가족복지론. 학지사.

이진숙(2003). 가족복지정책의 패러다임 검토. 2003년 가족사회복지학회 추계학술대회.

이팔한 외 15인(1999). 사회복지이론의 토대. 나눔의 집.

이혜경(2006). 가족복지론. 공동체.

정수경(2008). "사회복지관 이혼가족지원사업에 관한 실태조사". 사회과학논총, 24(1): 139-175.

조원탁·김형수·이형하·조준(2005). 사회복지법제론. 양서원.

조흥식·김인숙·김혜란·김혜련·신은주(2003). 가족복지학. 학지사.

최경석·김양희·김성천·김진희·박정윤·윤정향(2001). 한국가족복지의 이해. 인간과 복지.

최일섭·정은(2006). 현대사회복지의 이해. 공동체.

표갑수(2002). 사회복지개론. 나남출판.

한국보건사회연구원(2004). OECD 국가의 장애인복지정책 비교연구.

한균자 외 13인(2003). 한국사회문제. 한국방송통신대학교출판부.

Glomb, M., Steel, G., & Arvey, D.(2002). "Office sneer, snipes, and stab wounds: Antecedents, consequences, and implications of workplace violence and aggression." In R. Klimoski & R. Kanfer(Eds.). *Understanding the Structure and Role of Emotions in Organizational Behavior*(227−259). San Francisco: Jossey

Bass.

Holstein, J. & Gubrium, J.(1999). "What is family? Future thoughts on a social constructionist approach." *Marriage and Family Review*, 28(3): 3-20.

Patterson, M.(2002). "Integrating family resilience and family stress theory." *Journal of Marriage and Family*, 64: 349-360.

Schwartz, C.(2003). "Patterns of children with chronic disabilities: The gratification of caregiving." *Families in Society*, 84(4): 57-584.

제 **3** 장 여성복지

I. 여성복지의 이해

1. 여성복지의 정의

일반적으로 여성복지란 미혼과 기혼을 구분하지 않고 모든 여성에 관한 사회 전반을 포함하는 여성의 복지를 말한다. 하지만 여성복지라는 개념은 그 사회가 여성을 바라보는 시각이 다양하고 국가와 시대에 따라 다양하게 변화하고 있기 때문에 한마디로 정의내리기가 쉽지 않다.

1) 광의의 여성복지

여성이 국가나 사회로부터 인간의 존엄성과 인간다운 생활을 할 권리를 동등하게 보장받음으로써 여성의 건강, 재산, 행복 등의 삶의 조건들이 만족스러운 상태를 의미함과 동시에 적극적으로 가부장적 성차별주의와 그에 근거를 둔 법이나 사회제도, 문화 등을 개선해 나가는 모든 주체적인 노력을 포함하는 개념으로 볼 수 있다(한국여성정책연구회, 2003).

2) 협의의 여성복지

여성을 위한 사회복지로서 여성 개개인에게 인간다운 삶을 보장하기 위해서 시도되는 자원의 재분배 노력들을 가리키며, 이러한 여성복지의 실체는 국가와 시대에 따라 변화한다(최선화, 2005).

3) 일반적 의미의 여성복지

모든 여성이 한 사회의 구성원으로서 삶의 질을 영위할 수 있도록 여성의 욕구나 문제를 해결하기 위하여 사회구성원들이 공·사 차원에서 행하는 공동체적 노력을 의미한다. 여성복지는 여성문제의 해결, 예방, 여성의 사회적 기능수행의 활성화, 생활의 질적 향상 등에 직접적으로 관심을 갖는 사회복지서비스나 정책을 포함한다. 즉 여성복지는 여성에 대한 서비스뿐만 아니라 가부장제에 의한 성차별과 그에 근거를 둔 법이나 사회제도, 문화 등의 적극적인 수정과 변화에 대한 노력까지 포괄하는 것이다(조흥식 외, 2006).

2. 여성복지의 대상

일반적으로 여성복지의 대상은 당연히 여성이라고 생각한다. 그러나 여성복지의 대상은 사회가 혹은 가족이 여성에게 기대하는 역할 때문에 단순히 설정하기 어렵다. 그 결과 정부의 여성복지정책은 여성 개인을 일차적 대상으로 하는 정책의 비중이 약하고, 의존자로 간주한다든지 가족을 보호하는 보호자로서의 역할을 지원하는 데 많은 비중을 두고 있다. 여성복지의 대상은 크게 여성의 문제, 여성의 역할, 여성의 생애주기를 기준으로 구분할 수 있다(주성수, 2003).

1) 여성의 주요 문제를 중심으로 한 구분

여성의 특성을 기준으로 볼 때 여성복지의 대상은 일반여성과 요보호 여성으로 구분할 수 있다. 이러한 구분은 정부가 여성복지정책을 계획할 때 사용해 온 전통적인 구분이다. 요보호 여성이란 누군가로부터 보호를 필요로 하는 여성이라는 의미로서 일반적으로 저소득 모자가정, 미혼모, 가출여성, 성매매 피해여성, 학대받는 여성, 저임금 근로여성을 포괄하는 개념으로 사용된다. 반면 일반여성이란 이들 요보호 여성을 제외한 모든 여성을 말한다. 그러나 요보호라는 말은 사실상 여성을 하대시하는 성차별적 인식의 반영이라고 할 수 있으며, 일반여성이라는 구분 또한 지나치게 애매하고 포괄적이다. 마치 요보호 여성을 제외한 모든 여성은 욕구에서도 유사하며 별다른 문제를 경험하지 않고 살아간다는 인상을 강하게 준다. 따라서 이들 여성이 가지는 욕구의 특성을 중심으로 세분화하여 여성복지의 대상을 구분할 필요가 있다(김윤정 외, 2001). 예를 들면, 사회교육의 욕구를 가진 여성, 노동의 욕구를 가진 여성, 정신보건의 욕구를 가진 여성, 가족기능 강화의 욕구를 가진 여성 등이 그것이다.

2) 여성의 역할을 중심으로 한 구분

여성의 역할에 대한 기대를 중심으로 여성복지의 대상을 구분하는 경우에 자녀에 대한 각종 보호적 지원이 이에 해당된다. 특히, 여성 혼자서 가족을 책임져야 하는 모자가정에 대한 다양한 지원이 여성복지의 주된 대상이 되는 것이 바로 이러한 이유에서이다. 따라서 실질적 혹은 형태상의 모자가정 자녀에 대한 교육적·보호적 지원이 여성복지의 대상이 되고 있다. 이러한 점에서 여성복지는 가족복지 혹은 아동복지와 중복되는 부분이 있다는 것을 알 수 있다(공미혜·성정현·이진숙, 2010).

3) 여성의 생애주기를 중심으로 한 구분

여성의 생애주기를 중심으로 하여 여성복지에 대상을 구분하는 것은 문제를 중심으로 한 구분보다 삶의 연속선상의 다양한 영역을 포괄할 수 있고, 문제를 가진 여성뿐만이 아닌 일반여성들을 포함할 수 있어 여성복지의 대상을 설정하는데 매우 유용한 규정이다. 생애주기를 중심으로 한 구분이란 여성이 출생에서 사망에 이르는 일련의 과정을 특성에 따라 단계별로 구분하고 각 단계에서의 욕구 및 사건을 중심으로 여성복지의 대상을 선정하는 것을 말한다(현경자, 2008). 예를 들어 보육, 노인 수발문제 등을 들 수 있다.

3. 여성복지의 필요성

여성복지의 필요성으로 크게 대두되고 있는 세 가지는 다음과 같다. 첫째 여성의 빈곤화, 둘째 가부장제, 셋째 보호적 책임의 전담이다(김윤정 외, 2001).

첫 번째, 여성의 빈곤화를 보면 여성 취업자는 점점 증가하는 추세임에도 불구하고 대부분의 여성들이 고용된 직업들은 남성들의 직업보다 임금이 낮고 같은 직업이라고 하더라도 승진율이 낮다. 그리고 여성들의 경우 임시직, 일용고용이 많고 특히 기혼여성의 경우 열악한 가내 수공업에 종사하는 경우가 많다. 그리고 여성의 취업은 결혼과 출산으로 인해 단절되기 쉽고 이로 인해 임금 및 승진의 기회에서 불평등을 초래하게 된다.

두 번째는 가부장제도를 들 수 있다. 가부장제도란 가장의 가족에 대한 지배력을 인정하는 체계이며, 여성을 자녀들과 같이 '경제적인 의존자'의 지위에 두고 가사부담을 가중시키면서도 그에 대한 중요성은 사회적으로 낮은 평가를 하며, 여성의 사회참여가 증가했어도 여성들은 가사와 업무의 이중부담으로 인해 무력감, 부정적인 자기 개념, 성적 매력과 외모에 집착하는 등의 부정적인 영향을 미치는 것을 말한다.

마지막으로 보호적 책임의 전담을 들 수 있다. 보호적 책임의 전담이란 여성에게 기대되는 막중한 사회적 책임으로서 아동과 요보호 성인에 대한 '보호'를 말한다. 여기에서 보호는 사적이고 개인적인 것으로 여겨지므로 여성은 '좋은 엄마'라는 이미지에 대한 이데올로기를 겪게 된다.

Ⅱ. 여성복지의 이론 및 역사

1. 여성복지의 이론

1) 자유주의적 이론

개인의 자율과 자아성취를 보장하는 사회가 바람직한 사회이며, 모든 인간은 자신의 자유와 권리를 행사할 수 있는 선택권을 가진다고 주장한다(Browne, 1995). 따라서 이들은 현 사회의 모든 구성원들이 공평한 대우를 받는 문제에 관심을 기울여 여성의 차별을 해소할 수 있는 정책이나 법률을 요구하였다. 초기에는 참정권운동, 교육기회의 확대 요구, 가족법 개정운동 등을 주장하였으며 현대에 들어서는 차별수정조치, 할당제 등을 주장하였다.

2) 보수주의적 이론

여성의 억압 자체를 부정하였으며, 만약 억압이 있더라도 이것은 여성의 열등성 때문에 당연한 것이라고 생각하였다. 즉 남녀의 차이는 선천적인 요인에 의해 결정되는데 이것은 자연적인 것이며 바뀔 수 없는 것이라고 주장하였다.

3) 사회주의적 이론

여성 불평등과 억압이 자본주의 경제체제의 병폐로부터 기인한다고 주장하였으며, 여성의 저임금과 산업 예비군적인 역할을 강하게 비난하였다. 따라서 성별역할분담을 더 이상 강화하지 말아야 하며 여성으로 하여금 개인 자격으로 급부를 받을 수 있는 권리를 존중하자고 하였다(Gutierrez, Parsons, & Cox, 1998).

4) 급진주의적 이론

여성이 하나의 세습적 계급으로 고착되는 가운데 구조적인 불평등의 문제가 인류역사 속에서 지속되어 왔으며 현 국가의 여성복지도 남성 위주의 구조로 행해지고 있다. 남성과 여성의 생물학적 차이가 여성 억압의 근원이며 이를 해결하기 위해서는 과학을 이용해 여성의 신체적 불리함을 극복해야 한다(공미혜 외, 2010).

5) 복지주의적 이론

가족 내에서 여성은 전통적인 역할을 수행해야 하고, 여성이 사회에 참여했을 경우에는 국가가 여성의 전통적인 역할을 보완해 주어야 한다. 여성은 잠재적인 복지수급자인 것이다.

2. 여성복지의 역사

우리나라의 여성을 위한 복지는 사회복지제도의 전체적인 틀 안에서 매우 미미한 위치를 차지해 왔다고 볼 수 있다. 역사적으로 성매매 피해여성, 미혼모 등의 요보호 여성들을 대상으로 하는 제도적 접근이 이루어져 왔을 뿐 그 외의 여성들은 국민연금, 국민기초생활보장법 등 사회복지제도 내에서 연령과 상황에 관계없이 남성 가구주의 피부양자로 규정되어 왔다(강인순, 2005). 과거 우리나라의 여성복지정책은 부녀복지사업을 중심으로 시작되었다.

1945년 해방 이후 미군정의 '부녀국설치령'에 의해 설치되었던 부녀국을 중심으로 1950년대의 부녀복지정책은 부녀 및 아동구호와 전쟁미망인 구호사업이었으며, 1960년대에는 윤락여성 선도사업의 일환으로 부녀직업보도소와 부녀상담소를 운영하였고, 전쟁미망인을 위한 모자세대의 보호사업에 중점을 두었다. 1970년대에는 가출여성과 윤락여성을 대상으로 하는 새마을운동의 일환으로 새마을부녀회가 조직되어 농촌여성들의 소득증대사업과 생활개선에 치중하였고, 1980년대부터는 경제개발과 더불어 무작정 상경하는 가출여성들을 대상으로 하는 직업보도 프로그램이 활발해졌으며, 미혼모의 증가와 함께 국가의 모자시설에 대한 지원 등이 이루어졌다. 한편 보호를 요하는 여성들에게 주안점을 두면서도 일반여성의 능력개발과 능동적인 사회참여 유도 및 건전가정 육성을 또 하나의 목표로 삼았다. 이러한 정책의 일환으로 1984년 여성개발원이 설립되었고, 여성문제에 관한 정부시책을 종합적이고 체계적으로 추진하기 위하여 국무총리 산하에 여성정책심의위원회를 설치하여 여성문제의 정책화가 이루어지기 시작했다.

1987년에는 여성복지와 증진에 관한 규정들을 신설하였고 이를 근거로 「남녀고용평등법」을 제정하였으며, 1988년에는 정무 제 2 장관을 여성장관으로 기용하고 지방자치단체의 여성담당기구를 가정복지국으로 승격 개편하였다. 1989년에는 근로기준법과 남녀고용평등법을 개정하여 남녀평등과 모성보호를 더욱 강화하였고,「모자복지법」을 제정하였으며 가족법을 남녀평등하게 대폭 개정하였고, 1991년에는 「영유아보육법」이 제정되었다(한국여성단체연합, 2004).

이와 같이 여성복지는 요보호 여성을 중심으로 한 사회복지의 잔여적 개념에 기초하여 부녀복지행정 또는 부녀복지사업으로 발달해 왔다고 할 수 있다. 이는 시대적 상황 및 우리나라 사회복지제도 전반에 걸친 한계점으로 일관성 없이 임기응변적이며 편의 위주로 발전되었다고 평가받고 있다. 그러나 1990년대 후반에 이르러 산업화 및 근대화에 따른 여성의 지위와 역할 변화로 이러한 부녀복지적 접근에서 여성 모두를 대상으로 하는 여성복지의 개념으로 전환되어야 한다는 인식이 확산되고 여성의 복지욕구도 증대되었다.

이에 따라 일반여성을 위한 사업이 추진되었고, 여성복지서비스의 범위도 확대되기 시작하였으며, 보편적 사회복지서비스를 국가정책으로 표방하는 추세 속에서 여성복지라는 개념이 대두되었다. 이는 남녀차별을 철폐하고 여성의 사회적 지위를 향상시키며 남녀평등을 달성하려는 오늘날 여성정책의 흐름이나 국제적 조류와 맥을 같이하는 것이다. 1995년 3월 코펜하겐에서 개최된 사회개발정상회의, 9월 베이징에서 개최된 제 4 차 세계여성회의에서 여성복지에 관한 논의가 활발히 이루어지고, 행동강령 및 실천계획이 수립됨에 따라 우리나라에서도 1995년 「여성발전기본법」의 제정을 계기로 남녀평등과 여성발전의 실현을 위하여 여성복지의 양적·질적 향상을 꾀하게 되었다.

또한 산업화, 서구화, 도시화, 핵가족화 등의 급속한 사회변동은 여성복지의 욕구의 다양화와 증대를 초래하였으며, 이는 지방자치제의 실시와 함께 광의의 여성복지로 발전하게 된다. 특히 1998년 대통령직속 여성특별위원회가 구성되고 1차 여성정책 기본계획이 설정되어 정부 각 부처 간 유기적인 연계를 갖고 종합적인 여성발전을 촉진하고자 하여 중앙정부뿐만 아니라 지방자치단체에서도 기본계획에 따라 연도별 시행계획을 수립, 시행하게 되었다. 또한 2003년부터 제 2 차 여성정책기본계획이 시행되고 있으며, 실질적 남녀평등사회의 실현이라는 비전하에 남녀의 조화로운 동반자관계 형성, 지식기반사회의 여성 경쟁력 강화, 사회 각 분야 여성의 대표성 제고, 여성의 복지증진 및 인권보호 강화 등 네 가지 목표하에 각 사업을 진행 중에 있다(남일재 외, 2006).

Ⅲ. 여성복지 기본원리

여성복지서비스란 대 여성서비스로서 대 인간의 접촉을 통하여 심리사회적 기능의 향상을 도모하고 현실적으로 발생되는 생활상의 곤란이나 장애에 대해 그 기능상의 문제요인을 해결하고 재활을 촉진하는 것이다(여성부, 2002).

1. 평등성의 원리

여성복지에서의 평등성이란 단순히 남녀 간의 차별뿐만 아니라 여성들 사이에서도 적용되며, 이는 서비스의 양과 질에 직접적으로 연관된다. 예컨대 「남녀고용평등법」이나 「남녀차별금지법」은 남녀 간의 차별을 극복하고자 하는 사회적 노력이며, 여성복지상담소나 여성보호시설 설치에 있어서 지역적인 균형을 맞추는 것은 여성들 사이에서의 평등성의 가치를 실현하는 것이다. 그리고 이러한 서비스 제공에 있어서 환경적 욕구와 그에 대한 공급의 일치성 여부를 판단하는 기준으로서 '적절성의 원칙'이 사용된다.

2. 적절성의 원칙

사회복지서비스는 그 양과 질, 제공하는 기간이 클라이언트의 욕구충족(혹은 문제해결)과 서비스의 목표달성에 충분해야 한다. 예를 들어 소득보장을 위한 급여가 최저생계비 수준에 못미치거나 서비스 제공기간이 너무 짧다든가 하면 클라이언트의 욕구충족뿐 아니라 서비스의 목표달성도 어려울 것이다. 하지만 적절성의 원칙은 재정형편상 제대로 지키기 어려운 경우가 많아 적절성의 수준에 대해서는 논란이 있을 수 있다.

3. 전문성의 원리

클라이언트의 욕구와 요구의 특성에 따라서 반드시 전문가의 개입이 필요한 경우에는 이를 전문가가 담당하도록 하는 것이다. 여성복지서비스 관련 정책의 효율성을 위해서는 관련 법 및 제도, 조직을 정비하여 정책집행시스템을 구축하고, 이와 동시에 반드시 예산을 확보하여야 한다. 그리고 여성복지정책 결정과정에서 반드시 성 인지적(gender recognized) 관점이 들어가야 함은 물론이고, 젠더 분석 및 젠더 통계를 충분히 활용해야 한다.

4. 지속성의 원리

여성복지서비스는 단절됨이 없이 대상자에게 개입으로부터 치료나 보호의 목적이 완수될 때까지 지속적으로 제공되어야 한다. 이는 서비스의 양과 질뿐만 아니라 시간적인 차원의 서비스도 고려되어야 함을 의미한다. 지속성의 원리가 지켜지기 위해서는 서비스 프로그램 및 조직 상호 간에도 상호협력과 유기적인 연계가 잘 이루어져야 한다. 즉 여성복지서비스의 1차 대상이 되는 요보호 여성의 경우 여러 가지 문제가 복합적이고 다양하게 있을 수 있는데, 이를 해결하기 위해서는 '통합성의 원칙'에 따라 해당 서비스를 적절하게 제공할 수 있는 전문가들과의 유기적인 접근이 필요하다.

Ⅳ. 여성복지 관련법

1. 유엔 여성지위위원회

1946년 6월 유엔 경제사회이사회 산하에 여성권리 증진을 위한 특별기구로 유엔 여성지위위원회가 설치되었으며, 유엔 여성지위위원회는 1975년을 '세계여성의 해'로 선포하고, 세계여성의 지위향상을 위해 노력해 왔다. 그리고 1995년에는 베이징에서 제4차 세계여성회담을 개최하는 등 여성의 지위향상을 위한 각국의 노력을 독려하고 있다.

2. 유엔 여성차별철폐위원회

유엔 여성차별철폐위원회는 유엔 여성지위위원회가 채택한 여성차별철폐협약에 의거하여 1982년 4월에 설치되어 1993년 9월 현재 회원국이 125개국에 달한다. 우리나라는 1984년 12월에 가입하여 협약당사국이 되었으며, 여성차별철폐 이행에 대한 보고서를 제출하여 심의를 받은 바 있다.

3. 여성복지 관련 법규

여성복지 관계법이란 사회복지 관계법 중에서 여성의 복지와 지위에 관계된 법의 총체를 말한다. 여성복지 관계법의 헌법적 근거는 생존권, 인간의 존엄과 가치, 행복추구권, 평등권, 여성의 복지와 권익향상, 모성보호 등에 관한 제 규정을 들 수 있다. 또한 여성복지관계에 대한 개별법으로는 1982년 12월 31일에 전면 개정된 「생활보호법」, 1989년 4월 1일에 개정된 「모자보건법」, 1981년 4월 13일 전면 개정한 「아동복지법」, 1987년 12월 4일 제정된 「남녀고용평등법」과 1961년 11월 9일에 제정된 「윤락행위 등 방지법」 등이 있다. 그리고 1995년 제정된 「여성발전기본법」은 남녀평등이념을 국민생활의 모든 영역에 확대 적용할 수 있는 근거를 마련해 두었다.

또한, 현재 여성과 관련된 법으로는 「영유아보육법」, 「모・부자복지법」, 「성매매방지 및 피해자보호 등에 관한 법률」, 「성폭력범죄의 처벌 및 피해자보호 등에 관한 법률」, 「가정폭력방지 및 피해자보호 등에 관한 법률」, 「남녀고용평등법」, 「근로기준법」 외에 사회보장으로 사회보험, 공적부조, 사회복지서비스 등이 있다 (이소희 외, 2001).

1) 여성발전기본법

헌법의 남녀평등이념을 구현하기 위한 국가와 지방자치단체의 책무에 관한 기본적인 사항을 규정하고 있다(1995년 12월 제정).

2) 모자보건법과 의료보험법

취업 여부에 관계없이 해당 여성에게 임신, 출산, 초기양육과 관련된 의료혜택 및 급여 등을 제공하도록 되어 있다.

(1) 모자보건법

① 임신부 및 영유아에 대한 보건관리와 지도, 교육 등을 하도록 규정

② 농어촌이나 저소득층에 중점

③ 보건소에 등록한 임산부와 영유아가 주요 대상

(2) 건강보험법

피보험자의 배우자에게 출산에 대한 급여를 지급하도록 하고 있다.

① 지역건강보험-보험료 부담으로 이용하지 않음.

② 직장건강보험-*출산급여나 출산비 지급

　*산전산후의 관리를 위해 필요한 의료조치에 대해서는 지급하지 않음.

3) 근로기준법과 남녀고용평등법

- 근로기준법 제74조(산전산후휴가)
- 근로기준법 제75조(육아시간)
- 근로기준법 제60조(연차유급휴가)
- 근로기준법 제23조 제 2 항(해고 등의 제한)
- 남녀고용평등법 제11조(육아휴직)

4) 가정폭력 관련법

(1) 가정폭력방지 및 피해자보호 등에 관한 법률

상담실, 보호시설(일시보호 포함) 설치와 운영에 대한 제반 사항 규정

(2) 가정폭력범죄의 처벌 등에 관한 특례법

① 가정폭력범죄의 형사처벌절차에 관한 특례를 정하고 가정폭력죄를 범한 자에 대하여 조정과 성행위의 교정을 위한 보호처분을 행함으로써 가정폭력범죄로 파괴된 가정의 평화와 안정을 회복하고 건강한 가정을 육성함을 목적으로 함.

② 가정폭력의 신고의무, 폭력에 대한 응급조치, 폭력사건처리절차 등을 규정

5) 모자복지법

모자가정이 건강하고 문화적인 생활을 영위할 수 있게 함으로써 모자가정의 생활안정과 복지증진에 기여함을 목적으로 하며, 모자복지급여의 내용과 모자복지시설 등에 대한 내용을 규정

6) 여성근로자를 대상으로 한 보호법

(1) 근로기준법

여성근로자를 대상으로 하는 모성보호 관련 조항은 여성평등, 여성노동보호, 모성보호를 중심으로 되어 있다.

(2) 남녀고용평등법

① 모집, 채용, 배치 및 승진, 정년, 퇴직, 해고에 있어서의 성차별금지규정

② 동일가치 노동, 동일임금원칙

③ 모성보호규정

(3) 영육아보육법

남녀고용평등법의 육아시설규정과 아동복지법의 시행령의 탁아시설규정 등을 통합, 조정하여 종합적인 아동보육정책을 마련하기 위해 1991년에 제정, 그 해 8월부터 시행

(4) 교육공무원법

① 임신, 출산 휴직에 관한 규정(제44조, 제45조)

② 교육공무원 중 여교사의 임신, 출산으로 인한 휴직(재직 중 2회 각 3년 이내)

V. 여성복지의 문제점

1. 학대받는 여성문제

가정에서의 여성에 대한 폭력은 불안, 남편에 대한 두려움, 자녀를 버리고 집을 나온 것에 대한 죄의식, 자녀양육과 관련된 불안과 부담, 이혼에 대한 불안, 남편을 만나는 것에 대한 두려움 등 감정이 복합적으로 얽혀 있는 문제라 할 수 있다. 무엇보다 학대받는 아내들의 문제는 자녀들에 대한 걱정과 생활설계에 대한 대책이 없기 때문에 다시 귀가할 수밖에 없는 상황에 빠지기 쉽다. 가정 내 폭력에 대한 문제는 우선 학대받는 여성을 병리적인 특성을 가진 개인이 아니라, 신체적·정서적으로 상처를 입은 개인으로 보아야 한다. 그러므로 여성의 개인적 희생에도 불구하고 결혼 유지를 개입목표로 하는 접근방법보다는 현재 상황에서 여성이 이혼을 결심했을 때 발생하는 수입의 감소, 이혼녀로서의 낙인, 편모로서의 생활, 탁아서비스 등의 사회서비스의 부족이나 결여로 인한 불이익 등을 최소화시키는 방향으로 사회복지정책적 접근이 필요하다.

2. 요보호 여성의 문제

일반여성의 문제가 그들의 가정에서의 종속성과 남성에의 의존성에서 연유된 것이라면 요보호 여성의 문제는 의존성과 종속성의 대상이 되는 가정과 남성의 부재 또는 부조화에서 비롯된 것이라고 할 수 있다. 다시 말하자면, 요보호 여성

이란 사회적으로 특수한 문제를 가진 것으로 인식되는 여성으로서 이들의 문제는 환경부적응, 욕구불만, 불안 등으로부터 발생하는 문제에 봉착해 있다. 이러한 요보호 여성은 출산, 육아, 가사에서 또는 사회참여와 직장진출에서 모성보호조치를 필요로 하고 있다. 특별히 요보호 여성 중에서도 모자가정의 문제는 매우 심각하다. 이제까지의 모자가족의 정의는 주로 배우자와 사별하거나 배우자로부터 버려진 모자가 주요 대상이었다. 하지만 현대사회에서는 실제로 배우자가 존재하고 있다 하더라도 정신적 또는 신체적 장애로 장기간 근로능력을 상실한 배우자를 가진 여성이나 미혼여성과 그의 자녀는 사회적으로 보호받아야 할 대상이 되고 있다. 모자가정의 경우, 가정 본래의 기능인 양육기능, 경제적 기능, 자녀의 사회화 기능 및 교육기능 등을 위협받게 됨으로써, 정서적인 문제와 자녀양육 및 교육의 문제, 경제적인 문제에 봉착하기 쉽다(김영화 외, 2002).

3. 생활보장 문제

산업사회의 발전은 기존의 전통적 가족제도와 기능에 커다란 변화를 일으켰으며, 확대가족에서 핵가족으로 가족형태를 급속히 변화시켰다. 특히 핵가족 중심의 가족에서 생산적 기능을 하는 중심인물인 가장이 사망하거나 가장으로서 역할을 하지 못할 경우 저소득층으로 전락하기 쉽다. 여성이 실질적인 가구원의 생계를 책임지고 대표해야 하는 저소득 모자가족의 경우, 경제적·정신적·사회적으로 여러 가지 문제를 가지게 된다. 그 외 저임금 여성근로자의 수적 증가, 법적·문화적으로 보호받지 못하는 미혼모와 성매매 피해여성 등은 여성문제로서 더욱 심각해져 가고 있다. 이러한 배경에는 여성들에게 제공되는 사회복지서비스가 대부분 최저 수준의 생계를 유지하도록 하는 경제적 지원으로 한정되어 있는 실정이고 실질적인 생활을 위한 복지욕구에 비해 몹시 미흡한 현실이 자리하고 있다.

4. 불평등 문제

산업사회에서 불평등 문제는 남성의 사회적 역할은 객관적으로 인정되는 데 반해 여성의 역할은 주관적인 것에 그치는 남녀의 역할에 대한 고정관념과 편견에서 비롯된다고 한다. 예를 들면, 대부분의 경우 남편이 경제활동에 직접 참여하고 있는 반면 아내는 가정에서 간접적인 경제활동을 하고 있을 뿐이며, 역사적으로 볼 때 남성은 진정한 형태의 직접 노동을 해 왔고 여성은 그 외에 남은 잔여 노동을 분담해 왔다는 것이다. 그러므로 남성의 역할은 사회현실을 대변하는 외부로 드러나는 것으로 다루어져 왔으며 여성의 역할은 남성의 역할과 어떻게 다른지에 대한 설명도 없이 일반화된 남성의 역할 속에 당연히 포함되어 드러나지 않는 것으로 간주되었다. 남성은 유년시절부터 장차 경제활동에 직접 참여하고, 상호의존적 체계인 기업에서의 역할을 다하도록 성장해 왔기에 객관적인 것이 기대되었다. 여성은 태어날 때부터 사회적으로 고립된 출산, 육아, 그 외의 단조로운 가사를 분담해 왔으므로 주관적일 수밖에 없었다. 그러므로 여성은 합리적 사고나 분석적 사고가 서툴다고 인식되어 왔다. 여성이 생산활동에 종사한다 하더라도 소비만 한다는 그릇된 사고방식으로 인해 불평등한 처우를 받아왔다. 따라서 사회적으로 내면화되어 있는 고정관념과 편견으로 인해 여성은 취업이 불리하고 남성과 동일임금이 보장되지 않으며 승진기회의 제한, 여성 경시풍조 등 사회에서 당면하는 차별적 상황이 계속되고 있다(표갑수, 2002).

VI. 여성복지서비스의 현황과 지원방안

1. 요보호 여성을 위한 사회복지서비스

1) 요보호 여성 상담사업

(1) 여성복지 상담

저소득 모자가정, 미혼모, 가출여성, 윤락여성 등 소위 요보호 여성의 발생을 미연에 방지하고, 사후 선도를 위한 상담사업을 전개하기 위해 전국 시도 및 시군구에 여성복지상담소를 운영하고 주요 역, 윤락여성 집결지, 기지촌 등에 간이상담소를 설치하여 상담을 실시하고 있다. 그러나 상담원의 전문성이 낮아 이들에 대한 보수교육이 필요하며, 신규채용 시 자격요건을 강화하는 장치도 요구된다.

(2) 성폭력 피해자 상담

성폭력 피해자를 상담하고 보호함으로써 신체적 정신적 안정을 되찾고 사회복귀를 지원할 수 있도록 하는 것이다. 성폭력 피해로 인하여 정상적으로 가정 및 사회생활이 어렵거나 기타 사정으로 긴급히 보호를 필요로 하는 사람을 병원 또는 성폭력 피해자 보호시설에 인계하고, 가해자에 대한 고소와 피해보상청구 등

사법처리 절차에 관하여 관계기관에 필요한 협조와 지원을 요청하는 일을 한다.

2) 시설보호사업

(1) 모자보호시설

생활이 어려운 저소득 모자가정으로서, 무주택자에 대해서 모자보호시설에 3~5년 동안 수용 보호하여, 기본 생계보조와 자립기반 조성에 힘쓴다. 주요 내용은 다음과 같다.

- 생활상담교사가 정신적·심리적 갈등과 자녀양육문제 및 직업훈련 등에 대해 상담지도
- 퇴소자에게 자립정착금 지원(세대당 200만~500만 원)
- 보호시설에 수용되어 있다는 낙인의 문제와 모자보호시설 내의 환경이 자녀 교육에 악영향을 준다는 생각으로 피보호자들은 최소한의 전세자금만 마련되면 시설을 나가고 싶어함.

(2) 선도보호시설

저소득여성, 가출여성, 미혼모, 윤락여성 등에 대하여 여성복지상담원이 상담을 하여 이들 중 보호선도가 필요한 여성은 선도보호시설에 6개월 내지 1년간 수용 보호하여 정신교육과 컴퓨터, 양재, 미용 등 기술교육을 시켜 이들이 건전한 사회인으로 자립할 수 있게 하고 있다.

- 시설수, 입소자수, 모두 감소하고 있는 추세임.
- 직업훈련의 효과성이 의심됨.
- 입소자의 인권문제가 종종 대두됨.
- 선도보호시설에 대한 전면적인 재검토가 요청됨.

(3) 모자 일시보호시설

배우자가 있으나 배우자의 물리적·정신적 학대로 인하여 아동의 건전한 양육 또는 모의 건강에 지장을 초래할 우려가 있을 경우에 30일 이내(필요 시 30일 범위 안에서 연장 가능)의 기간 동안에 일시적으로 보호하는 곳이다.

(4) 미혼모시설

미혼여성이 임신 또는 출산할 경우 6개월 이내에 안전하게 분만하도록 도와주고, 신상상담, 정서교육을 통하여 건전한 사회인으로 복귀할 수 있도록 돕는 시

설이다.

3) 재가보호

모자복지법상의 보호대상인 모자가정 중 「모자복지법」에 의한 보호, 「국민기초생활보장법」에 의한 보호, 「국가유공자 등 예우 및 지원에 관한 법률」에 의한 보호 등으로 전체 모자가정의 94.9%가 보호를 받고 있다. 자녀교육비 및 아동양육비 등이 지원되고 있고, 기타 생업자금 융자 등이 있으나 빈곤으로부터 탈출하기에는 매우 부족하고 모자세대의 정서적 문제 등에는 거의 관심을 갖고 있지 못하다(남일재 외, 2006).

2. 근로여성을 위한 사회복지서비스

1980년대 말 기혼여성의 사회진출이 활발해지면서 취업여성의 자녀양육 문제가 사회이슈로 대두되면서, 1987년 제정된 「남녀고용평등법」에 의한 직장탁아제도를 도입하였다. 1991년 「영유아보육법」이 제정되었으며, 시설에 의한 아동보육률은 46% 정도(국·공립, 민간, 직장, 가정 보육시설 모두 합한 것)로 아직도 시설이 절대 미비한 상태이다(조흥식 외, 2006).

3. 일반여성을 위한 사회복지서비스

1) 여성회관 설립·운영사업

(1) 여성회관

사회경제적 환경의 변화에 따른 여성의 대처능력 개발, 직업훈련 등 여성복지를 증진시키기 위하여 각 지방단체가 건립하여 직접, 혹은 위탁 운영하고 있는 시설을 말한다.

(2) 여성회관의 주요 기능

- 저소득여성의 자립기반 조성을 위한 직업보도 및 숙박시설 제공
- 여성문제에 관한 상담과 지도 및 회관이용 여성의 자녀 수탁보호
- 여성의 자질향상을 위한 교양강좌 및 취미교실 운영 지도
- 여성단체 육성을 위한 지도와 협력
- 예식장 운영, 각종 시설물 대여 및 건전소비생활 안내 지도

- 여성 자원봉사자의 활동 및 기타 후생사업
- 운영주체 면에서 시·도립은 증가하고 민간은 감소하는 추세
- 취미·교양 프로그램의 이용자가 타 프로그램에 비해 압도적 다수

2) 여성단체 지원

정부에서는 저소득 여성의 기능교육 및 일반여성의 교양교육 등 여성의 잠재능력을 개발하고 여성의 경제적·사회적 지위향상을 도모한다는 목적하에 여성단체를 지원하고 있다.

4. 저소득 한부모여성에 대한 사회복지서비스

1) 공적부조

한부모 가족지원법(모자복지법) 제5조에 근거하여 한부모가정을 선정하고, 동법에 근거하여 기준에 따라 선정된 한부모가정에는 다음의 혜택이 주어진다.

- 아동양육비, 생업자금 융자, 주택 우선지원, 직업훈련 및 취업알선 우선 허가 등의 급부가 제공됨.
- 빈곤의 악순환 방지를 위해 7등급 이하의 중·고등학교에 재학중인 자녀에게 수업료와 입학금 전액이 지급됨.
- 7등급 이하의 저소득 한부모가정으로서 근로능력 및 자립자활의 의지가 뚜렷하고 전망 있고 현실성 있는 사업계획을 제시하는 자에게 생업자금 융자
- 지자체가 관리하는 영구임대주택 중 일정량을 우선 공급
- 저소득 한부모가정을 대상으로 고용촉진 훈련기간 중 훈련수당비용 지급과 취업알선
- 한부모 가족지원법(모자복지법) 제15조에 근거하여 각종 매점 및 시설운영을 우선 허가

2) 사회보험

- 공무원연금법, 군인연금법, 사립학교교원연금법
- 국민연금제도
- 의료보험제도

3) 사회복지서비스

(1) 정부차원의 사회복지서비스

- 모자보호시설 – 주택제공과 생계보조금 전달. 지역적 편재와 낙인으로 정원도 다 채우지 못함.
- 직업보도시설 – 저소득여성과 미혼모, 윤락여성 등의 사회복귀를 돕기 위한 것. 훈련기간이 1개월에서 1년
- 컴퓨터, 미용, 양재, 편물, 등공예, 자수 등 경제적 실용성 없음.
- 여성복지상담소 – 실효성이 거의 없음.

(2) 민간차원의 사회복지서비스

- 민간단체로부터 도움을 받는 모자가족은 10% 남짓이며, 85% 이상이 종교기관에서 도움을 주며, 경제적 지원에 한정됨.
- 한국여성개발원의 '모자여름학교'

4) 성폭력에 대한 복지서비스

(1) 피해자 지원 서비스 기관

어떠한 유형의 성폭력이라도 그 후유증 및 사후 처리방법을 모색하기 위해서는 여성 1366이나 성폭력상담소, 사회복지관 등 상담기능이 갖추어진 곳에 접수시키는 것이 바람직하다. 초기접수 및 상담 후 피해여성에게 의료서비스, 법적 서비스, 보호시설 등 전문기관들과 연계하여 필요한 서비스 제공

① 여성1366 – 보건복지부에서 1998년 1월부터 시행하고 있는 전국적 네트워크. 위기상황에 있는 여성들의 문제를 초기 진단, 위기상담에 개입, 관련기관에 연계함.

② 성폭력상담소 – 각종 성폭력에 대한 전화 및 면접 상담, 집단상담 실시, 필요한 경우 의료 및 법적 연계

③ 성폭력 피해자 보호시설 – 성폭력 피해여성들의 피난처로 가해자로부터 피해자의 안전을 보장하면서 심리적·법률적·의료적 지원을 총체적으로 실행할 수 있는 곳

(2) 서비스 프로그램

① 피해자 상담, 치료 프로그램

- 성폭력상담소의 경우 전화상담이 84.6%, 면접상담은 11.2%로(보건복지가족부, 2008) 전화상담이 압도적임 – 전화상담의 경우 피해자에 대한 충분한 상담이 어렵고 사후관리가 제대로 되지 못함.
- 성폭력 피해자의 상담이 정기적으로 이루어지는 곳은 보호시설이다.
- 한국성폭력상담소의 열림터(주석 한국성폭력상담소가 운영하는 열림터)는 1994년 개소 이래 현재까지 총 524명이 이용하였으며(재입소자 136명 포함), 그중 친족 성폭력 피해자 건수는 79건으로 65.3%에 이르며(한국성폭력상담소, 내부자료), 주 1회의 정기상담, 각종 심리검사, 상담전문가와의 연계, 집단상담 실시

② 가해자 상담, 치료 프로그램
- 성폭력 성인 가해자에 대한 프로그램이 행해지는 곳은 없다.
- 청소년 가해자를 대상으로 개별상담 실시
- 부산 성폭력상담소에서 '해오름 교실' 진행

③ 성폭력 교육
- 성폭력 전문상담원 교육 실시 – 정부
- 성교육 강사 프로그램, 학교교사 성교육 프로그램 – 한국 여성의 전화 연합
- 여형사 기동대 설치, 운영 – 서울 등 8개 지방경찰청
- 전국 238개 경찰서에 여성폭력상담전화 및 여성상담실 설치
- 전용전화(해당지역 경찰서 국번+0118번)

Ⅶ. 여성복지의 과제와 전망

1. 여성복지의 과제

1) 여성서비스의 확대

여성의 빈곤화를 해결하기 위한 소득지원정책의 지원 확대와, 특히 여성노인의 빈곤을 해결하기 위한 적극적인 대책의 수립이 시급하다. 또한, 여성의 연금수급권 확대가 필요하다. 생활보호제도의 한계로 인하여 빈곤여성의 경우 생활보호만으로 최저생활을 유지할 수 없는 경우가 많으므로, 국민기초생활보장제도의 실시와 더불어 최저생계비수준의 향상과 수급대상의 확대를 통한 여성의 빈곤문제를 해결하는 것이 바람직하다.

저소득 모자가정 지원사업도 확대되고 강화되어야 한다. 모자복지사업을 살펴보면 복지비 지원이 소액이어서 자립적 기반의 확보와는 거리가 먼 실정이다. 더욱이 지원대상의 폭도 너무 한정적이어서 자활을 위한 전문교육 지원 건수나 총 지원 가정수도 너무 적은 상황이다. 편부모가정은 증가하는 반면에 이들에 대한 정부의 지원은 감소하는 상황이다. 또 이들 가정의 빈곤의 세습화를 방지하기 위하여 저소득 모자가정 자녀교육비 지원을 인문계 고등학교나 2년제 대학까지 확대하여 교육기회를 확대하여야만 할 것이다. 아울러 여성노인의 대다수가 자녀에게 신체적 부양을 받는 경우가 많으므로 재가복지서비스를 강화하여야 할 것이다. 관절염과 만성요통을 앓는 여성노인을 위한 실비의 물리치료서비스도 확대하여 건강한 노후를 보장하여야 한다(조흥식 외, 2006).

다양한 보육 프로그램의 개발·보급과 보육서비스의 다양화가 필요하다. 이렇게 하기 위해서는 영아·장애아 전담보육시설이 확충되어야 한다. 그리고 방과후 아동지도사업의 확대도 필요하다. 여성이 가정과 직장을 양립할 수 있도록 공동직장보육시설 설치비 보조예산과 대상을 확대 지원해야 한다. 성매매 피해여성이나 가정폭력 피해여성, 미혼모 등을 위한 사업도 관행적·형식적으로 이루어지고 있어 과감한 전환이 필요하다. 이중적 성윤리와 성 개방 풍조에 대비하여 성매매, 성폭력의 발생을 예방하기 위하여 성인 및 청소년을 위한 다양한 성교육 프로그램의 개발하고 확대 실시가 필요하다. 성매매 피해여성에 대한 자립지원이 활성화되어야 하며, 향락산업의 번창을 막고 건전한 놀이문화를 육성해 나가려는 사회적 분위기도 형성해 나가야 한다. 그리고 미혼모 시설과 미혼모 상담시설의 증설도 시급하다. 또한 미혼모 시설에서 체류하는 중에 받는 직업교육의 내용도 미혼모의 사회복귀 후 취업에 도움이 되는 내용이나 미혼모의 특성이나 적성을 살릴 수 있는 방향으로 전환되어야 할 것이다(김윤정 외, 2001).

2) 여성복지 관련 법률의 정비와 체계 확립

1980년대 후반 이후 「남녀고용평등법」, 「모자복지법」, 「영유아보육법」 등 일련의 여성 관련 복지법이 제정되었다. 특히 1995년 12월 30일 「여성발전기본법」이 제정됨으로써 일반 여성을 대상으로 하는 여성정책 발전을 가져올 기본 틀이 만들어졌다. 여성발전기본법은 헌법의 남녀평등이념을 구현하기 위한 국가와 지방자치단체의 책무 등에 관한 기본적인 사항을 규정함으로써 정치·경제·사회·문화의 모든 영역에 있어서 남녀평등을 촉진하고 여성의 발전을 도모하게 되었다. 여성복지의 전달체계에 있어서도 핵심부서인 보건복지가족부가 관련 부서인 법무부, 안전행정부, 교육부, 농림축산식품부 등 여러 부처와 더불어 여성복지관계 정책과 계획수립에 있어서도 부처 간의 횡적인 협조와 조정을 주도하게 되었다(최선화 외, 2003). 따라서 남녀평등을 지향하는 여성정책과 그에 따른 여성복지 관련 정책을 수립하여야 할 것이다.

3) 양성평등의 지향

오늘날 우리 사회는 전통적인 가부장제 사회에서 산업사회로 변동됨에 따라 여성에 대한 기대와 가치관이 바뀌게 되었고, 여성에게 변화된 다양한 역할을 요구하고 있다. 남녀평등, 인권존중, 자유 등의 이념이 보편화되면서 여성들이 고등교육을 받을 기회가 늘어나고 권리주장과 여성의 의식화가 이루어짐으로써 여성해방운동이 가능하게 되었다. 대부분의 여성들이 사회에 참여하기를 원하고 주체적인 자아실현의 욕구충족을 원하므로 다양한 사회참여의 기회를 제공하여 여성의 삶의 질과 관련된 다양한 욕구를 충족시켜야 한다.

이를 위해 양성평등을 달성하여야 하며 성역할 고정관념, 성별 직종분리, 그리고 남녀 간의 소득격차 등이 극복되어야 한다. 양성평등을 달성하기 위해서는 이러한 요소 외에도 정치적 참여를 통해서 여성을 위한 의사결정과정에 여성들이 참여하는 것이 필요하다. 이러한 방안의 하나로 여성할당제가 요구되고 있다. 여성의 세력화를 통해서 여성들이 압력단체로 가능하며 입법과 집행과정 모두를 지켜보고 모니터링하여 대안을 제공하는 여성 모두의 단합된 노력이 요구된다. 이러한 의미에서 「여성발전기본법」이 잘 지켜지고 운영될 수 있도록 여성들의 관심과 의견 반영이 필요하다.

4) 복지재정의 확충

여성복지의 과제를 해결하기 위한 정책을 수행하는 데 무엇보다도 중요하며 필요불가결한 것은 여성복지부문의 예산확보이다. 이러한 예산은 여성복지 수준을 결정하는 중요한 기준이 된다. 복지국가 건설을 지향하는 현 시점에 있어 사회복지의 중핵적인 분야로서 여성복지의 확충·발전을 기하기 위해서는 이전의 정부

예산 요구에 있어서의 실적주의를 과감히 벗어나 획기적인 예산의 할애가 요망된다. 아울러 공동모금과 더불어 민간단체의 적극적인 참여를 통한 민간 부문에서의 여성복지를 위한 재원조달이 다원화를 기하도록 하여야 할 것이다(전재일·김태진, 2003).

2. 여성복지의 전망

1) 법적 평등 그리고 실질적인 평등보장

그동안 우리나라의 여성정책은 법제도상의 차별철폐와 법적 평등의 단계였다. 이를 바탕으로 실질적인 평등의 실현을 이룩하기 위해서는 사회 각 분야의 전통적인 성차별적 태도 및 편견과 관습의 변화를 필요로 한다. 그러나 이는 전통적 사고와 이에 근거한 사회구조적 보수성으로 인하여 변화에 심한 저항이 예상되므로 가정교육, 학교교육, 사회교육 등을 이용한 의식변화 프로그램과 같은 장기간의 계획적인 정책이 필요하다. 이 작업에는 민간단체인 여성단체의 역할이 특히 중요하므로 여성정책담당 국가기구는 이를 위하여 여성단체의 활동을 지원하고 연대하여야 한다(한국여성연구소, 2003).

2) 여성인권의 증진과 보호

일반인들에게 성차별 문제, 여성인권, 여성정책 등의 개념을 홍보하고 가정폭력, 성폭력 등이 사회범죄이며 여성의 인권을 침해하는 것이라는 인식을 확산시키기 위한 교육과 홍보가 필요하다.

3) 성인지적 사회보장

여성에 대한 사회보장의 확충은 여성의 경제적 자립뿐 아니라 정신적 자립에도 영향을 미친다. 따라서 여성을 단지 남성의 피부양자로 취급해서는 안 되며 연령과 생애과정에 따른 생활변화에 상응하는 보장을 받아야 한다. 따라서 무엇보다 먼저 사회보장제도의 전제이자 여성의 생활을 경제적 종속자, 가사노동자로만 묶어 두는 '가부장제에 기초를 둔 가족주의'를 벗어나야 하며, 모자가정, 독신가정과 같은 다양한 가족형태를 수용할 수 있는 사회보장제도를 수립해야 한다.

4) 생애과정에 적합한 복지정책

여성의 생애과정은 여성의 취업률, 취업만족도, 고용관행 등과 밀접한 관련이 있으므로 여성복지정책을 시행하기 위해서는 생애과정을 다양한 패턴으로 분류하고 파악하여 그 변화를 정책에 반영하여야 한다. 여성주의적 복지실천은 여성주의를 접근방법으로 하고 여성주의적인 원칙과 전망으로 사회를 인식하고 복지를 실현해 나가는 것이다. 그리고 보다 현실적이고 객관적인 여성복지가 실현되기 위해서는 여성주의적 경험이 공유되어야 한다. 즉 여성의 재생산 능력과 같이 그동안 소외되고 무가치하게 여기던 사적 경험들을 사회적 사실로 끌어냄으로써 보다 객관적인 정책입안이 가능해질 것이다. 이것은 여성의 고유한 경험에 대한 가치개입을 통해서만 기존의 성차별적 편견을 파악하고 시정할 수 있는 참된 의미의 여성복지가 구현될 수 있음을 의미한다. 이는 곧 여성주의적 여성복지실천의 전망에서는 여성주의 인식론과 경험론, 그리고 입장론이 그 근본이 된다고 볼 수 있다.

생각해 볼 문제 및 과제

1. 여성복지의 개념과 범주를 설명해 본다.

2. 여성복지의 필요성에 대해 설명해 본다.

3. 여성복지의 이론적 관점을 제시해 본다.

4. 여성의 삶과 복지욕구를 이해한다.

5. 여성복지의 서비스 현황에 대해 생각해 본다.

6. 여성복지의 기초이론을 학습한다.

7. 여성복지의 전망에 대해 설명해 본다.

참고문헌

강인순(2005). 진보정치연구소.

공미혜 · 성정현 · 이진숙(2010). 여성복지론. 현학사.

김영화 외(2002). 현대사회와 여성복지. 양서원.

김윤정 · 남미애 · 노병일 · 박수경 · 윤경아 · 이윤아 · 조성혜(2001). 여성복지론. 대학출판사.

남일재 · 신현석 · 양정하 · 오　주 · 윤성호 · 윤은경 · 조윤득 · 조은정(2006). 사회복지개론. 공
　　　동체.

보건복지가족부(2008). 2008년도 긴급지원사업 안내.

여성부(2002). 성인지적 정책형성을 위한 길라잡이.

이소희 · 변화순 · 박애선 · 이행숙 · 김희자 · 도미향 · 정혜선(2001). 여성복지. 형성출판사.

전재일 · 김태진(2003). 사회복지개론. 형성출판사.

조흥식 외(2006). 여성복지학. 학지사.

주성수(2003). 사회복지정책. 한양대학교 출판부.

최선화(2005). 여성복지론. 학현사.

최선화 · 박광준 · 황성철 · 안홍순 · 홍봉선(2003). 사회문제와 사회복지. 양서원.

표갑수(2002). 사회복지개론. 나남출판.

한국여성단체연합(2004). 2004 성 인지예산 및 정책워크숍.

한국여성연구소(2003). 새여성학 강의. 동녘.

한국여성정책연구회(2003). 한국의 여성정책. 미래인력연구원.

현경자(2008). "저소득층 부부들의 경제적 스트레스와 부부갈등 및 결혼결과: 탄력적 대응을
　　　돕는 기혼자의 자기해석." 한국심리학회지. 22(3): 49-79.

Browne, W.(1995). "Empowerment in social work practice with older women." *Social
　　　Work*, 40(3): 358-364.

Gutierrez, L., Parsons, J., & Cox, O. (Eds.). (1998). *Empowerment in Social Work
　　　Practice: A Sourcebook*. Pacific Grove, CA: Brooks/Cole.

제 **4** 장

노인복지

Ⅰ. 노인복지의 이해

1. 노인복지의 정의

일반적으로 노인복지라 하면 매우 포괄적인 개념으로 파악되는바, 광의로 해석하여 노인생활의 전반적인 보장을 말하는 경우도 있고 또 협의로 생각하여 양로원이나 노인들의 최소한의 생계유지를 의미하는 경우도 있다. 따라서 노인복지란 "노인이 인간다운 생활을 영위하면서 소속된 가족 및 지역사회에 적응하고 통합되도록 필요한 자원을 제공하는 데 관련된 공적 및 사적 차원에서의 조직적 제반활동"이라고 정의할 수 있다(고정자, 2002: 34).

이와 같이 정의된 개념을 분석하여 보면 노인복지의 기능은 노인문제를 예방하는 기능과 해결하는 기능으로 구분할 수 있다. 따라서 노인문제에 대한 사회적 대책으로서 노인복지는 노인생활의 일부만을 보장하기 위한 것이 아니라 노인생활 전체를 제도적으로 보장하기 위한 종합적 대책이라 할 수 있다. 또한 소득보장, 주택·환경보장, 노인복지서비스 등 광범위한 영역에 걸친 고령화 대책이라 표현할 수 있다. 특히 노인복지 분야에 있어 소득의 많고 적음에 관계없이 서비스를 필요로 하는 모든 노인을 대상으로 폭넓게 대응하는 것이 중요하다. 이는 궁극적으로 노인의 삶의 질(quality of life)을 향상시킬 수 있어야 하는 것이다.

2. 노인복지의 대상

노인복지의 대상인 노인은 「노인복지법」에 의거 65세 이상의 남녀 혹은 65세 미만이라도 그 노화현상이 현저하여 특별히 보호받아야 할 필요가 있는 사람이다. 그런데 노인의 정의를 물리적·기계적인 시간의 측정에 의하여 연령이 몇 세이상인 자로 정의하는 방법과 심신의 기능의 변화에 따라 노화현상이 어느 단계에까지 이른 경우를 노인으로 간주하는 실제적인 방법인 소위 생활연령에 의하는 방법이 있을 수 있다(Breen, 1980). 이러한 맥락에서의 노화는 인간의 정상적인 성장과 발달과정 전체의 한 부분이며 적어도 생물학적 노화, 심리적 노화, 사회적 노화의 과정을 포괄하여 넓은 의미로 이해해야 한다.

국제노년학회에서도 노인이란 인간의 노화과정에서 나타나는 생리적·심리적·

환경적 변화 및 행동적 변화가 복합적으로 상호작용하는 과정에 있는 사람이라고 규정한다. 따라서 노인복지의 대상은 생물학적 및 생리적 측면에서 퇴화기에 있는 사람, 심리적 측면에서 정신기능과 성격이 변화하고 있는 사람, 사회적 측면에서 지위와 역할이 상실되어 가는 사람이다(Atchley, 2000). 즉 노화로 인하여 생물, 심리, 사회적 기능이 감퇴한 사람을 노인으로 규정하고 노인복지의 대상으로 보고 있다.

3. 노인복지의 필요성

1960년대 초부터 본격화되기 시작한 산업화 과정에서 초래된 도시화, 핵가족화 그리고 전통적 노인 부양의식의 약화 등 사회구조적 변화로 인하여 1970년대 이후부터 노인문제가 사회적 관심영역으로 점차 대두되고 있으며, 더구나 앞으로 노인인구의 급증으로 인하여 더욱 심각해질 것으로 예상되고 있다. 65세 이상 노인의 약 55%가 수입원의 대부분을 자녀에게 의존하는 등 경제적으로 어려운 생활을 유지하고 있고, 노인의 약 87%가 치매, 중풍 등 각종 만성질환을 앓고 있으며, 노인의 3.5%가 독립적인 일상생활이 불가능하다(유용식, 2005).

사회나 가정으로부터 역할상실에 따른 소외감, 고독감으로 노인들의 사회참여와 여가에 대한 욕구가 증대하고 있지만 이를 충족시킬 수 있는 여건이 미흡하고, 각종 여가시설이나 프로그램이 부족한 것이 현실이다. 어느 사회에서나 산업화 과정에서 노인문제는 중요한 사회문제로 등장하며, 서구사회는 긴 세월을 통해 노인문제에 대한 대응능력과 복지기반을 다져 왔으나, 우리 사회는 30년이라는 짧은 기간에 노인문제가 급격히 대두되어 이에 충분하게 대비해 오지 못하였다. 따라서 이제는 경로효친의 추상적 접근이 아니라 제도적 차원에서 노인문제를 풀어 나가는 인식의 전환이 있어야 한다.

Ⅱ. 노인복지의 이론 및 역사

1. 노인복지의 이론

1) 은퇴이론, 분리이론(disengagement theory)

커밍(Cumming)과 헨리(Henry)가 주장하는 것으로 노인은 젊은 사람에 비해 건강하지 못하고 죽음의 가능성 높다는 설명이다(Cumming & Henry, 1961). 그러므로 개인적으로 편히 쉬는 것으로 노년기를 행복하게 보내는 것이 노년기의 생활만족도가 높다는 입장이다. 사회적인 측면에서 노인보다는 젊은 사람들이 일하는 것이 사회기능과 안정을 위해서 바람직하다고 주장한다.

2) 활동이론(activity theory)

노년기가 되더라도 사회에 깊이 개입하여 활동하는 것이 노년기의 생활만족도를 높인다는 이론이다(Bengston, 1969; 정옥분 외, 2008: 재인용). 직업 역할 및 기타 사회활동을 계속적으로 하는 것이 좋다는 것이 활동이론인데, 이론의 차이에 따라 노인정책이 달라질 수 있다. 건강한 노인에게는 활동이론이 잘 맞는다. 하지만 건강하지 못한 사람에게는 은퇴이론이 적합하다고 본다.

3) 하위문화이론(subculture theory)

노령기에 있는 사람들끼리 접촉하면서 상호작용에 의해서 그들 특유의 문화가 형성된다. 이 이론을 찬성하는 쪽은 하위문화에 의해서 서로의 치료에 도움이 된다는 것이다(유용식 외, 2004). 그러므로 노령에 걸맞은 문화를 창출해 주는 것이 좋다고 하며, 그러한 하위문화를 통하여 자아감을 형성하고 자존감을 갖게 하여 생활의 활력소가 되게 한다. 하지만 지나친 강조는 사회통합을 반대하고 고립된 문화를 갖게 되며 사회발전을 저해하므로 문화교류를 젊은 사람들과 함께 함으로써 사회발전을 도모하도록 해야 할 것이다.

4) 역할이론(role theory)

노인이 되면서 직업, 배우자, 부모 등의 역할상실이 무용감을 느끼게 된다. 따라서 노인의 역할을 새롭게 부여함으로써 새로운 기능을 하게 하여 노년기를 행복하게 지낼 수 있도록 개인의 특성에 맞게 직업, 배우자 등의 역할을 찾아주어야 한다는 주장이다(정옥분 외, 2008).

5) 연속성이론(continuity theory)

경험과 경력이 발달해 온 연속선상에서 노년기를 설계할 수 있다는 이론으로 개인에게 맞는 연속선 상태의 설계를 해야 한다는 것이다. 예를 들면 도덕 선생님이 예절교육을 담당하면서 노후를 보내는 것이다(김미혜·서혜경, 2002).

2. 노인복지의 역사

1) 전통사회에서의 효사상과 노인보호

(1) 삼국시대

우리나라를 비롯한 유교문화권에서는 경로효친사상이 매우 강조되어 왔다. 유교문화의 영향으로 우리나라에서는 이미 삼국시대부터 효와 경로가 강조되어 왔다. 국가차원에서의 노인복지에 대한 제도적 개입은 매우 빈약하였으며, 국왕의 노인보호에 대한 책임의식 정도에 따라 당대의 노인문제 해결의 정도가 결정되었다고 할 수 있다.

(2) 고려시대

불교의 자비사상은 노인구제 등 보호사업에 큰 영향을 미치게 되어, 고려시대에 들어와서 노인복지에 대한 다양한 사업이 시행되었다. 『고려사』에는 성종 9년(989)부터 노인구호대책이 상당히 구체적이며 광범위하게 실시된 것으로 기록되어 있다. 특히 태조 11년(928)에는 후기고령자에게 노인봉사자인 대정(待丁)을 두어 양로하게 하였는데 이는 오늘날의 가정봉사원서비스의 원초적 형태라고 할 수 있다. 현종 11년(1019)에는 70세 이상의 부모가 병이 들었을 경우 관리들에게 20일 내지 200일의 휴가를 주어 양로하게 하였다. 이와 같이 고려시대에 시행된 다양한 노인보호사업 가운데 특히 노인관리에 베풀어진 관직 부여, 병든 노부모를 위한 부양휴가제도, 그리고 노인봉사원제도 등은 오늘날의 시각에서 볼 때 노인복지제도라고 평가할 수 있다(박태룡, 2006).

(3) 조선시대

조선시대에도 국왕이 국민으로 하여금 경로효친을 미풍양속으로 유지·발전하도록 직접 모범을 보였으며 구체적인 노인보호사업은 『경국대전』의 팔경에 집대성되어 있다. 태조 3년(1394)에는 기노소(耆老所)를 설치하여 70세가 넘는 정2품 이상의 문관들이 쉴 수 있는 장소를 마련하여 주고 매년 봄과 가을에는 왕이 잔치를 베풀어 주었다. 태종 4년(1403)에는 양민원(養民院)을 설치하여 부양자가 없는 노인을 보호하였고, 세종 8년(1425)에는 오늘날의 양로원에 해당하는 제도를 만들어 양로법을 제정하였다. 문종 2년(1451)부터 마련한 치사(致仕)제도는 공직에 있는 자가 나이가 많아져 벼슬을 사양하고 물러나는 제도를 의미하는 것으로 오늘날의 정년제도와 유사하다고 할 수 있다. 조선시대에 시행된 노인보호사업은 이전의 시대보다는 제도적으로 발전된 형태였다고 볼 수 있으나, 특권층에 속한 관리들의 노후에만 선별적으로 시행되었다고 할 수 있다(이해영, 2006).

2) 요보호 노인을 위한 구호사업

(1) 일제강점기

1910년 국권피탈 이후 노인복지사업은 다른 사회복지사업과 더불어 조선총독부에 의하여 실시되었다. 이때의 노인복지시책은 식민지 통치에 반대하는 민족운동을 완화시키키 위한 무마책이었고, 시혜 또는 자선적 성격의 단순구호사업에 불과하였다. 조선총독부는 1916년에 「은사진휼자금빈민구조규정」에 의하여 60세 이상의 노인에게 은사진휼자금을 지급하였다. 1929년 조선귀족보호시설로서 재단법인인 창복회(昌福會)를 설립하여 당시 250만 엔의 기금에서 나온 이자로 60세 이상의 노인귀족에게는 지급액의 30%를 증액하여 지급하였다. 위와 같은 노인구호사업은 일제의 식민지 지배전략의 일부로서 소수의 노인들에게 제한적으로 제공되었으며, 그 규모와 내용은 보잘것없었던 것으로 평가된다.

(2) 해방 이후부터 1950년까지

1945년 해방 이후 한국전쟁 등으로 노인복지는 거의 독립적으로 기능하지 못하였다. 1949년 2월 당시 아동보호시설은 98개소인 데 반하여 양로시설은 12개소에 불과하였던 점으로 알 수 있다. 휴전 이후에도 전쟁복구사업에 국가적 관심을 집중하게 되어 노인복지는 더욱 소홀하게 되었다.

3) 노인보호에서 노인복지로의 전환

(1) 1960년대

1960년대는 4·19혁명과 5·16군사정변 등 정치·사회적 변화와 더불어 경제개발정책이 국가정책의 핵심이 되었으며, 사회복지에 관한 법률이 점차 제정되기에 이르렀다. 1960년대 초 사회보장제도의 기반이 마련된 것으로 평가되나, 노인복지 분야에 있어서는 제도적 기반이 마련되었다고 볼 수 없다. 다만 생활보호법 제3조와 제25조에 근거하여 65세 이상의 생활능력이 없는 무의무탁한 노인을 대상으로 구빈차원에서의 노인보호사업이 전개되었을 뿐이었다. 사회보장심의위원회가 1968년에 제출하였던 '사회개발의 기본구상'에서는 사회복지서비스로 노인복지를 다루었으며, 1969년에 제안하였던 '사회개발 장기전망'에서는 향후 노인 문제가 심화할 것을 전망하여 여러 대책을 제시하였으나, 정부의 관심에서 벗어 나는 상황이었다(장인협·최성재, 1987).

(2) 1970년대

1970년대 초에 이르러 경제성장과 더불어 인구의 고령화 현상이 급격하게 진 행되었다. 특히 생활수준이 향상되고 노인인구의 욕구도 다양하게 증대되기 시작 하면서 노인문제가 차츰 사회문제도 대두되었다. 이 시기에 각종 신문에서도 노 인문제가 다양한 관점으로 다루어졌는데, 그중 1970년대 11월 19일자 경향신문에 서는 '핵가족에 밀려나는 노인'이라는 제목의 기사를 통하여 노인문제의 중요성 을 기사화했다. 노인문제가 사회문제로서 점차 인식되어 노인문제를 해결하기 위 한 방안이 논의되기 시작하였으나, 1970년대를 거치면서도 노인복지는 여전히 국 가적 관심거리가 되지 못했다. 또한 당시 노인단체의 존재나 활동도 매우 미미하 였다. 이 시기의 노인문제가 객관적으로 사회문제로 인식되었으면서도 실제적인 노인복지제도의 기반을 독자적으로 마련하지는 못하였다.

1977년부터 생활보호사업에서 분리·실시된 의료보호는 65세 이상의 생활보호 대상 노인에게만 제공되었다. 또한 「군사원호법」에 의하여 양로보호가 실시되었 으며, 65세 이상의 원호대상 노인에게 노령생계수당이 지급되기도 하였다. 한편, 1979년 보건사회부는 노인복지법을 제정하기 위하여 몇 차례의 준비와 검토를 거친 후, 같은 해에 노인복지법 초안을 마련하였다.

4) 노인복지제도의 확립

(1) 1980년대

1980년대에 접어들면서 노인 자신이나 일반국민들 사이에서 점차 국가와 사회 가 노인부양과 노인복지를 책임져야 한다는 인식과 태도가 나타나게 되었다. 1980년 9월 5공화국이 출범하면서 복지국가를 지향하는 정치이념 속에서 1981년 「노인복지법」이 제정·공포되었고 이로써 노인복지제도의 발전을 위한 기반이 마 련되었다. 1982년 2월 17일에 대통령령 제10731호로 「노인복지법 시행령」이 공 포되고, 같은 해 9월 20일에 보건복지부령 제714호로 「노인복지법 시행규칙」이 제정되었다. 1982년 5월 8일에는 노인복지를 위한 올바른 인식과 정신적 바탕이 되는 '경로헌장'이 선포되어, 노인은 국민의 존경을 받으며 노후를 안락하게 지내야 한다고 선언하여 노인의 사회적 위치를 명시하고 있다. 노인복지법을 근거로 1980년대에 주로 실시된 서비스로서 경로우대제는 1980년 5월에 처음 도입되어 당시 70세 이상 노인을 대상으로 하다가 1982년 2월부터 65세 이상으로 확대적용하게 되었다. 그 외에도 민간단체의 활동도 활발해져 갔다. 노인복지시설인 양로시설, 노인요양시설, 유료양로시설, 노인복지회관 등이 그것인데 정부는 노후된 양로시설의 증축, 개축을 위해 보증금을 지원하였다.

(2) 1990년대

2차로 개정된 노인복지법의 경우 각 조항을 분석하여 보면 강제규정보다 임의규정 또는 노력 의무 규정이 많으며, 대통령령 또는 보사부령으로 구체적 내용을 정할 것을 위임한 조항이 대부분이고, 생활보호법이나 의료보호법 등 관련된 타 법과의 관계가 제대로 조정되지 않아 중복되는 문제점을 안고 있었다. 미비점을 보완하고자 1993년 12월 27일에 노인복지법이 3차로 개정되었다. 개정된 내용 중 특기할 만한 점은 우선 유료노인복지사업에 민간기업체나 개인의 참여를 허용함으로써 노인복지사업의 공급 기반을 다양하게 확충하고자 하였다. 또한 일반가정에서 생활하는 노인들에게 생활지원 및 각종 서비스를 제공하고자 재가노인복지사업의 실시 근거를 마련하였다. 개정된 노인복지법은 내용 면에서 체계적이고 다양한 프로그램을 제시하고 있지만 여전히 강제규정이 아닌 임의규정이나 선언적인 성격이 상당 부분 남아 있고, 소득보장과 의료보장에 있어서도 많은 제한점을 안고 있어서 이를 보완하고자 1997년 8월 22일 4차로 전면개정하게 되었다.

(3) 2000년대

1998년도부터 시작된 경제위기로 인한 조기퇴직자들을 위하여 다양한 노인복지정책이 개발되었다. 이는 노령사회에 대비하는 노인복지정책의 기본 패러다임으로 노년기를 퇴직, 질병, 의존의 경향으로 보는 데서 벗어나 독립, 참여, 건강으로 보는 새로운 패러다임으로 변화될 필요가 있기 때문이기도 하다(권중돈, 2010; 한국노인복지시설협회, 2009). 최근 수년 동안 정부에서 준비해 온 노인장기요양에 대한 제도화 작업이 2007년 2월 국회에서 「노인장기요양보험법」으로 통과됨으로써 2008년 7월부터 노인장기요양보험제도가 시행되고 있다. 이로써 장기요양이 필요한 노인들과 그 가족들이 사회적 차원에서 지원을 받을 수 있는 방안이 제도적으로 보장되게 되었다. 이는 지금까지 노인복지법에 의거하여 빈곤층인 국민기초생활보장 수급자 노인 중 장기요양이 필요한 노인들에게만 극히 선별적으로 이루어지던 체계를 탈피하여 장기요양이 필요한 노인이라면 소득계층에 관계없이 보편적으로 서비스를 제공받을 수 있게 되었음을 의미한다(김진수, 2007; 박석돈·박순미·이경희, 2008). 또한 장기요양보험제도는 장기요양 부문의 새로운 인력을 창출하는 고용창출 효과를 가져왔으며, 보건의료 자본시장 확대와 여성의 경제활동 참여를 유인하는 경제적 파급효과를 가져왔다.

Ⅲ. 노인복지의 이념 및 원칙

1. 노인복지의 이념

1) 기본이념

모든 국민은 인간다운 생활을 할 권리를 가지므로 이러한 기본권을 보장받기 위해서는 국가는 노인의 복지증진을 위한 정책을 실시할 의무가 뒤따르는 것이다.

2) 노인복지법상의 기본이념

① 노인은 후손의 양육과 국가 및 사회발전에 기여하여 온 자로서 존경받으며 건전하고 안정된 생활을 보장받는다(노인복지법 제2조 제1항).

② 노인은 그 능력에 따라 적당한 일에 종사하고 사회적 활동에 참여할 기회를 보장받는다(같은 법 제2조 제2항).

③ 노인은 노령에 따르는 심신의 변화를 자각하여 심신의 건강을 유지하고 그 지식과 경험을 활용하여 사회의 발전에 기여하도록 노력하여야 한다(같은 법 제2조 제3항).

2. 노인복지의 기본원칙

노인복지와 관련된 원칙은 유엔에서 노인인권 문제로 일찍이 다루면서 각국에서 다양한 원칙들을 주장해 오고 있다. 유엔은 국가가 노인복지정책과 실천을 함에 있어서 독립(independence), 참여(Participation), 보호(care), 자아실현(self-fulfillment), 존엄(dignity)이라는 다섯 가지 원칙을 따를 것을 권고하고 있다(보건복지부, 2000). 2002년에는 20년 전인 1982년 제 1 차 세계고령화회의에서 채택된 '비엔나 행동계획'을 대체하여 향후 각 국가가 고령화 관련 정책을 수립·시행 및 평가하는 데 필요한 지침으로서 '마드리드 국제고령화행동계획'이 권고되었다. 여기서는 사회복지사업과 관련된 원칙들을 제시한다.

1) 존엄성 및 개성존중의 원칙

인간은 신분, 직업, 연령, 건강, 지위 등의 어떤 면에서도 차별받지 않는 인간적인 권리로서의 존엄성이 존중되어야 하며, 더불어 개인은 다른 개인과 구별되는 특성과 욕구를 지니고 있는 개성 있는 존재로서 인정되어야 한다.

2) 개별화의 원칙

모든 인간은 타인과 구별되는 고유한 특성이 있으므로 개별적으로 다루어져야 한다. 이는 노인집단에도 적용되며, 다양한 경험을 한 다양한 연령층의 노인을 일반화시키고 편견을 갖는 것은 가능하면 피해야 한다.

3) 자기결정의 원칙

노인은 인간으로서의 존엄성과 개성을 가지고 있으므로 노인자신의 복지에 영향을 미치는 어떠한 결정도 노인 스스로 선택해야 한다.

4) 보편성과 선별성의 원칙

보편성에 입각한 사회복지서비스는 그 계층이나 범주에 속하는 모든 사람에게 혜택이 주어지는 것이고, 선별성에 입각한 서비스는 특수한 욕구가 있는 계층에게만 그 혜택이 주어지는 것이다. 노인은 경제적 상태에 관계없이 공통적인 욕구와 발달과업을 갖고 있으므로 이러한 욕구나 과업의 해결을 위해서는 65세 이상의 노인 전체에게 공통적으로 주어지는 서비스가 필요하다. 그러나 욕구의 정도가 다른 노인에게 선별적으로 혜택을 주는 것도 필요하다. 가령, 저소득층 노인에게는 경제적 지원 혜택이 더욱 요구된다. 따라서 노인복지사업은 노인의 형편에 따라 선별적 원칙과 보편적 원칙을 적절히 사용해야 한다.

5) 개별적 기능의 원칙

노인의 개별성이나 주체성의 인정에서 비롯되는 원칙이다. 문제를 가진 노인에게 그 노인을 대신해서 문제를 해결해 주는 것이 아니라, 스스로 자발적으로 문제를 해결하도록 도움을 주어야 한다.

6) 전체성의 원칙

노인복지사업을 전개함에 있어 노인을 전체성을 가진 한 인간으로 받아들여야 한다는 것이다. 노인을 신체적, 정서적, 지적, 사회적, 심리적 및 영적 측면의 총체로서 인정해야 하며 어느 한 측면만을 강조하여 원조를 하는 것은 바람직하지 못하다.

7) 전문성의 원칙

노인복지사업을 전문적인 지식과 기술을 기반으로 하여 실시되어야 한다는 원리이다. 흔히 노인복지는 자선이나 연민의 차원에서 베풀어지는 자발적인 행동으로 간주하는 경향이 있으나, 전문적인 훈련을 받은 인력을 활용하여 노인문제를 적극적이고 전문적으로 해결해야 한다.

8) 시대적 욕구반영의 원칙

노인복지사업은 노인들의 시대적 욕구를 잘 파악하여 이를 적절히 반영하는 것이 되어야 한다. 수시로 노인들의 욕구를 조사하여 반영하는 것이 효과적인 노인복지사업의 원칙이 된다.

Ⅳ. 우리나라 노인인구의 특성

우리나라는 해방 후 평균수명의 꾸준한 연장과 동시에 인구정책의 성공으로 소산소사형으로 전환됨에 따라 노인인구의 증가가 현저하게 나타났다. 65세 이상 인구는 1960년 이후 급속하게 증가되어 2010년 현재 65세 이상 노인인구는 전체 인구의 11.0%를 차지하여 고령화사회에 진입하였다(통계청, 2010).

1. 급속한 노령화 속도

일반적으로 65세 이상의 노인인구가 전체 국민의 7% 이상이 되면 고령화사회(Aging Society)라고 하며, 14% 이상이면 고령사회(Aged Society), 그리고 21% 이상일 때 초고령사회(Super Aged Society) 또는 후기고령사회로 구분할 수 있다. 선진국의 경우에는 고령화사회에서 고령사회로 변화하는 소요기간이 길었기 때문에 노인문제 해결을 위한 자원조달과 서비스 개발을 비교적 오랜 기간 동안 점진적이고 체계적인 방법으로 실시할 수 있었으나, 우리나라의 경우에는 짧은 기간 동안 급격한 사회변동과 더불어 고령인구가 급증하였기 때문에 각종 노인문제가 심각하게 대두되고 있다.

우리나라는 65세 이상 노령인구가 2000년 들어 처음으로 전체인구의 7%를 넘어 유엔이 분류한 '고령화사회'로 진입했다. 2000년 7월 10일 세계인구의 날을 맞아 통계청이 내놓은 '한국의 인구현황' 보고서에서는 당시 노령인구가 337만 1,000명으로 총인구의 7.1%를 차지한 것으로 발표함으로써 명실상부한 고령화사회 진입이 확인되었다. 물론 노령인구의 비중은 18.2%의 이탈리아나 17.1%의 일본, 그리고 16.4%의 독일에 비하면 우리나라는 세계 52위에 불과하기 때문에 아직 그렇게 높다고 할 수 없다. 하지만 우리나라의 인구노령화는 갈수록 빨라져 오는 2022년에는 노령인구가 전체의 14.3%를 기록하면서 고령사회에, 2032년에는 20%를 넘어 초고령사회에 진입할 것으로 전망되고 있다(통계청, 2006). 우리나라가 고령화사회에서 고령사회로, 다시 고령사회에서 초고령사회로 도달하는 데 걸리는 기간은 각각 22년과 10년으로 선진국에 비해 거의 유례없이 빠르다. 이러한 사실은 우리나라의 노령화 현상이 심각한 사회적 문제가 될 수 있음을 시사하고 있다.

2. 여성 노인인구의 비중 증가

우리나라 노인인구의 특성 가운데 하나는 연령이 높을수록 여성 노인인구가 더욱 많다는 것이다. 따라서 노인문제는 곧 여성 노인문제라는 점을 인식하고 노인문제의 대응책을 구상하고 접근해야 할 것이다.

3. 질병·장애노인의 증가

노인은 신체적·정신적 약화현상으로 말미암아 질병에 대한 저항력이 약화되면서 각종 퇴행성 장애와 질병 등을 동반하게 된다. 즉 노인은 점차 신체적·정신적 장애인으로 변화해 간다고 볼 수 있으며, 노인의 증가는 바로 장애노인이나 일상생활에서 거동이 불편한 노인이 늘어 간다는 것을 의미하는 것으로 이들에 대한 사회적 복지정책이 요청된다고 할 수 있다(남기만 외, 2006).

4. 시설보호대상 노인인구 증가

우리나라 65세 이상 노인의 대부분이 관절염, 만성요통, 고혈압 등의 퇴행성 만성질환을 가지고 있으며, 나이가 많을수록 만성질환 유병률도 높아지는 경향을 보이고 있다. 대부분의 노인은 다소간의 기능장애가 있어도 필요한 도움을 받을 수 있으며 가정에서 자율적인 생활을 계속할 수 있으나, 문제는 남의 도움 없이는 스스로 살아갈 수 없는 의존성 노인들로 이러한 시설서비스 대상노인은 2030년에 가서는 57만 명에 이를 것으로 예측하고 있다(유용식 외, 2005).

V. 현대사회와 노인문제

1. 경제적 빈곤문제

노인이 직면하고 있는 경제적 문제는 빈곤을 의미하는 것으로 노인연령층에서 가장 광범위하게 나타나고 심각하게 영향을 미치는 문제이다. 퇴직으로 인하여 정기적인 수입원이 단절되고 퇴직연금, 저축, 재산수익 등으로 수입이 대치된다. 영국에서는 15세부터 61세까지의 모든 국민은 정부가 관리하는 국민보험제도에 가입하여 보험료를 지급받는다. 이에 의하여 퇴직연금 등이 지급되며, 이러한 정부관리 퇴직연금뿐만 아니라 기업연금 등이 지급되고 있는데 이 기업연금의 수혜자 1/4 정도는 퇴직자로 알려지고 있다. 그러므로 기업연금의 유무가 노후생활의 여유를 결정한다고 할 수 있다(박석돈 외, 2006).

이처럼 노령연금제도가 시행되고 있는 선진산업사회에서도 퇴직 후의 수입은 절감되는 현상을 보이고 있는데 노령연금제도가 실시되고 있지 않은 우리나라의 경우 퇴직 후의 수입은 더욱 악화된 상태가 된다. 수입의 감소는 노인인구를 빈곤상태에 빠뜨리고 또한 자녀에게 생활을 완전히 의존하게 만들기 때문에 노인들은 물질적인 어려움과 함께 심리적인 고통과 자존심까지 상하게 된다.

2. 건강의 약화로 인한 질병과 장애문제

연령이 증가할수록 건강의 약화로 인해 질병에 걸릴 확률이 높다는 사실은 잘 알려진 내용이다. 국민건강에 관한 한 조사에서 60세 이상 노인은 만성환자율과 만성이환율이 전체 연령에 비해 3배 이상 높은 것으로 드러났다(통계청, 2006). 특히 노인질병의 진료는 고액진료가 많으므로 의료보험이나 의료보호의 제도적 뒷받침 없이 개인적으로 일시에 진료비를 부담하는 것은 상당히 어려운 일이다. 노인의 건강상태는 경제적 수준과 상관관계를 갖고 있다는 연구가 많이 있는데 이는 경제적 수준이 높을수록 건강보호를 받을 수 있는 여건이 좋기 때문일 것이다. 노인의 건강은 신체적 노화로 약화되는 것이 일반적이지만 적절한 의료적 치료를 받아 건강을 유지하고 노화의 속도를 지연시켜서 기능적으로 활발한 노후생활을 더욱 연장시킬 수 있다는 전제하에서 노인의 건강보호는 노인문제에서 큰 비중을 차지하고 있다(박차상 외, 2005).

3. 역할상실

산업화 이전 사회에서 노인은 경험과 지식의 소유자로서 존경받는 존재로 인식되어 왔으며, 가부장적 가족구조는 노인들로 하여금 가정에서 보호받고 존경받는 위치를 유지시킬 수 있는 틀이었다. 그러나 산업사회는 그동안 노인에게 우호적이었던 여건과 구조를 해체시키고 능력에 따라 대우받고 경쟁하는 존재로 변화시킴으로써, 노인은 사회의 주변부로 밀려나는 위치로 전락하였고 이에 따른 고독과 소외를 경험하고 있다. 생산기술이 기계화됨으로써 종전에는 손으로 하던 일이 기계로 대체되고 이로 인하여 생산에 필요한 노동력이 감소되면서 일 없는 노인인구는 많아지고, 노동력이 제한됨으로써 젊은 세대와 노인세대 간에 취업 및 직업역할 수행에 있어 경쟁이 발생한다. 이 경우 신체적 및 정신적 기능이 약화되는 노인은 경쟁에 밀려남으로써 생산현장에서 물러나는 퇴직이 제도화되었고, 이에 따라 노인은 직업적 역할을 상실하게 된다.

4. 긴 여가시간

의료 및 보건기술의 발전으로 사망률이 저하되고 이로 인하여 인간의 수명이 크게 연장되었다. 따라서 노령기는 점차 연장되었고, 특히 55세의 일률정년제도가 일반적인 우리나라에서는 55세 이후부터 사회적인 의미에서 노인이 되어 노령기가 더욱 길어지게 된다. 여가시간과 여가의 문제는 주로 퇴직으로 인하여 사회적인 직업역할을 상실하게 됨으로써 야기된다고 볼 수 있다. 노령기는 역할 없는 역할에 사로잡히는 시간이 되어 오늘날 산업사회의 많은 노인은 고령의 축복 속에서 무엇을 하면서 지내야 할 것인지 또는 어떻게 하면 시간을 잘 보낼 수 있을 것인가 하는 문제를 안고 고민하고 있다. 여가에 대한 사회화의 부족, 여가시설의 부족, 여가 프로그램이 개발되지 않은 상태에서 오늘날 우리 사회의 많은 노인들은 여가문제로 고민을 하고 있는 것이다(박차상 외, 2005).

5. 사회적 및 심리적 고립과 소외

대다수의 노인들은 사회·심리적 갈등으로 인한 소외문제를 겪고 있다. 특히 세대 간 교육수준 및 가치관의 차이, 가족 내 노인의 지위 저하, 그리고 핵가족화로 인하여 노인은 가족들로부터 심리적 소외감과 고독감을 경험하게 될 뿐만 아니라 노인유기 및 학대를 경험하기도 한다. 이로 인해 부모와의 동거, 별거문제, 부양문제 등에 대한 심각한 갈등이 나타나고, 부모와 자녀 간의 사회적 및 심리적 고립과 소외라는 노인문제가 발생하게 된다.

6. 부양 및 보호문제

대부분의 노인들은 퇴직 후 수입의 감소 또는 무수입으로 자녀들에게 경제적으로 의존하게 되는 것이 일반적이다. 근본적으로 자녀들의 경제적 사정이 좋지 않은 경우 자녀들의 부양가치관 퇴락과 가치관 차이로 인해 부양을 받지 못하는 경우가 많이 있다. 또한 핵가족화, 가족수의 소수화, 영세가정의 취업 등으로 가족 중에 부모를 보호할 수 있는 사람이 없거나 부족하게 되어 노인부모 보호의 문제가 심각해지고 있다. 이와 같은 문제들과 관련하여 부모들이 자녀의 집을 나와 무료양로원이나 유료양로원 입소를 원하는 현상들이 나타나고 있다(권중돈, 2010).

7. 복지시설의 부족

현재 우리나라의 노인보호시설 중 보편적인 것은 양로원이라고 할 수 있다. 양로원을 제외하고는 노인을 수용 보호하거나 의료재활을 위한 기관이나 시설 등은 영세한 상태다. 다만 이용시설로서 노인회관, 노인학교, 노인정 등이 있으나 이것은 여가를 활용하기 위한 시설이지 직접적으로 노인의 생활보호를 위한 시설은 아니다. 즉 국가로부터 일정한 보조금이나 지원을 받는 것도 아닌 단순히 민간의 자율적인 여가활용 장소에 불과한 것이다. 이러한 시설의 상태에서 시설보호 서비스의 문제점을 든다면 다음의 사항을 지적할 수 있다.

첫째, 시설의 수가 종류별로 절대적으로 부족하다는 점이다. 둘째, 시설보호서비스가 단순한 생활보호의 수준에 머무르고 있다. 셋째, 노인복지시설에 대한 고정관념 때문에 보호시설의 발전에 큰 장애가 되고 있다. 넷째, 시설의 자체 재정능력이 대단히 미약하다. 다섯째, 시설 종사자의 수가 절대적으로 부족하고 시설 종사자 가운데 유자격 전문가의 수가 적다. 여섯째, 남녀 노인들의 혼합수용의 문제가 심각하다는 점이다.

Ⅵ. 노인문제에 따른 복지 프로그램

1. 소득보장

노인을 위한 소득보장정책의 대표적인 방법은 사회보장제도와 노인고용정책을 들 수 있으며 노인의 소득보장을 위한 사회보장제도는 연금제도와 공적부조제도로 나누어서 살펴볼 수 있다(고수현 · 김상태 · 윤선오 · 이종일, 2006).

1) 사회보장제도

(1) 연금제도

노후의 생활안정을 위해서는 연금제도의 정착이 중요하다. 우리나라는 1991년부터 1998년까지 노령수당의 명목으로 65세 이상 생활보호대상자에게 월 1만 5,000원에서 5만 원씩 지급해 오다가 1997년 7월 「노인복지법」의 개정에 따라 노령수당이 폐지되고 생활보호대상 노인은 물론 생계보호대상 노인 및 일반 저소득계층 노인들도 1998년 7월부터 경로연금을 받게 되었다. 경로연금 수급자격은 65세 이상 노인으로서 생활보호대상 노인은 모두 해당되며, 저소득노인의 경우는 가구당 재산이 4,000만 원이 넘지 않아야 하며, 부양의무자가 있는 가족 1인당 월소득이 35만 4,000원 이하이어야 한다.

(2) 국민기초생활보장

생활보호사업은 공적부조방법에 의해 행해지는 노후보장의 중요한 한 방법이다. 국민기초생활보장은 최저생계비에 못 미치는 소득을 가진 모든 국민에게 적용되는 제도로서 65세 이상의 노인도 이 범위 안에 들면 해당된다. 생활보호대상자 선정기준은 거택보호자 및 자활보호대상자는 월 소득이 1인 41만 8,000원, 2인가족 70만 원, 3인 93만 9,000원, 4인 117만 원 이하의 소득자 및 3,400만 원 이하의 재산을 소유한 자가 해당된다. 이러한 기준에 해당된 노인은 당연히 생활보호대상자로서 선정되어 최저생계비의 지급을 받게 된다.

2) 노인고용정책

노인의 취업기회 확대를 위하여 보건복지부는 1981년부터 노인의 구인·구직의 알선을 위해 노인취업알선센터의 운영을 지원하고 있는데 대한노인회 시·도연합회 및 시·군·구지회 70개의 센터가 운영되어 노인능력을 필요로 하는 해당 지역의 기업체에 단기 또는 장기취업을 알선하는 역할을 하고 있다. 또한 노인에게 소득 및 여가활용의 기회제공을 위하여 노인공동작업장의 개설을 지원하고 있다. 이 외에 고용노동부에서는 1991년에 제정된 「고령자고용촉진법」에 의하여 55세 이상의 고령자를 대상으로 고령자적합직종을 선정하고 이러한 직종에 대하여는 고령자의 우선취업을 권장하고 있다. 그러나 이제까지의 노인고용정책은 예산부족, 사회전반의 노인인력에 대한 불신, 전담인력의 부족, 사후관리의 부재 등으로 인하여 노인의 취업기회 확대에 그다지 기여하고 있지 못한 실정이다(노인보건복지대책위원회, 2006).

3) 간접적 소득보장

노인들에게 직접적인 금전적 혜택을 주는 것은 아니지만, 노인들의 지출을 줄여 준다는 의미에서 간접적 소득보장정책이라고 볼 수 있는 제도로는 경로우대제도와 급식서비스 등을 들 수 있다. 1980년부터 시행된 경로우대제도는 현재 65세 이상 전체 노인을 대상으로 지하철 무료승차, 고궁·능원 무료입장, 철도요금 50% 할인 등의 혜택을 주고 있다. 또한 1993년부터 노인들이 많이 모이는 공원 및 저소득층 밀집지역을 중심으로 경로식당을 설치하여 결식노인들을 대상으로 무료로 점심을 제공하고 있다(고승덕 외, 2003).

2. 보건·의료정책

노인의료비 부담을 경감하기 위하여 65세 이상 노인에 대하여는 1995. 1. 1. 이래 의료보험급여일수 제한을 폐지하였으며 1994년 9월부터 의원급 의료기관 이용 시 70세 이상 노인에 대하여는 진료비 본인부담금을 감면해 주고 있는데 2000년 7월부터 감면대상 노인을 65세 이상으로 확대하였다. 노인이 질병을 조기에 발견, 치료하여 건강의 유지·증진을 도모할 수 있도록 지원하기 위해 1983년부터 65세 이상 생활보호 노인 중 희망자 3만여 명을 대상으로 무료건강진단을 실시하고 있다.

노인의료보장은 노인이 건강하고 질병을 손쉽게 해결할 수 있도록 각종 보건의료서비스를 제공받는 것에서부터 재활에 이르기까지의 전반적인 서비스를 일컫는 것으로, 사회보험으로서의 각종 의료보험제도와 공공부조로서의 의료보호와 노인건강진단사업 등이 있다. 현재 우리나라의 의료보험제도는 공무원 및 사립학교교직원 의료보험, 직장의료보험 및 지역의료보험제도 등 세 가지로 분리되어 있는 것을 국민건강보험체계로 통합하여 운영되고 있다(김기원, 2000).

의료보호제도는 국민기초생활보장대상자를 대상으로 한 공적부조사업으로서 생활보호대상자 중 시설보호자 및 거택보호자는 제1종 의료보호대상자로 분류되며, 자활보호대상자는 2종 의료보호대상자로 분류되어 혜택을 받고 있다. 노인건강진단제도는 질병의 조기발견 및 치료로 노인의 건강을 유지시키고 증진시켜 노인복지증진을 도모함을 목적으로 하는 것으로 노인복지법상 규정된 보건의료서비스에 속하며, 65세 이상 노인에 대하여 건강진단과 보건교육을 실시할 수 있다.

3. 시설보호정책

1) 양로·요양시설

양로시설은 비교적 건강한 노인을 대상으로, 요양시설은 건강이 좋지 않아 항상 보호를 요하는 노인을 입소시켜 급식, 치료, 기타 일상생활에 필요한 편의를 제공함을 목적으로 하는 시설이다.

2) 치매요양병원 및 노인전문병원

치매환자에 대한 장기 요양병원으로 전문적인 치료와 요양서비스를 제공하고 보건소 등 공공보건의료기관과 연계하여 지역사회의 종합적인 치매관리를 하도록 각 시·도별로 치매요양병원을 건립해 나가고 있다. 노인전문병원은 노인성 질환 또는 임종을 앞둔 환자의 치료 및 요양을 위한 시설로 융자지원사업을 통하여 운영하고 있다.

3) 재가노인복지시설 지원

노인복지법에서는 재가노인복지시설의 종별을 나누어 각각 규정하고 있으며, 여기에는 가정봉사원을 파견하여 노인이 지역사회 안에서 건전하고 안정된 노후생활을 하도록 돕는 가정봉사원 파견시설과, 가족의 보호를 받기가 어려운 노인을 낮 동안 또는 단기간 입소시켜 보호하는 주간보호시설과 단기보호시설이 있다.

(1) 가정봉사원 파견사업

자원봉사자들이 국민기초생활보장 대상노인을 방문하여, 가사지원서비스, 개인 활동지원서비스(외출시 부축, 동행) 등을 무료로 제공하며, 중산층 이상의 노인을 대상으로 유료 가정봉사원 파견사업이 이루어지고 있다.

(2) 가정간호사업

장기입원 환자에게 조기퇴원을 유도하여 주치의의 처방에 따라 환자를 가정에서 간호를 받도록 하는 사업으로서 1994년부터 1999년 12월까지 시범사업을 실시하고, 그동안 분야별 간호사에 가정간호사를 신설하고 인력을 양성해 왔으며, 이 사업의 확대 및 제도화를 위해 2000년 1월 12일 의료법을 개정하여 가정간호 실시에 따른 법적 근거를 마련하였다. 방문보건사업은 지역보건법에 근거하여 혼자 사는 노인과 거동이 불편한 저소득 노인 등의 가정을 방문하여 보건의료서비스를 제공하는 사업으로서 이 사업의 활성화를 위해 1995년부터 방문보건 사업용 차량을 농어촌 지역의 보건소에 우선 공급하고 있다.

(3) 주간보호사업

신체적으로 불편한 노인들을 낮 동안 보호하여 줌으로써, 이들의 심신기능을 강화시키고, 가족의 부양부담을 경감시켜 주는 사업이다.

(4) 단기보호사업

노인을 모시고 있는 가족이 질병, 출장 등의 이유로 노인을 돌볼 수 없는 경우에 가족을 대신하여 노인을 단기간 보호해 준다.

4. 여가활용정책

1) 경로당 운영 활성화

지역사회 재가노인의 대표적인 여가시설인 경로당은 노인들의 여가선용을 지원하기 위한 정책으로 지역사회 노인복지서비스의 중심거점으로 활용되고 있다. 또한 경로당에서는 화투·장기 등 오락 위주의 이용행태에서 벗어나 취업·건강정보, 취미생활 등 건전하고 다양한 여가 프로그램을 개발·보급하는 한편 부녀회, 청년회 등과 유기적 협조체계를 유지하여 청소·급식 등 서비스를 제공받을 수 있도록 하고 있다.

2) 보람 있는 노후생활을 위한 자원봉사활동 강화

사회활동을 통해 생산적이고 보람 있는 노후생활을 영위할 수 있도록 하기 위하여 노인들이 갖고 있는 각종 경험을 적극 활용할 수 있는 기회를 마련함으로써 각종 자원봉사활동에 노인들이 적극 참여하도록 유도해 나가고 있다. 특히, 1998년부터 지역봉사 지도원제를 도입하여, 사회봉사활동을 원하는 노인을 지역봉사지도원으로 위촉하고 지역사회에서 봉사할 수 있도록 하였고, 노인들에 대한 정기적인 교육경비를 지원하고 있다. 이 외에도 모범사례발표회, 지역봉사지도원대회 등을 통하여 자질을 높이고 긍지와 보람을 갖고 활동할 수 있게 지원하도록 한다.

5. 주택보장정책

노인은 다른 연령층에 비해 더욱 안락하고 쾌적한 주거가 요청되는데, 그 이유는 신체적·심리적인 기능이 약화되어 어려움이 증가하기 때문이다. 즉 주택문제는 기본적 욕구의 하나로서 인간다운 생활을 위해 반드시 요청되는 것이지만, 우리나라의 경우 노인복지적 관점에서 노인주택정책은 노인을 부양할 경우 상속받은 주택에 대한 상속세 공제 등이 있을 뿐 매우 부족한 실정이다.

Ⅶ. 노인복지의 과제와 전망

1. 노인복지의 과제

오늘날 노인이 당면하고 있는 문제를 해결하고 효과적인 정책형성을 위한 발전 과제로는 다음을 들 수 있다(최일섭·정은, 2007).

첫째, 노인복지의 향상을 위한 사회적 서비스의 장기적 방향은 우선 사회적 연대책임이라는 의식전환이 필요하다. 즉 노인의 공헌에 대한 반대급부적 보상으로 적절한 복지 프로그램과 서비스를 제공하고, 산업사회가 가한 불이익에 대한 보상차원에서 노인문제를 해결해야 하는 것이다.

둘째, 노인복지를 가족에게만 맡기려는 시도보다는 국가·가족·지역사회의 공동의 책임 그리고 역할분담에 대한 방향을 설정하여 소득보장을 통한 가족의 경제적 부담을 완화시키는 동시에 비경제적 욕구의 다양화·분산화를 위한 전문적인 서비스를 개발하여야 한다.

셋째, 노인주거복지의 기본방향을 가족기능의 보조기능으로 인식하여 각 복지시설들이 제공하는 서비스의 격차 해소를 위한 복지수준을 어떻게 개선할 것인가에 대한 고려와 더불어 사업의 전문성 확보에 대한 연구가 이루어져야 한다.

1) 노인복지서비스의 질적·양적 확충

노인복지시설의 현대화·다양화와 수적 증대는 불가피하다. 서비스 수준과 비용부담 문제에 따른 다양한 시설보호의 수요가 증가되고 있지만 시설보호서비스의 수준은 아직도 초보적이어서 이에 대한 정책적 관심은 계속되어야 한다. 국가 또는 지방자치단체는 노인복지시설을 종류별로 설치해야 한다. 노인이 보호내용에 따른 적절한 보호를 받을 수 있는 시설이 없어서 보호를 받지 못한다면 국가가 책임을 다하고 있다고 볼 수 없을 것이다.

노인복지가 잘 되어 있지 않은 원인에 대해 질문해 본 결과(서동민·이용재·정일만, 2006) 응답자들 중 43.2%가 노인 개개인의 연령과 건강상태에 따라 각기 다른 복지혜택을 받을 수 있는 노인복지정책이 미흡하다고 응답하였으며, 이는 현재 실시되고 있는 일괄적인 노인복지시설 및 프로그램이 문제가 있음을 의미한다. 그리고 26.2%가 노인복지시설이 질적·양적으로 미흡하다고 응답하였고, 현행 경로우대제도가 다양한 종목으로 확대되어야 한다는 지적은 17.6%를 보였다.

또한, 노인복지시설의 이상적인 운영방안에 대해 63.6%가 유료노인산업과 저렴한 노인복지시설을 양립시켜 각자의 형편에 맞게 이용할 수 있도록 해야 한다고 응답하였다. 이러한 의견들이 정부, 기업, 민간단체들에 의한 실버산업 및 실버타운 건립의 필요성과, 정부지원에 의한 양로원 시설 등을 확충할 필요성이 제기된 계기로 볼 수 있다(최일섭·정은, 2007).

2) 은퇴시기의 연장에 따른 서비스의 다양화

평균수명의 연장, 즉 노령화는 은퇴시기의 연장을 초래할 것이다. 실제로 우리나라의 경우 55~58세 사이의 정년퇴직(강제)이 광범위하게 존재하고 있고 국민연금의 혜택은 60세부터 받게 되어 있어 인구노령화가 진전되기 시작하는 가까운 장래에도 개인의 은퇴시점이 크게 연장되지는 않을 것이다. 그러나 장기적으로는 각 개인들의 자발적 선택에 의한 은퇴시기의 연장이 이루어져야 할 것이고 이에 따라 정년연령의 연장, 국민연금의 최초 수혜시점의 연장 등의 제도적 변화가 뒤따라야 할 것이다.

아울러 60세 또는 65세 이후에도 근로를 하는 노인들에게는 일정한 한도 내에서의 근로소득세 감세혜택을 주든가 퇴직 후 연금수급액을 증가시키는 조치를 고려할 필요가 있다. 고령자고용정책을 통해 일할 의욕이 있는 노인들에게 일할 기회(정규직이든 파트타임이든)를 갖게 한다면 어느 정도의 소득보장과 더불어 성취감을 준다는 두 가지의 효과를 동시에 얻을 수 있을 것이다.

3) 의료서비스의 강화

일반적으로 노인들은 건강이 불가피하게 악화되어 자신에게뿐만 아니라 사회적으로도 문제를 야기시키기 마련이다. 노인의 일반적 특성은 쇠퇴, 외로움, 손실, 무용성 등이며 바로 이러한 특성이 사회문제가 되고 있다. 이러한 것들은 모두 노인의 건강과 관련된 것으로 노인에게 있어서 의료비의 부담이 매우 심각한 문제가 되고 있다. 따라서 노인의료비는 사회보장기능을 확대하여 부담하도록 해야 한다. 그 방안으로는 세 가지 방안을 고려해 볼 수 있다.

첫째, 노인들에 대해서는 본인부담률을 낮추는 방법이다.

둘째, 노인들을 건강보험에서 분리시켜 국가재정으로 의료비를 부담하는 방법이다.

셋째, 보험료와 조세의 복합적인 재정을 강구하는 것이다. 노인들의 의료비 부담을 경감시키기 위한 복합적 재원조달정책은 병의원 이용에 대해서는 건강보험에서 재원을 조달하되 현재보다 본인부담률을 다소 낮추고 병의원에 대한 대체서비스인 중간시설에 대해서는 정부가 이를 설립하여 운영함으로써 보험재정의 부담을 줄이는 방법이다. 이것이 가능하기 위해서는 노인의료전달체계를 다양화할 필요가 있다.

4) 공적부양체계 보강을 통한 노후생활안정 기반조성

빈곤선상의 노인과 자녀로부터 부양을 받지 못하는 노인은 국민기초생활보장제도 및 경로연금의 내실화를 통한 생활안정지원을 조성하며, 장기적으로 국민연금이 노후소득보장의 주축으로 기능할 수 있도록 제도를 보완하여야 한다.

5) 고령화시대에 맞는 새로운 노년생활양식을 정립

고령화시대에 부응할 수 있는 바람직한 '노년생활양식'의 정립을 통하여 생산적이고 보람 있는 노년생활을 보장하고, 사회적 부양부담도 감소시켜야 한다. 또한 근로능력이 있고 일하기를 원하는 노인이 경제 및 사회활동에 참여할 수 있도록 기반을 조성할 필요가 있다. 이렇게 함으로써 청장년보다 낮은 보수이지만 경험과 능력을 살리는 일을 하면서 건강하고 보람 있는 노후생활을 영위하고 구매력도 유지할 수 있는 것이다.

6) 인적·물적 인프라 확충과 민간참여를 통한 효율성 제고

노인들의 공적부양체계의 혜택을 피부로 느낄 수 있도록 인프라를 확충하고 관련 사업의 연계를 통하여 정책의 효율성을 제고해야 한다. 또한 민간의 자발적 참여여건을 조성하고 정부와 민간의 역할분담을 통하여 노인문제 해결을 위한 사회적 역량을 제고하여야 한다.

2. 노인복지의 전망

1) 개인의 욕구수준 향상

생활수준의 전반적인 향상으로 노인들은 적어도 기본적 생존욕구인 생리적 욕구 및 안전의 욕구는 상당한 수준에까지 해결할 수 있을 것이므로 보다 높은 수준인 사회적 및 심리적 욕구, 즉 소속과 사랑의 욕구, 자존심의 욕구, 나아가서는 자기실현의 욕구를 만족시키는 데 보다 더 관심을 갖게 될 것으로 보인다. 이와 같은 욕구수준의 향상은 사회적 서비스 발전의 필요성을 강화시키는 요인이 될 것이다(Schneider, Kropf, & Kosor, 2000; 현외성 외, 2005).

2) 서비스 급부로의 전환

(1) 시설복지에서 재가복지로

최근 사회복지사업이 정상화 이념, 지역복지 이념, 탈시설화 이념의 대두로 시설수용보호에서 점차 이용시설서비스, 재가복지서비스로 바뀌어 가는 추세에 있다. 오늘날 시설수용보호는 사회복지사업에 있어서 최종적 수단(last resort)인가, 아니면 단지 하나의 사회복지자원(resource)인가 하는 문제는 지금까지 널리 실시되어 온 시설수용 중심의 처우방법에 대한 반성에서 제기되었다.

수용보호는 다음과 같은 단점이 지적되고 있다. 첫째로, 수용시설에서는 개인의 자립성이 약해지고 의존성을 증대시킨다. 둘째로, 수용보호는 개인의 사생활(privacy)이 침해받는다. 셋째로, 지역사회로부터 유리되어 폐쇄된 생활을 하게 된다는 것 등이다. 이러한 단점들을 피하고 서비스를 제공하는 방법으로 이용시설, 중간시설, 재택복지서비스 등의 방법이 고안된 것이다.

시설의 역사적 변천과정을 보아도 최초에는 모든 대상자를 대규모시설에 혼합수용했으나 점차 보호대상별로 분류화와 전문화가 이루어졌고, 대규모 시설에서 점차 소규모 시설로, 나아가서 시설의 사회화와 중간시설이 강조되는 오늘에 이르렀다. 이것은 마침내 거택복지와 지역사회복지로 이어지고 있다. 재가복지서비스제도의 목적은 가정에서 보호를 요하는 장애인, 노인 및 질병으로 거동이 곤란한 불우한 소외계층에게 진료, 간병, 급식 등 일상생활에 필요한 제반 서비스를 제공하는 재가복지서비스센터를 설치하고 지역의 자원봉사자를 활용하여 사회복지서비스를 보편화하는 것으로 되어 있다. 재가복지서비스의 내용은 〈표 4-1〉과 같다.

☞ 표 4-1 재가복지서비스의 내용

서비스의 종류	서비스의 내용
가사서비스	집안청소, 식사준비, 세탁, 취사, 시장보기
간병서비스	병간호 수발, 안마, 병원안내 및 동행, 통원 시 차량지원, 약품구입, 집안소독, 보건소 안내, 신체운동
정서적 서비스	말벗(이야기해 주기, 이야기 들어주기), 상담, 책 읽어 주기, 학업지도, 취미활동지도, 여가지도
의료서비스 협조	지역의료기관, 보건기관 등과의 연계를 통한 정기 또는 수시방문 진료(링거주사, 혈압 체크, 질병)
자립지원서비스	탁아, 직업보도, 기능훈련, 취업알선 등 자립능력을 배양할 수 있는 내용의 서비스
기타	지역사회의 사회복지기관이나 시설 등을 이용할 수 있도록 정보를 제공하고 안내하는 일

출처: 김형수·모선희·유성호·윤경아(2009).

(2) 수용시설서비스에서 이용시설서비스로

종래의 노인복지사업이라면 양로원을 연상할 만큼 노인복지에서 시설수용보호가 전부였으나 앞으로는 재가복지서비스와 함께 노인들의 여가선용 문제가 노인복지에서 차지하는 비중이 매우 높아질 것이다. 그리고 노인들의 노화를 방지 또는 지연시키기 위한 운동 또는 물리치료서비스를 제공하는 이용시설이 더욱 필요하게 된다. 수용보호시설도 완전의존적 시설보다는 반의존적 시설, 즉 필요에 따라 시설에서 제공하는 서비스를 받기도 하고 경우에 따라서는 스스로 일상의 생활문제를 해결하기도 하는 반수용 반이용시설이 생겨날 것이다. 노인복지주택이 대표적인 예이다.

3) 금전급부에서 서비스급부로

앞으로의 노인들은 절대빈곤에서 탈피하여 어느 정도 금전적인 여유를 가지게 된다. 더불어 노인으로서의 사회적·심리적·신체적 특성에서 오는 여러 가지 욕구는 더욱 강해질 것이다. 따라서 이러한 욕구충족을 위한 서비스가 개발되고 있다. 서비스급부의 내용은 재가복지서비스의 내용과 같다.

4) 중앙정부 주도에서 지방정부 주도로

지방자치시대에 사회복지의 지방화는 너무나 당연한 것이고, 오늘날 사회복지의 이념은 국가복지에서 또다시 사회복지를 강조하는 이념으로 바뀌어 가는 추세에 있다.

5) 실버산업의 확산

최근 우리나라에도 유료노인복지시설이 개설되었으나 호응도는 낮다. 이러한 현상의 원인을 조사한 결과 '비싼 입소비용'이 압도적으로 많이 꼽혔고, 다음으로 '노인 자신의 거부감', '가족의 반대' 순이었다. 특히 '비싼 입소비용'을 지적한 응답자의 연령별 분포를 보면, 고연령층으로 갈수록 높아져 현재 65세 이상인 응답자 가운데는 무려 79.0%나 "비싼 입소비용"을 낮은 호응도의 원인으로 꼽고 있다(강선경·이기연, 2012). 따라서 이러한 점을 감안하여 적절하고 가족적인 분위기에 가까운 유료노인 복지시설이 확산되어야 하겠다.

생각해 볼 문제 및 과제

1. 노인복지의 개념을 설명해 본다.

2. 노인복지의 이론과 원칙에 대해 설명해 본다.

3. 노인복지의 기초이론을 습득한다.

4. 노인의 삶과 복지욕구를 이해한다.

5. 현대사회의 노인문제에 대해 설명하고, 그에 따른 프로그램을 제시해 본다.

6. 우리나라 노인인구의 특징에 대해 생각해 본다.

7. 노인복지의 향후 과제에 대해 설명해 본다.

참고문헌

강선경 · 이기연(2012). 베이비붐 세대의 은퇴준비에 대한 인식도 조사. 삼성생명보험.

강인 · 서선영 · 강진경 · 권금주 · 이서영 · 백성희 · 장미경 · 조성은 · 임연옥(2008). 노인과 문화. 현우사.

고수현 · 김상태 · 윤선오 · 이종일(2006). 노인복지론. 양서원.

고승덕 · 김영희 · 김익균 · 이현기 · 장동일 · 정영일(2003). 사회복지개론. 교문사.

고정자(2002). 노인복지학개론. 형설출판사.

권중돈(2010). 노인복지론(제 4 판). 학지사.

김기원(2000). 공공부조론. 학지사.

김미혜 · 서혜경(2002). 노인복지실천론. 동인.

김형수 · 모선희 · 유성호 · 윤경아(2009). 현대노인복지론(제 3 판). 학지사.

남기민 외 8인(2006). 고령화 사회와 노인복지. 양서원.

노인보건복지대책위원회(2007). 고령사회에 대비한 노인보건복지종합대책.

박석돈 · 박순미 · 이경희(2009. 노인복지론. 양서원.

박석돈 외(2006). 노인복지론. 상은사.

박차상 외(2005). 한국노인복지론. 학지사.

박태룡(2006). 노인복지론. 대구대학교 출판부.

보건복지부(2000). 고령화 관련 국제행동계획과 노인을 위한 유엔 원칙.

서동민 · 이용재 · 정일만(2006). 노인수발보험제도의 도입에 따른 노인의료복지시설. 노인복지연구. 가을호. 33: 127-154.

유용식(2005). 노인의 여가활동과 경로당활성화 방안. 21C 노인복지의 관제와 전망. 노인복지세미나.

유용식 외 12인(2004). 사회복지개론. 현학사.

유용식 · 박차상 · 강세현 · 김옥희 · 전영록 · 남진열 · 이현주(2005). 사회복지개론. 학현사.

이해영(2006). 노인복지론. 창지사.

장인협 · 최성재(1987). 노인복지학. 서울대학교출판부.

정옥분 · 김동배 · 정순화 · 손화희(2008). 노인복지론. 학지사.

최일섭 · 정은(2007). 현대사회복지의 이해. 공동체.

통계청(2006). 장래인구특별추계.

한국노인복지시설협회(2009). 고령자통계.

현외성 · 박용순 · 박용권 · 김영미 · 권현수(2005). 사회복지사의 이해. 유풍출판사.

Atchley, C.(2000). *Social Force and Aging: An Introduction to Social Gerontology*(9th

Ed.). California: Wordsworth.

Breen, L.(1980). *Handbook of Social Gerontology*. Chicago.

Cumming, E., & Henry, E.(1961). *Growing Old: The Process of Disengagement*. New York: Basic Books.

Schnerder, L., Kropf, C., & Kosor, J.(2000). *Gerontological Social work Knowledge, Service Settings, and Special Populations*(2nd ed.). Pacific Grove, CA: Brooks/ Cole.

제 5 장

장애인 복지 및 재활

제1절 　장애인복지

Ⅰ. 장애인복지의 이해

1. 장애인복지의 정의

장애인복지란 국가와 사회적 수준에서 장애인에 대한 인간으로서의 존엄한 권리를 보장하고 사회적으로 동등한 대우를 받도록 하며, 복지사회의 목표인 삶의 질적인 향상의 혜택을 받도록 하기 위한 복지이념을 확립하고, 이의 달성을 위해 필요한 제반 국가 및 사회의 복지정책을 수행하는 복지의 실체적 측면을 포함하는 개념이다. 즉 장애인의 인격의 존엄성과 인간적 권리의 회복 그리고 자립에의 노력과 사회참가에의 기회보장 등의 이념에 입각하여 본인의 노력뿐만 아니라 국가 및 지방공공단체가 장애인의 재활을 원조하며 필요한 보호를 행하고, 국민도 그 재활에 협력하는 책무를 짐으로써 그들의 장애를 가능한 한 경감시켜 일반인과 같은 생활조건과 생활안정을 향유할 수 있도록 하는 것이라고 할 수 있다(권선진, 2007; 임종호 외, 2010).

2. 장애인복지의 대상

일반적으로 장애인은 선천적이든 후천적이든 간에 신체적·정신적 능력의 불완전으로 일상의 생활에 필요한 것을 자기 스스로 완전히 혹은 부분적으로 수행할 수 없는 사람을 의미한다. 「장애인복지법」에서는 장애인을 지체장애, 시각장애, 청각장애, 언어장애 또는 정신지체 등 신체적이나 정신적 결함으로 장기간에 걸쳐 일상생활 또는 사회생활에 상당한 제약을 받는 자로서 대통령령이 정하는 기준에 해당하는 자로 정의하고 있다(국립재활원, 2005). 세계보건기구는 장애를 손상, 능력저하, 사회적 불리의 세 가지 측면에서 설명하고 있다. 손상은 인간의 어떤 조직이나 기관에 결함이 생긴 것을 말하며, 능력저하는 손상과 마찬가지로 의학적인 개념이다(Oliver, 1996). 사회적 불리는 손상이나 불능으로 지적·심리적·신체적·사회적·직업적 제 분야에서 불리하게 됨을 말한다.

3. 장애인의 종류와 기준

장애범주는 각 나라의 정치적·사회적·경제적·문화적 환경에 따라 법으로 정해진 장애의 정의를 따른다. 법적으로 어느 범위까지 장애인에 포함되는지가 장애범주를 실질적으로 규정해 준다고 할 수 있는데, 선진국일수록 장애범주를 넓게 정하고 있다(권중돈 외, 2011). 우리나라는 1988년 11월에 장애인등록사업이 전국적으로 확대 실시되었고, 1989년 「장애인복지법」에서는 법적인 장애인을 지체장애, 시각장애, 청각장애, 언어장애, 정신지체의 다섯 가지 범주로 한정하였다. 다른 나라에 비해 장애범주가 협소하게 규정되어 있다는 비판에 따라 여러 차례에 걸쳐 추가·확대되어 현재 15개의 범주로 확대되었다(장애인복지법 시행령 제2조 제1항 [별표 1]).

1) 지체장애인

가. 한 팔, 한 다리 또는 몸통의 기능에 영속적인 장애가 있는 사람

나. 한 손의 엄지손가락을 지골(손가락뼈)관절 이상의 부위에서 잃은 사람 또는 한 손의 둘째 손가락을 포함한 두 개 이상의 손가락을 모두 제1지골 관절 이상의 부위에서 잃은 사람

다. 한 다리를 리스프랑(Lisfranc: 발등뼈와 발목을 이어줌) 관절 이상의 부위에서 잃은 사람

라. 두 발의 모든 발가락을 잃은 사람

마. 한 손의 엄지손가락의 기능을 잃은 사람 또는 한 손의 둘째 손가락을 포함한 두 개 이상의 기능을 잃은 사람

바. 외소증으로 키가 심하게 작거나 척추에 현저한 변형 또는 기형이 있는 사람

사. 지체에 위 각목의 어느 하나에 해당하는 장애정도 이상의 장애가 있다고 인정되는 사람

2) 뇌병변장애인

뇌성마비, 외상성 뇌손상, 뇌졸중 등 뇌의 기질적 병변에 기인한 신체적 장애로 보행이나 일상생활의 동작 등에 상당한 제약을 받는 사람

3) 시각장애인

가. 나쁜 눈의 시력(만국식시력표에 따라 측정된 교정시력)이 0.02 이하인 사람

나. 좋은 눈의 시력이 0.2 이하인 사람

다. 두 눈의 시야가 각각 주시점에서 10도 이하로 남은 사람

라. 두 눈의 시야 2분의 1 이상을 잃은 사람

4) 청각장애인

가. 두 귀의 청력 손실이 각각 60데시벨(dB) 이상인 사람

나. 한 귀의 청력 손실이 80dB 이상, 다른 귀의 청력 손실이 40dB 이상인 사람

다. 두 귀에 들리는 보통 말소리의 명료도가 50% 이하인 사람

라. 평형기능에 상당한 장애가 있는 사람

5) 언어장애인

음성 기능이나 언어 기능에 영속적으로 상당한 장애가 있는 사람

6) 지적장애인

정신 발육이 항구적으로 지체되어 지적 능력의 발달이 불충분하거나 불완전하고 자신의 일을 처리하는 것과 사회생활에 적응하는 것이 상당히 곤란한 사람. 또한, 여러 원인으로 뇌수에 기질적·기능적 장애가 있어 지적인 정신기능 면에서 지속적인 발달장애가 있는 사람. 지능 정도에 의하여 편의적으로 지능지수(IQ) 75 또는 70 이하를 정신박약으로 부르고 있지만, 정도분류의 대표적인 것에 의하면 교육가능(IQ 50~75), 훈련가능(IQ 35~50), 요보호(IQ 20~35)의 세 가지로 분류된다.

7) 자폐성장애인

소아기 자폐증, 비전형적 자폐증에 의한 언어·신체표현·자기조절·사회적응 기능 및 능력의 장애로 인하여 일상생활이나 사회생활에 상당한 제약을 받아 다른 사람의 도움이 필요한 사람

8) 정신장애인

지속적인 정신분열병, 분열형 정동장애(여러 현실 상황에서 부적절한 정서반응을 보이는 장애), 양극성 정동장애 및 반복성 우울장애에 따른 감정조절·행동·사고

기능 및 능력의 장애로 인하여 일상생활이나 사회생활에 상당한 제약을 받아 다른 사람의 도움이 필요한 사람

9) 신장장애인

신장의 기능부전으로 인하여 혈액투석이나 복막투석을 지속적으로 받아야 하거나, 신장기능의 영속적인 장애로 인하여 일상생활에 상당한 제약을 받는 사람

10) 심장장애인

심장의 기능부전으로 인한 호흡곤란 등의 장애로 일상생활에 상당한 제약을 받는 사람

11) 호흡기장애인

폐나 기관지 등 호흡기관의 만성적 기능부전으로 인한 호흡기능의 장애로 일상생활에 상당한 제약을 받는 사람

12) 간장장애인

간의 만성적 기능부전과 그에 따른 합병증 등으로 인한 간기능의 장애로 일상생활에 상당한 제약을 받는 사람

13) 안면장애인

안면부위의 변형 또는 기형으로 사회생활에 상당한 제약을 받는 사람

14) 장루·요루장애인

배변기능이나 배뇨기능의 장애로 인하여 장루 또는 요루를 시술하여 일상생활에 상당한 제약을 받는 사람

15) 간질장애인

간질에 의한 뇌신경세포의 장애로 인하여 일상생활 또는 사회생활에 상당한 제약을 받아 다른 사람의 도움이 필요한 사람

4. 장애인복지의 필요성

첫째, 장애인에게 있어 바람직한 상태를 지향하며 장애인복지의 이념이나 목표인 목적적 필요성이다. 장애인복지의 기본이념은 장애인이 인격적 존엄성을 가지

며, 인간적 권리를 회복하기 위한 존재임을 확인함과 동시에 정상화의 개념에 입
각한 정책의 전개를 기대하며, 나아가서는 완전참여와 평등을 지향하는 것이다.
둘째, 현실적 개념의 필요성이다. 이는 정책·제도·원조활동 등의 사회적 시책의
체계를 가리키며, 다시 현행의 복지정책·제도·원조활동 등 협의의 장애인 복지
와 광의의 장애인 복지로 구분하여 사용되고 있다(김미옥, 2004).

Ⅱ. 장애인복지의 이념 및 역사

1. 장애인복지의 이념

1) 인권의 존중

현대사회는 국가 및 사회가 개개인에게 자아실현의 기회를 보장해 주는 것을
기본적인 의무로 하고 있다. 독특한 개별적 특성을 지닌 개인이 자아실현을 성취
하기 위한 기본적인 조건은 '인권보장'이다. 같은 맥락에서 사회적 소수이며 상대
적 약자계층인 장애인이 인간으로서의 당연한 권리에 대하여 사회 전체가 책임을
공유해야 한다.

2) 생명의 존중

모든 인간은 존귀한 존재이며, 삶의 권리에서 경중(輕重)이 있을 수 없다는 인
식에 기초하여 각종 재활대책에 정당한 가치를 부여하는 것이다. 최근 장애의 중
증화, 중복화, 다양화 경향에 따라 더욱 장애인의 생명을 존중하는 재활이념의
확립이 요청된다.

3) 전인격의 존중

비록 장애를 가지고 있으나 한 사람으로서 전인격적 존재이므로 장애를 지닌
신체의 일부분에 주목하여 사람으로서의 본질을 왜곡해서는 안 된다는 것이다.
장애를 그 삶이 지닌 신체의 일부이며 건강한 사람의 한 부분에 더해진 하나의
특징으로 간주해야 할 것이다.

4) 정상화(Normalization)의 존중

장애인재활의 이념 가운데 특히 강조되고 있는 것은 정상화이다. 이것은 장애
를 가진 사람을 장애인으로 취급하기 이전에 한 사람의 인간으로서 보통 생활환

경 속에서 정상적인 생활이 가능한 사회를 구현하기 위하여 장애인 개인을 비롯하여 사회 전체가 집합주의적 노력을 하자는 것이다(오혜경, 1999).

5) 평등의식의 존중

장애인이 직면하고 있는 근본적인 문제는 편견이나 차별 등의 구조적인 문제로서, 이것은 장애인에게 장애가 있다는 것 이상으로 중요한 문제이다. 장애인이 장애를 극복했다 할지라도 장애를 가졌다는 이유만으로 사회의 냉대와 무관심, 선입견 등이 지속된다면 결국 장애인을 심리적으로 위축시키거나 사회적으로 격리시키는 결과를 초래한다(김용득·김진우·유동철, 2007).

2. 장애인복지의 역사

1) 서구의 장애인 복지의 역사

(1) 고대~중세 봉건사회의 장애인복지

장애의 역사는 기원전 5세기경 히포크라테스의 당대를 기점으로 심신의 질환을 의학적으로 진단·치료하려는 노력이 이루어졌던 때로 거슬러 올라간다. 특히 스파르타에서는 미와 건강을 가치기준으로 존중하여 장애인을 추한 인간의 표본으로 생각하였으며, 국가에 필요한 건강한 신체의 소유자를 무사로 양성하는 데 전력했고, 장애인을 의식적으로 절멸시키기 위한 정책을 취했다. 로마인들은 농아자를 강에 던져 익사시키기도 하고, 투기장과 흥행장에서 귀족계급의 노리갯감으로 등장시키기도 하였다. 그러나 중세에 기독교의 발전, 보급과 함께 종교적 자선사업정신을 배경으로 성직자들은 빈곤자, 병자 및 장애인을 보호하기 위한 시설을 설립하기 시작하였다. 하지만 많은 수의 성직자들은 장애인들이 벌을 받을 만하기 때문에 받은 것이라고 생각하였다. 이러한 잘못된 태도와 인식은 장애인을 수용하기보다는 동정, 혹은 작은 관심의 대상으로 여김으로써 이들과의 상호작용은 일방적이고, 시혜적인 것이 되었다.

(2) 근대사회의 장애인복지

장애인관을 시정·극복하고 장애인의 재활가능성을 모색하게 한 주요한 사상적 추이를 다음의 몇 가지로 지적할 수 있다(김종일, 2003).

첫째, 르네상스 이후 인문주의 교육사상의 대두와 종교개혁을 통한 사상적 진전의 결과, 현실적·자연적 인간의 문제를 중시하는 휴머니즘의 관점에서 장애인의 재활가능성을 모색하게 되었다. 둘째, 중세 후기에 접어들면서부터 의학이 크게 발전하자 미신적 편견에 의한 인간의 장애에 대한 운명론을 극복하고 합리적·과학적인 기초에서 인간의 장애를 이해하게 됨으로써 새로운 장애관을 확립하게 되었다.

셋째, 18세기 중엽 의학계는 지식이 발달함에 따라 재활이라는 개념이 대두되기 시작했는데, 이는 심신의 기능을 소생·개발시켜 원만한 사회생활을 가능케 한다는 인본주의적 가치관에 입각한 것이었다. 넷째, 장애인 복지는 제1차 세계대전을 계기로 큰 전환점을 맞았다. 제1차 세계대전 참전으로 부상이나 질환을 얻게 된 군인 및 일반시민들에 대한 보호·치료·보상의 대책으로 각종 제도의 발달이 시작되었다. 다섯째, 제2차 세계대전 이후 장애인복지는 재활이라는 개념과 직접적인 연관을 맺게 되었고 군인과 경찰의 재활이나 보상에 국한하지 않고 이를 필요로 하는 일반국민에게도 이러한 개념이 보급되었다.

(3) 현대사회의 장애인복지

1950년대부터 인권사상에 바탕을 둔 복지의 형성이 급속하게 추진되었다. 1971년에 유엔은 「정신지체인의 권리선언」을 결의하고 1975년에는 모든 장애인을 대상으로 하는 「장애인 권리선언」을 결의하여, 장애인은 그 장애의 원인, 특질 및 정도에 불문하고 같은 연령의 시민과 동등한 기본적 권리를 가진다는 것을 사회에 선언하였다. 또한 1981년을 '세계장애인의 해'로 정하고 완전 참가와 평등을 테마로 세계적으로 운동을 전개하였다. 우리나라에서도 1977년 「특수교육진흥법」이 제정되었으며, 이어 1989년 「장애인복지법」, 1990년 「장애인고용촉진 등에 관한 법률」이 제정되었다(남상만 외, 2003).

2) 우리나라 장애인복지의 역사

(1) 제1기: 태동기(1948~1970)

대한민국 정부 수립 후 1970년대까지는 「특수교육진흥법」이 제정되어 장애인 복지가 태동된 시기로 볼 수 있지만, 아직 독자적인 장애인복지제도가 마련되지는 못했다.

■ 장애인복지 태동기 주요 연혁

시행일시	내 용
1950. 4. 14.	군사원호법
1951. 4. 12.	경찰원호법
1960. 12. 30.	상속세법 개정(장애인이 있을 때 상속세 과세액에서 1인 50환 공제)
1961. 7. 5.	군사원호대상자고용법
1971. 12. 30.	유엔 정신지체인권리선언
1975. 12. 9.	유엔 장애인권리선언
1976. 12. 16.	'세계장애인의 해' 선정(제31차 유엔총회)
1977. 12. 31.	특수교육진흥법 제정
1978. 6. 17.	심신장애자 종합보호대책

(2) 제 2 기: 전환기(1981~1987)

1980년대는 장애인복지의 중요한 전환기였다. 1981년이 유엔이 정한 '세계장애인의 해'였고, 1983~1992년이 유엔이 정한 '세계장애인 10년'이었고, 1982년 12월 3일, 유엔은 '세계장애인의 해 행동계획'을 채택하였다. 1981년 6월 5일은 우리나라 역사상 최초로 장애인복지에 대한 종합적 법률인 「심신장애자 복지법」이 공포되었다.

■ 장애인복지 전환기 주요 연혁

시행일시	내 용
1981	유엔이 정한 세계장애인의 해 제 1 회 재활증진대회, 전국장애인체육대회, 기능경기대회 개최
1981. 6. 5.	심신장애자복지법 제정
1981. 11. 2.	재활과 신설
1982. 7.	장애인취업알선사업 실시(한국장애인재활협회에 의뢰)
1984. 1. 20.	서울장애인올림픽대회 유치
1984. 5. 7.	장애인편의시설 의무화(건축법 시행령)
1985~1987	장애인복지시설 현대화 사업(4개년 계획)
1986. 10. 31.	국립재활원 개원(1949. 5. 중앙각심학원, 1960. 8. 국립각심학원)
1987. 10. 1.	장애인등록 시범사업(서울 관악구, 충북 청원군)

(3) 제3기: 발전기(1988~1997)

장애인복지가 본격적으로 발전한 시기이다. 장애인복지법의 주요 내용은 첫째, 장애인복지법은 국가 및 지방자치단체의 책무로 장애발생의 예방, 재활의료, 중증장애인의 보호, 보호자에 대한 배려, 장애인의 교육, 장애인의 직업지도, 장애인용 주택의 보급, 문화 환경의 정비, 경제적 부담의 경감 등을 규정하였다.

둘째, 장애인 등록제도와 장애인 수첩을 도입하였다. 셋째, 복지조치로 재활상담 및 의료기관, 장애인복지시설 입소, 통원조치, 장애인의 의료비 지급, 장애인이 부양하는 자녀의 교육비 지급, 보장구의 수리 등을 규정하였다. 넷째, 장애인복지시설로 장애인재활시설, 장애인요양시설, 장애인 유료복지시설, 장애인이용시설, 장애인직업재활시설, 점자도서관, 점서 및 녹음서 출판시설 등을 규정하였다. 다섯째, 장애인의 날과 장애인 주간 설정을 법률로 지정하였다. 여섯째, 한국장애인복지체육회의 설립, 장애인단체의 보호육성 등을 규정하였다.

■ 장애인복지 발전기 주요 연혁

시행일시	내 용
1988. 8. 1.	장애인복지대책위원회 규정공포
1988. 10. 15.~10. 24.	제8회 서울장애인올림픽대회, 61개국 7,375명 선수단 참석
1988. 11. 1.	장애인등록사업 전국 확대실시
1989. 4. 28.	장애인복지체육회 설립
1989. 8. 29.	장애인종합복지대책안 건의
1989. 12. 30.	「심신장애자복지법」 전문개정
1990. 1. 13.	「장애인고용촉진 등에 관한 법률」 제정·공포
1990. 9. 1.	국·공립 박물관, 고궁 및 능원의 장애인 무료입장
1991. 1. 1.	「장애인고용촉진 등에 관한 법률」 시행
1992. 12. 3.	UN에서 매년 12월 3일을 '세계장애인의 날'로 정함
1994. 4. 21.	장애인복지과로 직제개정
1994. 12. 30.	「장애인편의시설 및 설비의 설치기준에 관한 규칙」 제정, 공포
1997. 1.	특수교육발전 5개년계획(1997~2001년) 발표
1997. 1. 1.	장애범주 확대(지체, 시각, 언어, 청각, 정신지체 등 5종의 장애 외에도 장애범주 확대)

	선천성 대사이상검사 모든 신생아로 확대
1997. 4. 6.	「장애인·노인·임산부 등의 편의증진보장에 관한 법률」 제정
1997. 8.	장애인복지발전 5개년계획 최종안 마련

(4) 제 4 기: 도약기(1998~현재)

1998~2002년까지 장애인복지발전 5개년계획을 수립, 시행하였다. 1999년 「장애인복지법」이 개정되었고, 1999년 「특수교육진흥법」이 개정되었다. 2000년에는 「장애인고용촉진 및 직업재활법」의 개정이 이루어졌다(박옥희, 2004).

■ **장애인복지 도약기 주요 연혁**

시행일시	내 용
1998. 12. 9.	장애인 인권헌장 제정·공포
1999. 2. 8.	「장애인복지법」 전면 개정(2000년 1월 1일부터 시행)
1999. 6. 24.	장애인복지시설 4대 특별 지원사업 확대 실시
2000. 1. 1.	장애범주 확대: 지체, 시각, 청각, 언어, 정신지체 → 지체, 뇌병변, 시각, 청각, 언어, 자폐, 정신, 신장, 심장장애까지 확대 시행
2000. 1. 12.	「장애인고용촉진 및 직업재활법」 개정·공포
2000. 1. 20.	편의시설확충국가종합 5개년계획(2000~2004) 수립·시행
2003. 7.	12차 장애범주: 안면변형, 장루, 간, 간질, 호흡기장애 5종 추가

(5) 제 2 차 장애인복지발전 5개년계획

유엔 ESCAP(아시아태평양경제사회위원회)에서는 아·태 장애인 10년 행동계획(1993~2002)을 결산하고 2003년부터 실시될 새로운 10년계획을 발표하여 국가별로 구체적인 실천계획수립을 권장하였다.

Ⅲ. 장애인복지의 특징

2008년도 장애인실태조사 결과 전국의 장애인은 214만 9,000명으로 추정되며 인구 100명당 장애인발생률을 나타내는 장애출현율은 4.59%로 나타났다(권중돈 외, 2011). 장애인 수는 계속 증가하고 있는데, 장애발생 요인의 증가 외에도 장애인복지법 개정으로 장애범주가 확대되었기 때문이다. 총 214만 9,000명 중 재가 장애인은 210만 1,000명이며, 시설장애인은 4만 8,000명이다. 인구노령화, 의료기술의 발달, 각종 산업재해 및 교통사고의 발생, 난치병의 등장 등으로 장애의 양상도 변화하고 있다. 이렇듯 장애인의 욕구충족과 문제해결을 위해서는 장애인의 삶과 복지욕구에 대한 이해가 선행되어야 하므로 장애인복지의 특징을 살펴보고자 한다.

1. 복 잡 성

장애인은 의학적·생리학적으로 불편할 뿐 아니라 이로부터 파생되는 취학·취업·결혼 등의 문제에도 직면하고 있어 한 사람의 장애인에게는 다중적이고 생태학적인 복잡한 구조를 지니고 있다. 장애원인은 후천적 원인이 90.0%로 높게 나타나고 있다(보건복지부, 2009). 이러한 장애에 대하여 장애인의 50.5%가 현재 치료를 받고 있는 것으로 나타나, 장애와 환자의 구분이 점차 힘들어지고 있는 실정이다. 과거의 장애는 의료처치가 끝나고 그 이상의 추가의료 처치를 했는데도 영구적인 손상이 남으면 이를 장애라고 하였으나, 최근에는 장애범주의 확대로 내부장애가 장애에 포함되면서 의료처치가 진행되고 있음에도 장애범주에 포함되고 있다.

2. 통 합 성

장애의 발생요인이 복잡한 만큼 그 해결을 위한 장애인복지는 사회복지학·의학·교육학·심리학·사회학·행정학·법학·경제학 등 여러 분야의 학문들과 통합성이 요구된다. 장애인차별금지법(「장애인차별금지 및 권리구제 등에 관한 법률」)이 시행 중에 있지만 장애인은 여전히 입학이나 전학, 학교생활, 결혼, 취업, 직장생활, 운전면허 취득, 보험계약, 정보통신 이용 등 거의 모든 영역에서 차별을 느끼고 있는 것으로 나타나고 있다(남찬섭·유동철·김경미, 2009).

3. 역 동 성

장애인복지의 질적 향상을 위한 장애인 당사자들의 사회운동에 대한 역할과 권리의식이 높아져 정책결정과 서비스 제공에 있어서 장애인 스스로 적극적으로 참여할 수 있게 되었다.

4. 개 별 성

장애인 개인의 최적의 상태를 위한 지원과 밀접한 관계가 있다. 개인의 장애를 의학적·교육적·사회적으로 어떻게 분류하느냐에 따라 또는 개인의 욕구수준과 국가의 지원능력에 따라 접근방법이 달라진다.

5. 지 역 성

지역에서의 복지관의 설립과 그곳에서의 장애인 개개인에 맞는 전문적인 서비스의 활성화로 장애인의 활동기반을 가정 혹은 수용시설로 국한하던 것을 지역사회로 확장시키는 추세이다. 정부는 장애인복지를 보다 체계적으로 실시하기 위해서 1988년부터 장애인등록제도를 시행하고 있는데, 최근 장애인등록률이 급격히 상승하고 있다. 장애범주의 지속적 확대와 장애인등록으로 인한 각종 혜택에 대한 인지도 향상 등의 요인이 작용한 것으로 보인다.

6. 정 치 성

인권에 대한 의식변화와 자각은 장애인들과 관련 기관들이 자신의 권리를 적극적으로 국가기관에 요청하는 계기가 되었다. 그리고 왜곡된 처우에 대해 점차 조직적으로 대처해 나가기 시작했으며 현재는 다양한 장애인단체들이 권리옹호와 확대를 위해 활동하고 있다.

7. 생애주기성

장애인복지는 특정 연령에만 국한되는 것이 아니라 태어나면서부터 죽기 전까지의 전 연령층에 해당된다. 즉 동일한 인구특성을 갖지 않기 때문에 접근상 더욱 복잡성을 띠고 있다. 그리고 각 주기에 따른 다양한 욕구를 가지기 때문에 정책 또한 생애주기적 접근을 필요로 한다.

Ⅳ. 장애인복지 서비스 및 프로그램

1. 장애인 소득보장 정책

소득보장은 장애인의 소득을 일정선 이상의 수준으로 유지시켜 주는 제도로 소득이 낮은 장애인의 생활을 보장하기 위해 직접적으로 소득을 보장해 주는 제도와 간접적으로 소득을 보장해 주는 제도가 시행되고 있다(한인영 외, 2011). 직접적인 소득보장제도에는 2010년 7월부터 시행된 장애인연금제도와 국민연금의 장애연금, 산재보험의 장애급여, 장애아동수당제도, 장애인자녀교육비지원, 장애인의료비지원, 자립자금대여제도가 있다. 간접적인 소득보장제도로는 세금감면이나 이용료할인과 같은 직접적으로 예산이 투입되지 않으면서 장애인의 부담을 경감시키는 제도가 시행되고 있다.

1) 공적부조에 의한 보장

(1) 자금의 대여

경제적인 소득과 자산이 취약한 장애인에게 사업의 개시나 취업을 위하여 필요한 지식, 기능의 습득 등을 지원하기 위하여 필요한 자금을 대여할 수 있게 규정하고 있다. 자금대여의 종류는 생업자금 및 통근용 자동차 구입비, 기타 장애인재활에 필요하다고 인정되는 비용들이다(권선진, 2007).

(2) 생업지원

국가 또는 지방자치단체가 설치·관리하는 공공시설 안에 일상생활용품의 판매를 위한 매점이나 자동판매기의 설치를 장애인이 신청하는 경우 우선적으로 반영하도록 하고 있다.

(3) 자립훈련비의 지급

사회복지 시설·기관은 장애인복지시설에 입소하여 통원받거나 위탁한 장애인에 대해 당해 시설에서의 훈련을 효과적으로 받을 수 있도록 하기 위해 필요하다고 인정되는 때에는 자립훈련비를 지급할 수 있다.

(4) 생계보조수당지급

장애인복지법에서는 국가 또는 자치단체단위로 하여금 장애의 정도가 심하여 자립하기가 현저하게 곤란한 장애인에게 생계보조수당을 지급할 수 있게 규정하고 있다.

2) 사회보험에 의한 보장

국민연금제도에서 장애연금은 연금가입기간 중 장애가 발생했을 때 지급되는데, 질병으로 인한 장애는 가입기간이 1년 이상이어야 한다.

3) 경제적 부담 경감

(1) 세금감면

소득세 공제, 상속세 인적 공제, 관세 및 부가가치세 면세, 자동차 관련 특별소비세 면세 등이 시행되고 있다.

(2) 요금감면

전화요금 할인, 철도 및 항공요금 할인, 공공시설 이용요금 면제, 고속도로 통행료 감면 등이 있다.

2. 장애인 고용보장 정책

장애인 고용을 보장하기 위해 정부는 상시근로자 50인 이상을 고용하고 있는 사업주는 사업장에 장애인을 의무고용률(2010~2011년 2.3%, 2012~2013년 2.5%, 2014년 이후 2.7%) 이상 의무적으로 고용하도록 「장애인고용촉진 및 직업재활법」에 규정하고 있다. 하지만 의무고용제도를 이행하지 않고 부담금을 납부하는 사업체가 많아 장애인의 실업률은 8.32%로 통계청 기준 전체 실업률 3.3%에 비해 약 2.5배 높은 수준이다(보건복지부, 2009). 보건복지부에서는 중증장애인을 고용하기 위한 고용지원서비스를 제공하고 있으며, 장애인의 직업능력 향상을 위해 장애인고용공단이나 직업재활센터 등을 통해 직업훈련을 실시하고 취업을 알선하고 있다.

1) 일반고용

일반고용은 일반사업장에서 장애인이 비장애인과 같이 고용되는 형태이다. 그러나 일반고용만으로는 장애인 고용이 어렵기 때문에 우리나라는 법에 의해 장애인 의무고용제도를 실시하고 있다. 중소·영세기업 위주의 고용과 대기업의 장애인 고용부진으로, 근로자 300인 이상인 대기업의 장애인 고용은 여전히 저조하며 대기업은 장애인 고용에 대한 관심과 의지가 낮아 장애인을 고용하기보다는 부담금을 선호하고 있다.

2) 보호고용

경쟁노동시장에서 불리한 중증장애인에게 고용의 기회를 제공하기 위한 것으로 장애인복지법에 의한 장애인직업재활시설로는 장애인작업활동시설, 장애인보호작업시설, 장애인근로작업시설, 장애인직업훈련시설, 장애인생산품판매시설이 있다. 그러나 시설 간에 주 기능과 부 기능을 구분하기 어렵고, 장애인에게 고용의 기회를 제공하기보다는 치료와 훈련 중심이 많다. 무엇보다도 수익성을 확보하지 못하는 시설들이 많아서 장애인근로자에게 최저임금을 지급하지 못하는 것이 문제이다(권선진, 2007).

3. 장애인 교육보장 정책

2008년 장애인실태조사에서 장애인의 교육 정도를 보면, 초등학교 졸업 33.0%, 고등학교 졸업 24.4%, 중학교 졸업 15.9%, 무학 16.5%, 대학 졸업 이상 10.2%로 나타나 무학을 포함한 중학교 이하의 학력이 65.4%로 반수 이상을 차지하고 있다(보건복지부, 2009). 교육은 직업과 소득에 직접적인 영향을 미치는 인적 자본으로 장애인의 재활이나 자립과 직접적으로 연결되는 중요한 요건이다. 정부는 장애인 등에 대한 특수교육법을 시행하면서 유치원부터 고등학교 과정까지 장애인이 의무교육을 받아야 하고, 만 3세 미만의 장애영아교육과 고등학교 이후의 전공과 과정은 무상교육을 받게 하고 있다(권중돈, 2011). 하지만 장애인실태조사에서 나타난 것처럼 장애 성인의 경우 학령기에 교육기회를 놓친 장애인이 많으므로 장애 성인의 평생교육에 대한 지원이 필요하다.

4. 장애인 교육보장 정책

장애인을 위한 의료보장으로는 「의료급여법」에 따라 의료급여 2종 수급권자인 장애인에게 본인부담금의 일부를 지원하는 것, 신체장애를 최대한 보완해 주거나 환경을 장애에 맞게 고쳐 주는 장애인보조기구를 교부하는 것, 국민건강보험 및 의료급여 보장구 급여지원 사업으로서 장애인보조기구 구입 시 지원해 주는 사업 등이 있다. 전국가구평균소득 100% 이하의 만 18세 미만 장애아동에게는 재활치료 바우처를 지원하는 사업을 실시하고 있으며, 장애인 등록진단비 지급, 희귀난 치성 질환 의료비 지원사업 등을 실시하고 있다.

V. 장애인복지의 문제점과 개선방안

1. 장애인복지의 문제점

1) 장애인구에 대한 정확한 파악의 미흡

장애인구의 정확한 파악은 장애문제를 해결하는 데 중요하며 정책을 실현하는 데 기초가 된다는 것은 주지의 사실이다. 유엔에서 발표한 자료에 의하면 어떤 나라든 대체로 전체 국민의 약 7~8%는 매우 심한 정신박약 및 정신질환자들이 다. 따라서 자료에 의하면 전체 국민의 12~15%는 심신장애를 갖고 있다는 결론 을 내릴 수 있다. 이에 비해 보건복지부와 한국보건사회연구원에서 보고한 우리 나라 장애인 실태조사에 따르면 선진 외국의 장애인 출현율과 비교하여 볼 때 상 당히 낮은 수치를 나타내는바, 장애인에 대한 인식 부족과 장애인복지를 위한 정 책 기초자료가 되는 정확한 인구의 파악문제가 제기되고 있다(박옥희, 2008).

2) 장애인 소득지원서비스의 미흡

장애인이 요구하는 가장 큰 바람은 빈곤에서의 해방일 것이다. 여러 조사의 결 과에서도 경제적 안정과 취업보장을 요구하고 있는데 이는 결국에 경제적인 어려 움을 반영하는 것이며, 이에 대한 대책으로 현재의 소득지원서비스 정도로는 부 족하다고 판단된다. 영국, 미국, 일본의 경우 소득지원서비스는 현실적으로 장애 인의 삶의 보장에 기여하는 바가 크지만 우리나라의 경우 절대적 수준에서의 보 장에 초점을 두는 것이 대부분이다(김종민·우주형·이준우, 2007).

특히 소액의 생계보조수당인 장애등록의 제한, 자녀교육비, 자립자금지원, 의료 비지원, 자동차분 의료보험 감면, 보장구 무료교부, 보장구 부가가치세 영세율 적 용, 승용자동차 LPG연료 사용 허용, 승용자동차에 대한 특별소비세 면제, 철도 및 지하철 요금의 할인, 전화요금 할인 등에서 장애등급을 비롯하여 각종 자격에 제한을 가하는 요소가 많기 때문에 현실적인 장애인의 삶의 질을 향상시키기보다 는 절대적 수준에 초점을 두고 있는 경향이 강하다.

3) 의료재활서비스의 문제점

장애인복지 시책의 기본목표는 장애인의 완전한 사회참여와 평등으로서, 먼저 장애의 발생을 예방하고, 불가피하게 장애가 발생된 경우에는 이를 조속히 극복하기 위하여 잔존능력을 개발하는 데 있다고 할 수 있다. 이러한 측면에서 국가가 시행하고 있는 정책은 임산부, 영·유아 무료예방접종, 모자보건교육 실시를 내용으로 하는 모자보건대책의 강화, 응급의료에 관한 법률 강화, 교육부 및 교육청에 학교보건 전담부서 설치 등을 실시하고 있지만 일반 민간기관과의 협조체제가 잘 이루어져 있지 않고, 이러한 사항들이 의무사항이 아니라 선택사항이며, 유전 상담소가 설치되어 있지 않고, 백혈병, 선천성 심장질환, 신체질환 등 특수 만성아동질환에 대해서 어떠한 제도적 장치도 마련되어 있지 않는 것이 현실이다. 그리고 산업사회의 발달과 함께 급증하는 교통사고 장애인이나 산업재해 장애인의 안전대책에 대한 강제적 규정들이 강화되어야 할 것이다.

4) 교육재활서비스의 문제점

교육의 기회균등은 자유와 평등을 표방하는 민주국가의 기본 명제라고 할 수 있다. 따라서 장애인에게 교육은 앞으로의 삶을 결정짓는 중요한 요소라고 할 수 있다. 우리나라 교육재활의 문제점은 장애인 교육의 특수성을 고려할 때 가장 중요한 조기교육이 제도적으로 확립되어 있지 않고, 선진 외국에서 장애인 교육에서 가장 큰 비중을 두고 있는 직업교육이 형식적 수준에 머물러 있다. 또한 일반학교에 부설로 운영되는 특수학급에 대한 인식부족과 통합화 교육 및 개별화 교육 그리고 치료교육의 부실을 문제점으로 꼽을 수 있다.

특히 교육부가 스스로 제시하고 있는 문제점으로서 그 중요한 사항을 살펴보면, 장애유형 및 장애 정도에 맞는 교육 모형의 정립이 되어 있지 않고 장애아의 요구와 특성을 고려한 다양한 교육 프로그램 운영의 미흡과 장애유형별·지역별 교육기회의 불균형, 그리고 직업교육과정의 다양성의 미흡, 교육청의 특수교육전담인력 및 조직의 미설치 등이 있다.

5) 직업재활서비스의 문제점

우리나라 직업재활서비스의 문제점으로는 직업교육의 부실과 직업재활 프로그램의 미비, 기업주의 고용기피와 이에 대한 정부의 적극적 의지 부족을 들 수 있다. 특히 직업훈련 프로그램에 대한 미비는 장애인들의 능력을 사장시키는 결과를 초래하게 되며, 급변하는 현대사회에 대처할 수 없는 형식적인 것에 그치고 있어 적성직종 개발과 유보고용의 활성화, 보호고용의 적극적 운영 등이 아쉬운 실정이다. 현재 취업 중인 장애인은 전체 장애인의 34.2%이고, 취업 중인 비율이 가장 높은 장애유형은 시각장애로 45.6%가 취업을 하고 있었다. 취업장애인들의 직장유형을 보면 자영업이 54.1%로 가장 많았으며, 일반사업체가 34.6%로 많았다. 즉 취업장애인의 근무직종이 기술, 관리, 서비스업종에 근무하는 사람들보다 단순노동에 종사하는 자가 훨씬 많은 것으로 나타났다(한국보건사회연구원, 2009).

6) 편의시설의 미비

현대 장애인복지서비스의 주된 흐름은 접근권이라 할 수 있다. 우리나라는 장애인복지법 제23조에서 국가와 지방 자치단체로 하여금 장애인이 교통시설 기타 공공시설을 이용함에 있어서 편의를 도모하기 위하여 시설의 구조, 설비의 정비 등에 관하여 적절한 배려가 되도록 필요한 시책을 강구하고 있다. 이에 장애인·노인·임산부 등의 편의증진 보장에 관한 법률 제 7 조 및 제 8 조에서는 편의시설을 설치하여야 할 대상과 편의시설의 설치기준을 정하여 장애인 등이 생활을 영위함에 있어 안전하고 편리하게 접근하도록 보장하고 있으나, 거의 시행되지 않고 있는 실정이다.

7) 장애인복지 전달체계의 문제점

우리날 장애인복지의 전달체계상의 문제점은 일방적이고 수직적인 전달체계라는 점과 전문인력의 부족, 공적부조 및 관련 서비스 영역과의 연계성과 통합성의 부족, 중앙정부와 지방정부 간의 역할분담의 미비가 지적되고 있다. 특히 현재 지방자치단체의 장애인복지 행정체계가 거의 일률적으로 조직화되어 있어 지방자치단체의 장애인복지 수요에 상관없이 기초자치단체의 경우 1명의 장애인복지 담당자가 있는 것이 대부분이다. 따라서 지방자치시대의 장애인복지행정은 각 지방자치단체의 장애인 인구에 비례한 수의 장애인복지 담당자, 장애인복지 수요를 반영한 프로그램 등의 시행과 행정상의 운영이 자율적으로 이루어져야 할 것이다.

2. 장애인복지의 개선방안

1) 장애인구에 대한 정확한 파악

장애인구에 대한 정확한 파악은 장애인복지정책의 기초를 형성하는 것이므로 이에 대한 정확한 실태조사가 필요하다. 또한 현재 정부가 추정하는 장애인의 수에 비해 등록장애인 수는 20%에 그치고 있는 실정인데 그 가장 큰 이유는 등록에 따른 실질적인 혜택이 미비하기 때문인 것으로 보인다. 지금까지 정부에서 장애인에게 직접 제공되는 서비스를 장애인 등록제에 한하여 부여하고 있으나 서비스의 수혜대상이 워낙 적고 내용이 빈약하며 대다수의 장애인에게는 등록에 따른 혜택이 전무하다. 정확한 장애인 인구와 실태를 파악하고 동시에 효율적인 지원체계를 개발하기 위해서는 장애인등록제가 활성화되고 정착되어야 한다. 이를 위해 장애등급기준의 변화, 홍보와 복지서비스의 활성화, 장애등록 신청절차에 대한 간소화가 필요하다.

2) 장애인 소득지원서비스에 대한 개선

장애인에 대한 소득지원서비스의 개선방향에서 우선 지적되어야 할 것은 대부분의 법이 장애인들만을 위한 법률이 아니며 법제정의 목적이 반드시 소득보장이 아니라는 것이다. 따라서 장애인의 소득보장과 관련된 각종 법령들의 재정비가 시급하다. 현재 수당제도는 생계보조수당이 유일하다. 따라서 이는 장애인의 삶에 대한 별 도움이 되지 못하고 있는 실정이기 때문에 다양한 수당제도의 도입이 필요하다.

장애인복지법 제41조부터 제44조에 걸쳐 명시되어 있는 자금대여, 생업 지원, 자립훈련비 지급, 생산품 구매 등의 경제적 부담경감 대책들의 유명무실과 이에 대한 시급한 개선이 필요하다. 현재 1등급에서 5등급으로 나누어져 실시되고 있는 생계보호는 그 차액(8,000원)이 미미하여 실질적인 보충적 생계보호가 어려운 실정이기 때문에 앞으로 과학적인 자산조사와 더불어 최저생계비 및 빈곤선의 합리적 설정기준에 따라 대상자의 자산과 소득수준을 정확히 파악하여 대상자 가계의 소득을 보완하는 명실상부한 생계보호제도가 되어야 할 것이다.

또한 자립기반의 조성을 위해 마련된 생업자금융자를 비롯한 각종 융자금제도의 자격기준과 신청절차의 복잡성으로 인해 그 실효성이 극히 부진하다. 따라서 융자대상자의 확대와 융자조건의 간소화 등으로 장애인들이 자립자활에 대한 실질적인 혜택을 누릴 수 있도록 개선되어야 한다. 장애인들이 직업을 통한 자립을 이룰 수 있도록 장애인 의무고용제의 강화, 장애인 의무고용대상 사업체의 범위 확대, 장애인 고용 전문가의 양성과 적절한 배치를 통한 전문인력 역할 체계 수립, 국가 및 지방자치단체의 책임을 강화시켜 현행법의 임의규정들을 강행규정으로 전환해 나가야 할 것이다.

3) 의료재활서비스의 개선방향

(1) 장애인의 일반의료 보장

장애인의 의료재활서비스와 관련된 개선방향으로는 장애예방에 대한 적극적 실시와 장애인에 대한 의료조치의 활성화가 이루어져야 한다. 장애인 재활치료를 위해 재활치료와 이와 관련된 각종 치료 및 보장구는 의료보험에 포함시켜야 할 것이다. 재활 병·의원의 신설 및 증설을 강화하고 지역사회의 보건소와 보건복지사무소, 복지관과 연계하여 지역사회 중심의 의료재활사업의 활성화를 도모해야 한다.

(2) 재활전문인력 양성

장애인의 효율적 재활을 위하여서는 각종 전문요원의 확보가 필요하며 이를 위하여 일정 과정의 훈련과 자격을 갖춘 전문가를 양성해야 한다. 가정전문 간호사, 물리치료사, 재활전문의사, 보장구 기사 등 전문인력의 자격요건과 의료시설의 설치기준을 규정하고 구체적인 교육내용과 양성기간을 제도화시켜야 한다. 특히 재가장애인의 의료재활을 위해 가정간호사제도가 활성화되어야 한다.

4) 교육재활서비스의 개선방향

(1) 장애아 조기교육

일반유아는 특별한 방법으로 돕지 아니하여도 주어진 환경에 쉽게 적응할 수 있지만 장애유아는 일반유아와 달리 방치하면, 각 발달단계에 해야 할 정상적인 발달경험을 하지 못하고 불확실하거나 왜곡된 경험을 가지게 되어 장애를 극복하지 못하고 고착시킬 수 있다. 그러므로 장애유아에 대한 체계적인 교육은 일반유아의 경우보다 더욱 절실하게 요구되고 있다.

장애인 의무교육이 조기에 정착될 수 있도록 지방자치단체는 장애아동의 교육기회 확대를 위해 장애아동이 태어나서 성장한 지역사회에서 교육과 보호, 그리고 재활과 취업의 기회를 가질 수 있도록 실효성 있는 제도적 장치를 마련해야 한다. 장애아동의 통합교육을 위해 모든 일반학교에 장애아동이 이용할 수 있는 편의시설의 확보와 중증장애아동을 위한 방문교사제 도입이 필요하다.

(2) 특수교육기회의 확대

특수교육기회의 확대를 위해서는 특수학교를 점진적으로 증설하고 그것이 재정적으로 곤란하다면 특수학급을 증설하거나 특수학교에 유치부를 설치토록 하고, 기존의 일반유치원에 특수학급을 설치할 수 있도록 제도적 개선을 하며, 장애유아의 조기교육을 위하여 4세 이전에도 유치원에 들어갈 수 있도록 하는 방법이 고려될 수 있다. 이를 위해 학교의 이전이나 개축, 증축 시 소요되는 비용을 지원하고 적절한 서비스의 제공을 위해 법정 실기교사가 배치되어야 한다. 급증하고 있는 정서장애아동을 교육시킬 수 있는 교육기관을 설립하여 정서장애아동의 특성에 맞는 교육과정과 방법으로 교육을 실시할 수 있는 학급을 신설하고 적절한 교육적 조치를 강구해야 한다.

5) 직업재활서비스 개선방향

취업 장애인의 대다수는 자영업이 가장 많았으며, 일반사업체가 그 다음으로 많았다. 그리고 봉급생활자 중 단순노동에 종사하는 자가 기술, 관리, 서비스직종에 종사하는 사람보다 많다고 현황에서 밝혔는데 여기서 장애인 직업교육의 필요성을 알 수 있다. 단순노동 위주가 아닌 장애인의 적성에 맞는 직종을 개발하여 적성직업에 취업할 수 있도록 기존 취업학교의 교육에 대한 재평가 작업을 계속하여야 한다. 그래서 보다 전문적인 직업교육을 강화하고 산학협동체제를 구축하여 실질적인 직업교육을 제대로 시켜야 하며 고등학교 과정 이후의 전문수업교육과정을 설치 운영하여 장애학생이 전문적인 직업교육을 받도록 해야 한다. 따라서 특수학교의 직업교육 정상화를 위해 노력해야 할 것이다.

6) 편의시설에 대한 개선방향

장애인들에게 가장 심각하게 제기되는 문제가 활동의 제약이다. 휠체어를 이용하여 생활할 수 있는 생활여건의 제한이나 시력이 없어 겪는 활동의 제한은 이들

장애인들의 생활의욕을 저하시키게 마련이다. 중앙정부와 지방자치단체는 장애인의 이동권 확보를 위해서 건축위원회에서 장애인 편의시설에 대한 조례를 제정하여야 하며, 장애인 이동을 위한 휠체어탑승버스 운행, 시각장애인을 위한 교통신호기의 전면적 교체, 공공기관에 수화통역사 배치와 점자 및 녹음서를 공급할 수 있는 출판시설 및 열람시설의 설치를 적극적으로 추진해야 할 것이다.

7) 장애인복지서비스의 전달체계의 개선방향

전달체계는 전문가들의 전문과업 수행의 체계라고 말할 수 있다. 따라서 장애인복지는 다양한 전문가들이 조직적으로 활동할 수 있는 환경 여하에 따라서 좌우된다고 할 수 있다. 그러나 현재 우리나라에서 실시되고 있는 전달체계는 이에 대한 기능을 충분히 발휘하지 못하고 있는 실정이며 다음과 같이 개선되어야 할 것이다.

현행 장애인복지 행정체계는 단일행정계통이 아니라 여러 계통으로 분산되어 있는 실정이며 하부조직으로 내려갈수록 조직력이 취약한 실정이다. 또한 장애인복지사업을 위한 기관도 행정기관과 민간기관으로 대별되며 행정기관은 또다시 중앙, 지방으로 구분되며 업무의 성격이 다르다. 따라서 장애인복지서비스의 체계적 실시를 위해서 이를 통합할 수 있는 조직이 필요하다. 민간기관과 행정기관의 사업에 관한 상호협의와 협력기능을 담당하는 통합적 조직을 육성해야 하며, 이러한 통합조직은 장애인재활협회 등 기존의 단체들을 활용하여 활성화시킬 수 있을 것이다. 장애인재활서비스의 형평성을 도모하기 위하여 서비스시설에 생활권 구역별로 일정한 수의 민간기관 시설을 설치하고 상호 간에 역할 기능을 분담할 수 있도록 조정해야 할 것이다.

VI. 장애인복지의 과제와 전망

1. 장애인복지의 과제

1) 소득보장의 구체화

장애라는 상황이 일차적으로 야기하는 문제는 소득기회의 상실이나 소득중단으로 인한 빈곤에 있다. 따라서 장애인에 대한 소득보장의 필요는 다른 어떠한 사회적 개입보다도 일차적인 우선순위를 가질 수밖에 없다. 이러한 상황에 적절히 대응하기 위해서는 장애로 인한 소득기회가 상실된 사람에 대해서는 최저생계비를 보장할 수 있는 소득보장제도가 마련되어야 한다. 그리고 소득에 대한 사회적 불리함을 보충하기 위해서 각종 세제상의 혜택이 다양하게 마련되어야 한다.

2) 장애인 고용의 확대와 질적 개선

의료재활과 교육재활을 통하여 장애인의 자립의욕과 준비성이 향상되었다고 하더라도 고용의 확보는 받아들이는 측의 고용의사가 분명할 때 비로소 성립되는 것이다. 따라서 장애인의 취업문제는 상당히 어려운 난제라고 할 수 있다. 「장애인고용촉진 및 직업재활법」에 의한 법률적 강제와 규정만으로는 장애인에 대한 고용을 증진시킬 수 없다. 왜냐하면, 장애인을 의무적으로 고용해야 하는 일정규모 이상의 기업들이 장애인을 고용하기보다는 고용부담금을 납부하는 방법으로 장애인의 고용을 기피하고 있기 때문이다. 이러한 문제를 완화하기 위해서는 장애인 고용에 대한 기업의 사회적 책임을 강조하고 장애인도 일정한 교육을 이수하면 잠재능력을 충분히 발휘하여 생산적 기여를 할 수 있다는 사실을 보여 주어야 한다.

3) 교육기회의 확대와 통합교육의 실시

모든 장애아동들이 적절한 교육을 받을 수 있도록 조기교육과 중등교육 이후의 교육을 강화하는 일련의 조치들이 필요하다. 또한 장애아동의 교육적 접근은 일회적인 교육에서 끝나는 것이 아니라 성인이 된 후에도 지속적인 관리와 평생교육을 통하여 궁극적으로 직업재활과 사회통합이 연결될 수 있도록 하는 방향으로 교육내용이 전환되어야 한다. 이를 위해서 고등학교 졸업 이후 직업과 연결되어 정규적인 교육을 받을 수 있는 직업교육과정을 개설함으로써 장애인 사회통합의 기초를 확보해야 할 것이다. 특히 교육은 사회통합을 이루기 위한 가장 기본적인 자질 향상을 위해서 매우 중요하며, 이를 위하여 특수교육시설의 현대화와 일반아동과의 동질성 회복을 위한 통합교육으로의 전환이 요청된다.

4) 의료재활서비스의 확대

모든 장애인이 적절한 의료서비스를 받을 수 있도록 일정규모 이상의 종합병원에 재활의학과를 설치하고 재활 관련 전문인(물리치료사, 작업치료사, 언어치료사)을 양성하여 의료재활서비스의 수혜 기회를 확대해야 한다. 아울러 장애로 인한 기능장애를 최소화할 수 있도록 원조하는 보장구의 개발과 이를 과학화하기 위한 재활공학 분야의 국가적 지원과 정책적 배려가 필요하다.

5) 지역사회 통합을 위한 서비스의 적극화

최근 장애인복지의 경향은 지역사회 내에서의 재활을 강화하고 있다. 지역사회 내에서의 재활은 장애인이 살고 있는 가정이 지역사회 속에서 함께 자연스럽게 어울려 살아가는 것을 말한다. 이러한 의미에서 지역사회를 기반으로 하는 서비스기능들이 보다 적극적으로 지원될 수 있는 방안이 모색되어야 한다.

6) 사회환경의 개선

사회환경은 도시나 건축시설 등에서 맞닥뜨리는 물리적인 환경, 사회의 편견이나 무관심 그리고 정책상의 불합리로 인하여 경험하는 상황 등으로 구성된다. 장애인재활에서 사회환경의 개선은 총체적인 재활의 기초를 형성하는 부분이며, 이는 단순히 하나의 대책이나 개선에 의해 완성될 수 있는 영역이 아니라, 종합적인 계획에 따라 물리적 환경과 사회적 환경을 병행해서 개선해 가야 하는 장기적인 과정이다.

2. 장애인복지의 전망

첫째, 장애범주가 지속적으로 확대될 것이다. 둘째, 장애인구의 증가, 서비스의 다양화 등으로 인하여 장애인복지 예산이 상당히 증가될 것이다. 셋째, 장애인보호 중심이 시설에서 지역사회로 변환될 것이다. 넷째, 장애인 소득보장 방법에 대한 논란이 제기될 것이다. 다섯째, 비현실적인 감면 및 할인제도에서 현실적인 수당이나 연금지급으로 바뀌게 될 것이다(보건복지부, 2009).

제2절   장애인재활

Ⅰ. 재활의 개념 및 의의

1. 재활의 개념

심신의 장애를 극복하여 사회인으로서 생활할 수 있게 되는 것을 의미하는 재활은 장애인의 전인적인 복권이 이루어지도록 모든 욕구를 충족시켜 주는 종합적 서비스이다. 이는 인도주의에 토대를 두고 장애인의 잠재능력에 대한 신뢰와 인간의 자아실현을 전제로 하고 있으며, 체계적이고 과학적인 노력의 일부이다(Brisenden, 1989).

2. 재활의 의의

첫째, 장애인도 인간으로서의 존엄성과 가치를 가지고 행복을 추구할 권리가 있기 때문에 기본권의 보장 차원에서 재활노력은 필요하다. 둘째, 사회활동에 온전히 참여하고 평등을 보장받기 위하여 재활서비스가 필요하다. 셋째, 장에인도 인간적 욕구와 개성을 지닌 존재이므로 개인의 능력과 개성이 존중되어야 한다. 넷째, 장애인도 인간으로서의 성장과 발달을 촉진시켜 심신의 조화로운 발달을 도모해야 하기 때문에 전인적 성장이 존중되어야 한다. 다섯째, 재활서비스는 장애인의 신체적·사회적·심리적 제 문제를 해결하여 사회적 통합을 촉진시킬 수 있다. 여섯째, 심신의 결함을 조기에 발견하고 이를 개선하기 위해 재활서비스는 필요 불가결한 것이다(정무성·양희택·노승현, 2006).

Ⅱ. 재활의 이념 및 목표

1. 재활의 이념

재활은 장애인이 사회의 구성원으로서 가치를 실현할 수 있도록 모든 서비스를 제공하는 과정이다. 따라서 재활의 기본이념은 인간 존재의 가치실현에 있고 각 개인은 존경받을 만한 가치를 지니며 민주사회 내에서 생계를 유지할 수 있고 천부의 권리를 부여받았다는 것이다(박옥희, 2008).

2. 재활의 목표

장애를 제거하여 사회에 복귀시키는 것으로 신체장애의 발생 초기부터 의료적·직업적·교육적 및 사회심리적 개입과정을 통하여 서비스 대상에 따라 개별적이고 통합적인 서비스를 제공하고, 지역사회의 적극적인 참여를 유도하는 것이다.

Ⅲ. 재활의 과정

1. 초기면접

재활과정의 시점으로 전화나 직접방문을 통해 재활서비스를 지원·신청하는 과정이다.

2. 평   가

내담자에게 필요한 재활치료와 서비스 욕구에 관련된 평가를 하여 개별 재활계획서 작성의 기초를 형성하게 된다.

3. 상담(치료)

신체적·정신적 치료, 보장구, 치료적 처지 등을 통해 장애의 진전을 중지시키고 심신의 안정을 도모하여 직업배치를 준비한다.

4. 직업배치

심신의 안정, 의료적 안정을 회복한 개인이 고용과 직업배치에 필요한 준비를 완료하였을 때 적절한 직업배치가 이루어진다.

5. 독립생활재활

장애인이 사회의 한 구성원으로서 독립적으로 살아갈 수 있는 독립생활재활은 보편적으로 의사결정과 일상생활에 있어서 타인에 대한 의존을 최소화하고 자신이 결정할 수 있는 선택에 기반하여 자신의 생활을 추구하는 것이다.

6. 사후지도

재활이 종료된 내담자에게 여러 가지 개인적·의료적·심리적 서비스를 제공하여 생활안정을 기하도록 하는 것이다.

Ⅳ. 분야별 재활

1. 의료재활

1) 개 념

종합적 재활사업의 첫 단계인 의료재활은 질병이나 사고에 의한 후유증, 만성질환, 노인질환 등 치료기간이 장기화되기 쉬운 환자의 경우 잠재능력을 활성화시켜 자연치료를 적극적으로 촉진시키는 기술이며, 내·외과적 치료의 응용과 함께 물리적·심리적 치료를 보충하는 의료적 조치이다(정일교·김만호, 2005).

2) 대 상

만성질환이나 장애를 지니고 있는 사람이며 이들의 신체구조적인 면에서 발생하는 만성질환이나 외상후유증이 주를 이루며, 호흡기계·순환기계의 질병을 가진 자들이 주 대상이다.

2. 사회재활

1) 개 념

장애인이 가정과 사회에서 자신감을 갖고 사회의 일원으로 생활할 수 있도록 서비스하는 사회재활은 장애인을 사회의 한 구성원으로서의 역할을 지닌 전 인격적으로 인식하고 장애인의 사회적 생존을 보장하는 것을 지향한다(정현숙·이현지, 2003).

2) 목 표

인간이 사회생활을 영위하는 데 수반되는 욕구 전반에 관심을 가지고, 장애인이 일반사회의 한 성원이 될 수 있도록 장애인과 사회와의 관계를 물심양면으로 개선하는 것이다.

3) 영역(사회재활의 수행과제)

⑴ 장애인 관계법의 정비

장애인 관계법의 정비는 재활을 개인의 특권에서부터 전 국민의 권리로 확대시키는 효과를 가져다주고 있다.

⑵ 행정의 정비

재활행정이 최말단 단계의 수혜인인 장애인에게까지 잘 전달될 수 있도록 지속적으로 정비해 나가야 한다.

⑶ 경제적 환경의 정비

근로능력이 있는 사람에게는 노동기회를 제공하고 장애로 인해 근로가 거의 불가능한 사람들에게는 연금이나 기타 소득보장의 방법을 마련해야 한다.

⑷ 물리적 환경의 정비

장애인을 통합시키는 물리적 조건이 정비되지 않으면 장애인의 사회활동 참가는 한계가 있다. 건물이나 교통시설 등에 장애인이 접근할 수 있도록 물리적 환경을 조성하고 정비해 나가야 할 것이다.

⑸ 장애인의 심리적·정서적 문제의 해명

장애인의 심리·정서문제는 장애에 대한 편견을 만들어 내어 장애인의 사회통합을 더 어렵게 만든다. 장애인의 권리옹호에서부터 시작하여, 불공평을 개정해 가는 법적 운동과 사회 전반적인 분위기를 바꾸는 문제까지 접근해야 한다.

⑹ 사회적·문화적 기회의 확대

세계인권선언은 인간의 기본적이고도 근본적인 욕구 중의 하나가 사회문화 활동에서의 기회의 보장이라는 것을 확인하고 있다. 문화·예술활동에서 장애인의 활동기회의 보장은 사회재활에 있어 중요한 영역이다.

3. 직업재활

1) 장애인과 직업

직업은 개개인의 삶의 형태와 내용을 결정하는 중요한 요인이지만, 장애인은 신체적 또는 정신적 손상으로 안정된 고용을 확보하고 유지할 가능성이 실질적으로 감소된 사람으로 직업을 갖는 데 매우 제한적이다(김경혜·최상미, 2004).

2) 직업재활의 개념

심신의 결함을 지닌 장애인들의 경제적 능력을 최대한 길러 줌으로써 일할 권리와 의무를 비장애인들과 동등히 하려는 것으로 장애인의 성공적인 사회통합을 위한 자립생활을 영위하도록 하는 재활사업 중 가장 중요하고 핵심이 되는 과정이다.

3) 직업재활의 의의

직업재활은 장애인 개인의 존엄성을 높이는 인도주의적 사업으로 비경제적 인간을 경제적 가용인간으로 만듦으로써 사회적 생산에 기여하게 하는 사업이다. 또한 장애인들이 취업을 할 수 있다는 사실과 아울러 떳떳한 생산적 시민으로 생활할 수 있다는 점에서 장애인의 통합적 재활에 기여하며, 그들의 전인격적 성장을 꾀하는 데 큰 열쇠가 될 수 있다.

4) 직업재활의 대상

장애의 원인이나 특성, 연령에 관계없이 일할 준비가 되어 있고 적절한 고용을 확보하고 유지할 수 있다면 모든 장애인들에게 적용될 수 있다.

4. 심리재활

1) 심리재활의 개념

장애인의 대부분은 행동의 제한, 신체의 결함으로 인간관계의 긴장, 열등감, 욕구불만 등 부정적 심리를 가지고 자신의 능력에 대하여 비관하며, 결국 재활의욕을 상실하게 되는데 이와 같은 저해요인을 제거하고 장애인으로 하여금 새로운 가능성을 찾도록 도와주는 것이다. 장애인이 심리적·정신적 결함을 갖고 있다면 전인적 재활이 이루어질 수 없으므로 심리재활 또한 재활의 중요한 측면으로 보게 되었으며, 각종 심리검사 및 인성검사, 정신분석요법, 약물요법 등의 임상심리요법이 사용된다(김기태·박병현·최송식, 2000).

2) 상담가의 역할

심리재활 전문가는 장애인으로 하여금 그가 희망하는 사람이 되게 하고 그가 하고 싶은 일을 할 수 있도록 도와주는 자세를 가져야 하며, 장애인 개개인을 개별적이고 고유한 존재로 인정하고 그에 따른 융통성 있는 도움을 제공해야 한다. 이를 위해서는 객관적 입장에서 문제를 파악하고, 인간행동에 대한 전문지식을 습득하며, 장애인의 말을 경청하여 그가 무엇을 필요로 하는지 민감하고 적절한 반응을 해야 한다.

5. 교육재활

1) 교육재활의 개념

장애아동이 지니고 있는 능력을 향상, 발휘시키며 가능성을 개발하고 사회생활에 적응해 가도록 도움을 주는 교육제도와 교육방법 및 기술을 통한 교육적 서비스를 지칭한다.

2) 특수교육의 이해

(1) 개 념

특수아동의 독특한 교육적 요구에 알맞게 특별히 설계한 교육을 말한다.

(2) 목 적

장애아동이 갖고 있는 잠재능력을 개발하여 최대한 활동할 수 있게 하는 것으로 환경의 변화는 물론, 아동의 개별성을 고려하여 그 아동에 적절한 교육유형을 결정해야 한다.

(3) 기본이념

인간존중사상을 토대로 하는 평화주의, 인도주의를 바탕으로 합리적인 교육을 실시하여 사회적 복지를 개인의 행복으로 살리는 데 있다.

(4) 대 상

신체적·정서적 및 사회적 장애에서 나아가 교육적인 결손, 장애가 있는 자로 보는 것이 일반적이다. 주 대상은 장애아동이지만 아동기뿐 아니라 장애인의 전 생애를 통해 교육재활이 이루어질 필요가 있다.

생각해 볼 문제 및 과제

1. 장애인복지의 주요 이념과 특징을 제시해 본다.

2. 재활의 필요성에 대해 설명해 본다.

3. 장애인의 삶과 복지욕구를 이해한다.

4. 장애인복지의 기초이론을 습득한다.

5. 장애인복지의 문제점을 제시하고 개선방안에 대해 생각해 본다.

6. 법정장애인의 유형별 특징과 재활서비스에 대하여 알아본다.

7. 장애인복지의 변화추이에 대해 알아보고 장애인복지의 전망에 대해 설명해 본다.

참고문헌

권선진(2007). 장애인복지론. 청목출판사.
권중돈 외 7인(2011). 사회복지개론. 학지사.
국립재활원(2005). 장애인복지 관련 시설 및 기관일람표.
김경혜·최상미(2004). 장애인 자립생활센터 운영기반 조성방안. 서울시정개발연구원.
김기태·박병현·최송식(2000). 사회복지의 이해. 박영사.
김미옥(2004). 장애와 사회복지. 학지사.
김용득·김진우·유동철(2007). 한국장애인복지의 이해. 인간과 복지.
김종민·우주형·이준우(2007). 장애인복지론. 서현사.
김종일(2003). 지역사회복지론. 현학사.
남상만·나운환·유명화·이준상(2003). 장애인복지론. 홍익재.
남찬섭·유동철·김경미(2009). 장애인차별금지법 해설집. 국가인권위원회.
박옥희(2004). 장애인복지론. 학문사.
박옥희(2008). 사회복지의 이해. 학지사.
보건복지부(2006). 2005년 장애인실태조사 결과.
보건복지가족부(2009). 보건사회통계연보. 보건복지가족부.
오혜경(1999). 장애인과 사회복지실천. 아시아미디어리서치.
임종호·이영미·이은미(2010). 장애인복지론. 학지사.
정무성·양희택·노승현(2006). 장애인복지개론. 학현사.
정일교·김만호(2005). 장애인복지론. 양서원.
정현숙·이현지(2003). 장애인복지론. 학현사.
한국보건사회연구원(2009). 2008년 장애인실태조사. 보건복지부·한국보건사회연구원.
한인영 외 12인(2011). 사회복지개론. 학지사.

Brisenden, S.(1989). *A Charter for Personal Car in Progress*. Disablement Income Group.
Oliver, M. (1996). *Understanding Disability-From Theory to Practice*. New York: St. Martin's Press.

제 6 장 의료 및 정신보건 사회복지

제1절 의료사회복지

Ⅰ. 의료사회복지의 이해

1. 의료사회복지의 정의

의료사회복지는 사회적 요인들과 질병의 관계에 관한 것으로 질병을 하나의 사회문제로 보고 의료기관에서 사회사업가가 진료팀의 일원이 되어 효과적인 진단과 치료에 지장을 주는 문제들을 해결하도록 함으로써 환자와 그 가족을 돕는 전문 분야이다(강흥구, 2004). 즉 의료사회사업은 의료기관에서 사회사업가가 질병의 원인이 되거나 치료의 효과를 방해하는 환자의 심리적·사회적 및 경제적인 문제들을 해결하도록 돕고, 환자가 퇴원 후에도 정상적인 사회기능을 하도록 환자 자신과 그의 가족을 돕는 것을 목적으로 한다.

1) 기술적 개념

의료기관에서 치료팀의 일원으로서 사회사업의 전문적인 실천방법론을 활용하여 환자의 질병치료와 회복 및 사회복귀기능을 돕는 목적을 가지고 질병으로 파생되는 환자의 심리적·사회적 및 경제적인 문제를 해결하거나 조정하여 환자 및 그 가족들을 돕는 전문적인 활동이다. 따라서 의료사회사업가는 임상의료팀의 일원으로서 예방, 진단, 치료, 사후지도, 사회복구 등 광의의 의료에 참여하게 된다.

2) 정책적 개념

질병의 예방과 건강증진 및 향상을 지향하는 의료복지를 목적으로 한 영역에서 개인, 집단, 지역사회, 조직, 사회조사, 사회복지정책 등의 광범위한 방법론을 통하여 보건의료의 욕구측정과 의료서비스 전달체계를 평가하고 그 개선과 활용을 용이하게 하며, 의료의 질 향상은 물론 의료보호와 의료서비스 확대 및 질적 향상을 기여하는 데 참여하는 사회사업의 한 과정이다.

2. 의료사회복지의 대상

1) 의료사회복지사의 개입이 반드시 필요한 고위험대상 집단

① 뇌성마비	② 척수손상
③ 뇌졸중	④ 사지절단
⑤ 근육디스트로피(dystrophy)	⑥ 관절염
⑦ 당뇨	⑧ 암
⑨ 장기이식	⑩ 골수이식환자
⑪ 신장이식 환자	⑫ 알코올이나 약물중독 환자
⑬ 수술 후 부적응 환자	⑭ 의료분쟁의 가능성이 있는 환자
⑮ 보호자가 없거나 퇴원 후 거처가 없는 환자	

2) 환자와 가족들의 주요 문제

(1) 정서적인 문제

① 충격과 분노, 혼돈, 부정

② 불신과 저항감, 양가감정

③ 죽음에 대한 두려움

④ 수술 후 회복과 생존율에 대한 과도한 관심

⑤ 수술 후 재발우려, 합병증에 대한 염려

⑥ 가족이나 가까운 사람으로부터의 격리에 따르는 스트레스

⑦ 퇴행, 짜증, 투정

⑧ 정신병적 증상 출현 : 우울증, 정신증, 불안증

(2) 가족문제

① 역할변화로 인한 역할갈등, 부부갈등

② 입원기간 동안의 자녀양육문제

③ 가족구조 및 관계의 변화

(3) 경제적인 문제

① 노동능력 상실에 따른 수입원의 단절

② 의료비용의 증가 및 입원 장기화로 인한 비용의 증가

③ 진료비 해결능력의 부족

(4) **퇴원문제**

① 퇴원에 대한 마음의 준비 결여

② 퇴원 후 거처의 문제

③ 퇴원 후 간병의 문제

④ 퇴원 후 건강관리의 문제

⑤ 퇴원 후 직업복귀의 문제

(5) **재활문제**

① 사회복귀의 문제: 복직, 복학, 지역사회 내의 적응

② 신체장애에 따른 사회 재적응의 문제

3. 의료사회복지의 필요성

인간은 본래 신체적·정신적·사회적인 면을 바탕으로 생활을 영위해 나가기 때문에 질병의 발생이 단순히 신체적 측면의 결함에서뿐만 아니라 정서적·심리적 요인과 더불어 사회경제적 요인 등에서도 관련되어 발생할 수가 있다(Cabot, 1908; 김규수, 2004 재인용). 세계보건기구(WHO)에서도 완전한 건강의 개념을 육체적·정신적·사회적 안녕의 상태로 정의하고 있어 질환의 치료에 있어 육체적인 치료뿐만 아니라 정신적·사회적 문제들에 대한 치료도 함께 요청되고 있다.

의료사회복지는 보건·의료 환경 내에서 질병을 둘러싼 사회적·정서적 문제들에 대하여 크게 관심을 갖고 전문적 의료사회사업서비스를 제공하는 영역과 그 방법을 의미하는 것으로서 주로 상대하는 대상자는 질병을 지닌 환자 자신과 그의 가족들이며, 의료적 치료에 지장을 초래하는 사회적·경제적·정서적 문제들을 다루게 된다. 바람직한 의료는 인간의 문제를 전인적인 관점에서 살펴보는 것이 중요하며, 의료가 단순히 예방책이나 질병의 조기발견, 조기치료에 대한 치료활동의 확대만을 의미하는 것이 아니라 심신의 기능회복과 함께 사회복귀를 위한 원조활동까지도 포함하지 않게 되면 건강의 사회적 기능의 중요성이 결여될 뿐만 아니라 의료의 사회적 대책의 의미가 없어지게 되는 결과를 초래하게 된다. 결국 현대의학에서 요구되는 것은 인간의 존엄성을 바탕으로 한 전인적인 돌봄의 관점에서 살펴보는 것이 중요하며 따라서 훌륭한 치료란 바람직한 사회적 기능을 위

한 사회복귀라는 점을 고려할 때 의료사회복지의 필요성이 강조되는 것이다(한인영 · 최현미, 2000).

Ⅱ. 의료사회복지의 원칙 및 역사

1. 의료사회복지의 원칙

1) 자율성 존중의 원칙

일차적으로 진료행위나 실험과정에서 발생할 수 있는 피해로부터 환자나 실험대상자를 보호하는 데 그 목적이 있지만, 이러한 원칙의 배후에는 인간존중의 사상이 깔려 있다. 왜냐하면 한 사람의 자율적인 선택을 존중하지 않고는 그 사람을 존중한다고 말하는 것이 아무런 의미가 없기 때문이다(이윤로 · 홍영수, 2005). 의료현장에서의 자율존중은 주로 진료에 대한 환자의 동의에 대한 물음으로 나타나며 동의능력을 지니지 못하는 경우 대리결정의 문제로 나타난다.

2) 악행금지의 원칙

선한 일을 위해 의술을 사용해야 하고 피해를 주는 일에는 의술을 사용하지 말아야 한다는 원칙이다(Liberman, 1986). 생 의료윤리학에서는 전자를 선행원칙이라 하고, 후자를 악행금지원칙이라 한다. 악행금지기능은 고의적으로 해를 가하는 것을 피하거나 해가 될 위험성을 피하는 것이다.

3) 선행의 원칙

선행의 원칙은 악행금지의 원칙에 비해 해악의 예방과 제거는 물론 더 긍정적이고 적극적인 선의 실행을 요구한다. 선행은 선을 행하는 하나의 의무요 긍정적인 윤리인 친절과는 구분되어야 한다.

4) 정의의 원칙

정의의 원칙은 분배적 원칙으로 인간의 권리가 그 발달 정도에 따라 각기 달리 분배될 수 있다는 것이다. 또한 인간은 자신이 해야 할 의무가 주어졌을 때 곧바로 실천하는 것도 중요한 원칙이다.

2. 의료사회복지의 역사

의료사회복지의 역사는 구빈의 역사와 함께 전개되었으며, 전문직으로 발전하기 이전까지 다음의 네 가지 형태의 서비스가 의료시설에 있었다. 우선 비조직적인 봉사활동으로 수도원과 구빈원이 설립되어 빈곤환자의 가정방문을 통해 치료와 생활원조를 실시하였고, 부녀봉사원들이 빈곤환자의 적격 여부를 사정하여 의료기관에 의뢰하였으며, 정신병환자의 경우 사후지도를 통해 위탁가정이나 사회복지시설의 요양원 등에 위탁하는 의뢰가 이루어졌다. 또한 환자의 질병에 대한 사회경제적 제 조건을 이해시키기 위한 대학의 자원봉사 장려 등은 의료사회사업의 기초가 되었다(Austin & Hopkins, 2004).

1) 구미 의료사회복지의 발달

(1) 병원사회사업가의 확장

1907년 존스 홉킨스 병원에서 사회사업활동으로 시작한 이래 1919년에는 미국에 있는 200여 개의 병원에서 사회사업가를 채용하였고, 1930년에는 1,000개 이상의 병원에서 사회사업서비스를 실시하게 되었다. 어떤 병원에서는 40~50여 명의 많은 사회사업가를 고용하여 서비스를 제공하였다. 초기의 의료사회복지사의 역할은 의사와 환자 사이, 의사와 지역사회 자원들 간의 연결을 제공하는 것과 환자교육을 통해서 의료적 치료체계에 협력하는 데 초점을 두었다.

(2) 미국 의료사회사업가협회의 발족

1919년 종합병원과 정신병원에 근무하는 사회사업가들이 미국 의료사회사업가협회를 결성하였다. 이 협회는 1918년부터 1948년까지 기초지식을 발전시키는 데 주력하고 실습연구를 하며 장학제도에 대한 기준을 수립했다. 또한 1920년대 중반에는 처음으로 의료사회복지 전문직에 대해 구체적으로 명시하였고, 300여 개 병원에서 사회사업이 시작되었다.

(3) 의료사회복지의 수요 증가

1930년대의 경제불황의 사회적 상황에서 신체와 정신의 상호관련성에 대한 연구가 집중되었고 1933년의 연방긴급구제법과 1935년의 연방사회복지법의 제정과 함께 의료사회복지의 수요가 증가하였다. 한편, 1930년대부터 1940년대까지는 정신분석학의 영향으로 종신의료사회사업이 발달하였다. 이에 따라 의료와 정신의료사회사업이 독립된 별개의 프로그램으로 운영되었는데 정신의료사회사업이라는 용어는 1931년 시카고 대학에서 처음으로 사용하였다.

1940년에는 의료사회사업가가 의료팀의 한 전문가로 인식되었고, 의료사회사업 잡지가 발간되었다. 1946년에는 정신보건법이 통과되었다. 제2차 세계대전 이후에는 재활의 중요성이 강조되어 국립 및 주립 직업재활정책과 지도계획이 설정되었고, 전국적으로 발달하게 된 사회복지시설에 처음으로 사회사업가가 채용되기도 하였다.

(4) 공인과 확장

1966년에는 65세 이상 노인들, 의료혜택을 못 받는 21세 이상 청년들, 장애인들을 위한 의료보호가 실시되면서 병원에서의 사회사업에 대한 욕구가 증가하였다. 또한 1960년대 병원 사회사업가들은 지역사회를 기반으로 활동하는 동료들과 함께 사회운동에 관여하였고, 심리적·사회적 역기능에 영향을 주는 환경요인의 제거를 강조하였다.

1970년부터 1980년대 초까지의 시기는 전문성의 기간이라 할 수 있다. 병원에의 사회사업 실천을 위해 행동수정, 분석치료, 자아심리치료, 위기개입, 가족치료 등과 같은 다양한 접근을 시도하였다. 1972년 사회보장법의 개정은 전문직 기준의 심의기구를 소개했고, 책임성과 전문성 확보를 위해 동료평가제도를 만들도록 하였다. 1984년 새로운 의료비 지불체계로 포괄수가제가 도입됨에 따라 급성 치료에 대한 비용의 책임이 제3자 지불에서 서비스제공자로 이동되었다.

(5) 소비자 중심의 의료서비스

병원은 소비자 중심의 가치와 환자 중심의 접근의 중요성을 깨닫게 되었다. 미국의 의료사회복지는 7,000여 개 병원에 25,000명의 대학원 수준의 교육을 마친 후 이론적 지식과 실제적인 경험을 바탕으로 한 의료사회복지사들이 고용되어 사회사업서비스를 수행하고 있다.

2) 한국 의료사회복지의 발달

(1) 근대 전후의 의료사업

고려시대에는 빈곤한 환자들에게 의료의 혜택을 베풀기 위한 의료구제사업기관이 발달하였는데, 제11대 문종은 빈민의 병자를 구호 요양하기 위해 개경과 서경에 동서대비원(東西大悲院)을 창설하였다. 제16대 예종 7년에 이르러서는 혜민국(惠民局)을 창설하여 일반시민에 대한 의료기관의 기능을 수행하면서 빈민환자에게 의약, 의복을 내 주고 무료로 치료해 주기도 하였다. 그 이후 조선시대에서도 빈곤한 환자들을 위해 다양한 종류의 자선이나 구제가 시행되었다. 근대적 의미의 의료사회사업이 시작된 것은 1983년 세브란스병원에서 여전도회 회원으로 구성된 자원봉사자들이 부녀봉사원의 역할을 한 것이다.

(2) 의료사회복지의 시작

1953년 사회사업가의 지도로 결핵환자와 그 가정을 위해 인적·물적 자원의 보조로 도움을 제공한 것이 시작이다. 1959년 국립중앙의료원, 원주기독병원이 개원과 동시에 의료사회사업이 시작되었고, 1966년에는 사회사업가가 정식으로 채용되어 활동하고 있다. 이후 병원 내에 사회사업과 사회사업실이 정식으로 편성되어 의료사회복지업무를 시작하게 되었다. 의료사회복지를 시작하는 병원이 계속적으로 늘어났지만 초창기에는 의료사회복지에 대한 병원 측의 이해부족 등으로 어려움이 있었으며, 독립된 부서로 존재하여도 전문적으로 발전하는 데 힘든 점이 많았다.

(3) 법과 제도의 확장

1973년 9월 20일 대통령령 제6863호로 공포된 「의료법 시행령」 제24조 2항 5호 ("종합병원에는 사회복지사업법 규정에 의한 사회복지사업종사자자격을 가진 자 중에서 환자의 갱생·재활과 사회복귀를 위한 상담 및 지도업무를 담당하는 요원을 1인 이상 둔다")에 따라 의료사회복지를 법적으로 인정하게 되었다. 또한 의료사회사업의 전문화를 위하여 대한의료사회사업가협회가 설립되었으며, 그 후 계속하여 의료사회사업이 확대 실시되고 있다. 1977년 의료보험제도의 확대 실시로 정신의학적 사회사업 부문에서 치료활동에 대한 보험수가를 청구할 수 있는 근거가 마련되었으며, 의료사회사업이 확대 신설되었다.

대한병원협회에서 1981년 2월부터 시범적으로 외국의 모델을 도입하여 종합병원에 대한 '병원표준심사제'를 실시하여 의료사회복지서비스의 질과 직무수행정도를 평가하였다. 2002년 '병원표준심사제'의 법적인 조항이 신설되었고 2003년 「의료법 시행규칙」 개정을 거쳐 2004년 5월부터 500병상 이상의 의료기관 78개를 대상으로 평가를 실시하고 있다.

(4) 의료사회복지 분야의 확장

대한의료사회복지협회 중심의 전문직 강화, 의료사회복지의 의무기록 양식의 표준화 방안, 의료사회복지사의 자격유지 및 관리와 수련 모델(의료사회복지사 수련도 통합임상수련제도를 통해 협회에서 공식적으로 수련증 발급)을 제시하여 의료사회복지 업무의 전문성을 확대하고 있다. 또한 1995년 「정신보건법」 제정과 「정신보건전문요원」의 활동으로 정신보건사회복지가 발전하는 계기가 되었다.

Ⅲ. 의료사회복지의 기능 및 역할

1. 의료사회복지의 기능

1) 의료팀과의 협동

의료사회복지사는 환자의 가족에 관한 정보를 수집하여 평가하고 이를 의료팀에 보고하며, 환자에 대한 이해를 높이고 효과적인 치료계획을 수립하는 데 협동하여 임상 각과의 개입 요청에 따른 지원업무를 수행해야 한다(김규수, 2004).

2) 환자 및 가족에 대한 직접적인 서비스

의료사회복지사는 환자의 진료과정에서 환자 및 가족에 대한 정보를 수집하고 평가하여 사회사업서비스를 제공한다. 환자의 병원생활 적응은 물론, 질병으로 인하여 야기되는 심리적 · 사회적 및 경제적인 문제에 관하여 도움을 제공한다.

3) 병원 내의 프로그램 계획과 정책결정에 참여

효과적인 환자치료를 위하여 병원행정이나 서비스에 대한 새로운 제안을 하며 프로그램 개발에 적극적으로 참여한다.

4) 지역사회 자원과의 연결 및 지역사회 보건사업에 참여

지역사회의 사회복지기관이나 의료기관 및 행정당국과의 관계를 통해 양질의 서비스를 제공할 수 있도록 지역사회자원을 조직하고 동원한다.

5) 교육 및 조사연구 참여

사회사업활동의 수요를 측정하고 요구에 따라 새로운 프로그램을 개발하여 병원

행정이나 정부의 보건의료정책에 관한 문제점과 개선방향을 제시한다(강흥구, 2004).

2. 의료사회복지사의 역할

1) 심리사회적 치료자의 역할

바람직한 의료서비스를 받는 데 있어 환자의 성취감과 자신감, 참여의욕을 증진시킴으로써 당면문제를 해결하거나 완화되도록 돕는 치료적인 역할을 말한다. 또한 환자와 가족관계에서 협력과 치료적인 분위기를 조성하여 환자의 재 적응의 문제를 돕는 활동을 들 수 있다.

2) 서비스 조정자의 역할

진단과 치료 및 서비스 계획 수립에 심리·사회적·경제적인 정보를 의료팀에 제공하여 환자의 전인적인 이해를 증진시키고 의료팀의 종합적이고 통합적인 서비스를 위한 협력과 조정을 담당한다.

3) 자원동원가의 역할

재활과정에서 필요한 의료적인 사회자원의 활용을 극대화하기 위해 자원조직화를 비롯하여 환자의 회복과 재활 및 사회복귀를 위한 지역사회의 공·사적인 사회자원을 조직하고 동원하는 역할을 한다.

4) 재활치료와 교정자의 역할

재활과정에서 파생될 수 있는 심리적·사회적인 문제나 행동반응을 치료하거나 교정 및 생활지도를 하여 사회기능 회복이나 잠재기능을 개발하도록 돕는 역할이다.

Ⅳ. 의료사회복지의 실천윤리

1. 의료사회복지에서 윤리적 이슈에 대한 관심

여러 가지 윤리적 갈등의 상황을 야기하는 의료현장에서 윤리문제는 어떻게 보면 사회복지사들이 매일매일 경험하는 가장 중요한 영역이라고 할 수 있다(강선경·김욱 역, 2004). 현재 포괄수가제인 DRG(Diagnosis Related Grouping, 진단별 분류)의 실행이 적극적으로 추진되고 있으며, 병원의 효율적인 운영을 위해 때에 따라서는 부적절한 조기퇴원이 이루어지고 있는 현실에서 클라이언트의 이익과 기관으로부터의 압력뿐만 아니라 클라이언트의 자기결정권과 관련하여 끊임없이 윤리적 갈등을 경험하고 있다.

2. 의료사회복지에서 주로 나타나는 윤리적 갈등

(1) 인간관계상에서 나타나는 윤리적 갈등의 상황이다. 이 영역에서는 의료와 관련된 모든 사람과의 관계에서 일어날 수 있는 윤리문제가 포함된다.

(2) 둘째, 삶과 죽음과 직접 관련된 윤리문제이다.

(3) 셋째, 의료분배와 관련이 있다. 의료자원은 항상 부족하기 때문에 공평하게 또는 정의롭게 분배하는 문제가 항상 중요한 윤리문제로 대두된다.

(4) 의료기술의 발전에 의하여 새롭게 등장하는 윤리문제가 있다.

　　　예: 인간복제, 유전자 재조합, 시험관 아기, 태아의 성감별

3. 윤리적 의사결정과정의 지침들

윤리적 딜레마를 해결하기 위해 사회복지사가 활용할 수 있는 도구로는 두 가지가 있는데 하나는 윤리강령이고 또 다른 하나는 사회복지실천윤리에 대해 연구한 학자들이 제시한 윤리적 이슈에 대한 우선순위 점검표(check list)를 이용하는 것이다(한인영·최현미·장수미, 2006).

첫째, 윤리강령은 윤리적 실천기준이 강령에 포함되어 있고, 이것은 윤리원칙을 나열하고 전문적 행동의 일반적 지침을 제공한다. 윤리강령 준수에 대한 요구는 사회복지업무에서 가장 규범적인 것이다.

둘째, 실천상의 윤리적 이슈를 해결하기 위한 도구로서 윤리강령이 갖는 제한점은 모든 강령이 동일한 가중치를 갖는다는 것이다. 그래서 사회복지사는 윤리적 결정을 내리는 데 또 다른 도구를 적용하는 것이 필요하다. 그것이 우선순위 점검표이다. 우선순위 점검표는 기본적으로 윤리적 선택을 할 때 우선순위를 정하였으며 7가지 규준원칙을 서열화하였다. 원칙 1(생명보호)이 가장 중요한 원칙이고 원칙 7(진실을 말하는 것)이 상대적으로 덜 중요한 원칙이다.

마지막으로 이러한 윤리 결정과정은 반드시 문서화하도록 한다. 결정의 근거를 기록하도록 하는 것은 그 문제에 대해 보다 치밀하게 생각하도록 도울 뿐만 아니

라 만약 사회복지사가 이러한 결정의 결과로서 강령위반에 따르는 처벌을 받게 될 경우에도 처벌 여부를 결정하는 데 유용한 기록이 될 수 있기 때문이다.

V. 의료사회복지의 실천 분야와 활동영역

1. 지역사회 보건사회사업

사회복지영역에서 의료사회복지사들이 속해 있는 제반 환경, 즉 공공보건 담당 부서, 지역사회보건센터, 가족계획클리닉, 정신보건센터, 작업장, 학교, 사회서비스 제공기관 등에서는 보건증진과 예방 프로그램을 제공하고 있다. 이들의 서비스영역은 매우 다양하며, 모자보건, 질병예방, 아동학대 및 유기, 고용인 원조, 정신보건상담, 가족계획, 위기개입, 스트레스 감소, 가족보호, 자조집단, 생활방식 관리 등이 포함된다.

지역사회보건기관에서 수행되는 의료사회복지사의 기능 또한 매우 다양한데 다른 분야의 사회사업과 마찬가지로 대부분 위험사례 선별, 사정, 보건교육, 재정보조, 심리사회적 개입, 정보망 조성과 위탁, 옹호, 사례관리, 자원개발과 지역사회 계획, 법·세도 개혁 등에 초점이 맞춰져 있다. 그러므로 지역사회보건기관에서 의료사회사업서비스의 초점은 주로 건강증진을 촉진시키고 질병과 장애를 가져오는 요인을 조기에 발견, 예방할 수 있도록 지역사회 정보망을 형성해 나가는 것이라 할 수 있다(최일섭·류진석, 2003).

2. 병원사회사업

병원사회사업은 의료기관인 병원에서 치료팀의 일원으로서, 사회사업의 전문적인 방법을 활용하여 환자의 질병치료와 회복 및 사회복귀 기능을 돕는 목적을 가지고, 질병으로 인하여 파생되는 환자의 심리적·사회적 및 경제적 문제가 질병치료나 회복에 악영향을 주지 않도록 문제를 해결해 주거나 조정함으로써, 환자와 그 가족을 돕는 전문적인 의료사회사업 분야이다. 병원사회사업은 일반적인 종합병원과 치매·노인·정신장애 등의 전문병원, 그리고 특별한 환경의 군병원 등 그 특성에 따라 실천 분야를 나눌 수 있고, 내과·외과·응급의료·암·신장치료 등과 같은 의료의 전문성에 따라 병원사회사업의 실천 분야를 나눌 수도 있다.

3. 재활/호스피스 사회사업

재활사회사업이란, 인간의 존엄성 및 생존권 보장과 사회연대성의 이념하에, 장애인의 전 인격을 존중하고 장애인의 의료적·사회적·교육적·정신적·직업적 장애로부터 그의 잠재능력을 최대한 개발할 수 있도록 돕기 위하여, 재활기관에서 재활팀의 일원으로 모든 재활과정에서 주로 심리사회적 진단과 치료, 사회자원 동원과 조정, 사회운동, 직업보도 등의 서비스를 하는 의료사회사업의 한 분야를 말한다. 오늘날 건강의 개념은 예방, 치료 및 재활을 모두 포함하는 포괄적 보건의료를 지향하므로, 실제에서 이들 각 실천 분야는 별개로 수행되면서도 중복되거나 상호 관련되어 수행된다

4. 정신의료사회사업

정신의학적인 문제를 안고 있는 환자에 대한 의료사회사업적 개입활동으로서 국내 의료사회사업 분야에서는 초창기부터 시작된 활동이다. 개별적인 상담, 집단 프로그램 운영 및 관리, 가족상담, 정신의료팀 활동을 펼치며 대학병원 정신과, 정신과 전문병원, 치매 및 알코올치료 전문병원, 정신요양시설, 정신보건센터 등에서 이루어지고 있다. 정신의학적 환자들의 특성상 재발률이 높기 때문에 반복하여 장기입원하는 경우도 많다. 주요 질환별로 살펴보면, 정신분열증, 우울증, 인격장애, 알코올 및 약물장애, 정신지체, 치매 환자 등이다. 과거에는 주로 정신의료 분야만을 전담하여 의료사회복지사가 활동하는 것이 대부분이었으나, 요즘은 다른 업무를 겸해서 활동하는 곳이 많이 늘어나고 있으며, 대학병원급을 제외하고는 거의 대부분의 정신보건요양기관에서는 정신보건전문요원 자격증을 요구하고 있다.

5. 기타 의료사회사업 활동

의료사회사업 활동은 위에서 제시한 분야 외에도 다양하다. 지역사회 주민들의 보건의료에의 관심과 사회봉사활동으로 참여기회를 확대시키려는 측면에서 이루어지는 자원봉사활동 프로그램과 각종 의료건강교육에 참여하기도 하며 요즘은 의료의 질 향상 도모를 위한 사업과 Quality Inquiry(QI)전담 시스템에 직접 개입

하기도 한다.

이미 선진국에서는 활발하게 개입하여 왔던 퇴원계획(Discharge planning) 분야를 이끌어 가는 병원도 있고, 팀 멤버로 활동하기도 한다. 또한 의료협력을 통한 병원 경쟁력 강화를 위해 의료협력센터 또는 협력병원 네트워크에 참여하기도 하며, 고객만족, 고충처리와 관련된 활동 등 각종 Task Force Team(TFT)에 협력적으로 관계하기도 한다. 한편 DRG(Diagnosis Related Group) 제도의 시행에 따라 고위험도군(High Risk Patients Group) 환자에 대한 개입에 관심을 갖고 참여하는 병원이 늘어나고 있으며, 입원계획을 위한 상담(Intake Screening)에 참여하는 병원도 나오고 있다. 더불어 지역사회 협력증진을 위한 보건·의료 조직 간의 네트워크를 강화하고, 환자 진료비 지원을 위한 모금 및 기금의 기획, 관리와 의료사회사업 프로그램을 인터넷을 활용하여 지역사회에 널리 정보를 공유, 홍보하고 의료기관의 이미지 변화 모색을 위해 전략적으로 참여하는 의료사회사업활동을 기대할 수 있다.

VI. 의료사회복지의 과제와 전망

의료사회사업이 활성화되기 위해서는 그 전제로 몇 가지 부분에서 선결되어야 할 과제가 있다. 크게 볼 때 의료사회사업계에 몸담고 있는 실무가 자신들의 노력과 더불어 사회제도적인 정책적 뒷받침이 뒤따라야 할 것으로 사료된다. 따라서 이러한 관점에서 의료사회사업의 발전을 도모하기 위한 문제점과 개선방안을 제시하면 다음 내용과 같다.

1. 의료사회복지의 과제 및 개선방안

1) 의료법 개정

우리나라에서 의료사회사업이 활성화되고 널리 확대되기 위해서 가장 필요하고 중요한 근본적인 사항은 의료법과 관련된 것이다. 현재 「의료법 시행규칙」 제38조(의료인 등의 정원) 제2항 제6호에 "종합병원에는 「사회복지사업법」에 따른 사회복지사 자격을 가진 자 중에서 환자의 갱생·재활과 사회복귀를 위한 상담 및 지도 업무를 담당하는 요원을 1인 이상 둔다"라고 되어 있으나 현재 전국 종합병원 약 276곳에 의료사회복지사를 채용하고 있는 의료기관은 약 70여 곳(25%)에 지나지 않는다. 이러한 현상에는 여러 가지 요인들이 있겠으나 현재의 의료법이 강력한 법적인 힘을 발휘하지 못한다는 것이며, 또한 채용을 기피하는 병원에 대해 강력한 제재조치와 불이익을 가할 수 있는 세부적인 법적 내용이 뒤따라 주질 못한다는 것이다(조남권, 2003).

요즘은 의료기관 서비스평가제 및 병원표준화 심사제도를 통해 그 필요성과 인식이 증대되어 가고 있기는 하나 의료법 시행규칙 자체가 임의적인 권고사항으로 존재하기 때문에 병원경영 압박 등의 이유를 들어 강제조항이 아닌 의료사회복지사 채용의무규정을 지키지 않는다는 것이다. 물론 의료환경 등 각종 상황들이 병원을 운영해 나가는 데는 그리 여건이 좋지 않은 것 또한 사실이다. 그러나 우리나라에서도 의료복지사회 구현, 환자를 중심으로 한 의료서비스, 전 국민의 높은 의료욕구 수준, 전인적인 의료 돌봄체계 확립 등의 관점에서 살펴볼 때 그동안 의료 빈곤계층들을 위해 헌신적으로 봉사하여 온 의료사회사업 분야에 눈을 돌릴 때가 되었다.

따라서 우선적으로 시급하게 요청되는 것은 의료법 개정이다. 현재 임의적인 채용 권고사항이 아닌 강제성을 띠는 법규정으로 바뀔 필요가 있으며 법규칙을 제대로 이행하지 않는 기관에 대해서는 의료서비스 평가제도 및 병원표준화 심사, 보험수가 상대가치점수제 등에 상당한 불이익을 받도록 해야 하며, 아울러 적정한 인력배치 기준도 함께 마련하는 방안도 검토되어야 한다. 예를 들면, 타 의료전문직들과 같이 병상당 인력배치기준을 제시하는 것이 바람직하다.

2) 보험수가 적용 확대

의료사회사업 서비스는 전술하였다시피 기존의 자선과 봉사라는 측면에서만 접근되고 검토된다면 의료사회복지사를 채용하는 의료기관들은 그리 많지 않을 것이고 앞으로도 커다란 변화는 없을 것이다. 의료사회사업 활동에 참여하는 의료사회복지사 자신들도 소속된 병원에 떳떳하고 한편으로는 병원의 경영과 운영에 기여할 수만 있다면 그 이상 바랄 것이 없다는 의미이다. 이러한 병원의 경영에 기여할 수 있는 의료사회사업 프로그램에는 여러 가지가 있겠으나 가장 커다란 요인으로 생각해 볼 수 있는 측면이 건강보험수가 적용문제이다.

의료기관 내에서 각종문제를 둘러싼 환자와 그 가족들과의 상담활동을 가장 왕성하게 펼쳐 온 의료사회사업 분야는 이미 그 전문성을 인정받아 1977년부터 보험수가가 개설되어 소정의 의료사회사업 상담료를 부과하여 오고 있다. 다만 의료사회복지사 1인당 연간수가 청구액수는 인건비에도 크게 못미치는 것이 현실적인 문제점이라 할 수 있다.

☞ 표 6-1 정신요법료와 전문재활치료료

정신요법료(정신의학적 사회사업)			전문재활치료료(재활의학적 사회사업)		
정신의학적사회사업(Psychiatric Social Work) 주: 1. 「가」는 치료기간 중 1회만 산정한다. 2. 「나」, 「다」, 「라」는 각각 주 1회 산정하되, 치료기간 중 2회 이내만 산정한다.			재활사회사업(Rehabilitative Social Work) 주: 1. 「가」는 치료기간중 1회만 산정한다. 2. 「나」, 「다」는 각각 주 1회 산정하되, 치료기간 중 2회 이내만 산정한다.		
코드	분류	금액(원)	코드	분류	금액(원)
NN111	가. 개인력조사	5,200	MM141	가. 개인력조사	5,200
NN112	나. 사회사업지도	5,200	MM142	나. 사회사업상담	5,200
NN113	다. 사회조사	5,200	MM143	다. 가정방문	17,170
NN114	라. 가정방문	17,170			

출처: 국민건강보험관리공단(2006).

따라서 현재 각 의료기관에서 활동하고 있는 의료사회복지사들은 이러한 정신의학, 재활의학 분야 대상자 외에도 아동학대, 입양상담, 미혼모 낙태, 암환자, 장애아동, 절단환자, 화상환자, 신장환자, 뇌손상환자, 당뇨환자, 심장질환자 등 거의 모든 임상과에 걸쳐 의료사회사업적 접근 및 팀 접근이 활발하게 이루어지고 있기 때문에 의료사회사업 보험적용 임상과를 2개과에서 모든 임상과로 확대할 필요성이 절대 요구된다. 이것은 의료법이 지니고 있는 전 국민을 위한 다양한 의료서비스 제공이라는 취지의 의료사회사업 행위가 자칫 정신, 재활의 일부 임상과 위주의 활동으로 오해되고 위축될 수밖에 없기 때문에 결국 전 국민의 의료서비스 참여 및 기회 균등권, 형평성이라는 측면에서 살펴볼 때 현재의 건강보험재정을 고려하여 다음과 같은 〈표 6-2〉 내용으로 시범도입하여 적용할 필요성이 시급하다.

☞ 표 6-2 건강보험 관련 의료사회사업 통합 보험수가

항목별 분류	빈 도	해당 진료과목	활동내용	금액(원)
1. 개인력조사평가	치료기간 중 1회	모든 진료과	개인의 인격형성과 심리·사회적 문제 등에 대한 평가	5,200
2. 사회환경조사평가	치료기간 중 1회	모든 진료과	환자의 가정환경, 사회문화, 경제적 배경조사(경제적 환경요인 평가)	5,200
3. 의료사회사업교육	주 1회	모든 진료과	의료관계지식 또는 사회적응, 가족의 역할, 복지정보 등과 관련된 교육	5,200
4. 사회사업 상담지도	주 1회	모든 진료과	자아기능 보강, 정서적 지지	5,200
5. 퇴원계획 상담	치료기간 중 1회	모든 진료과	치료계획에 따른 퇴원시기 조정 및 퇴원계획 수립	5,200
6. 지역사회자원 연결	치료기간 중 1회	모든 진료과	재활 및 사회복귀 과정, 경제적 문제해결을 위해 필요한 자원연계와 시설 알선	5,200
7. 가정, 지역사회 기관 방문	치료기간 중 2회	모든 진료과	개인력 및 사회환경평가와 퇴원계획 및 사회복귀를 돕기 위한 활동	17,170

출처: 대한의료사회복지사협회(www.kamsw.or.kr).

3) 의료계 인식 변화 및 홍보 활성화

의료사회사업서비스가 활성화되기 위해서는 우선 의료계에 깊게 각인되어 있는 의료사회사업에 대한 이미지 개선을 위해 의료계의 인식을 크게 변화시켜야만 한다. 물론 그동안 수많은 시간을 거듭해 오면서 의료사회사업을 바라보는 시각이 변화되어 가고 있기는 하나, 아직까지도 의료사회사업은 자선과 봉사라는 인식이 강하고 특히 생산적인 분야가 아닌 소비성이 높은 분야로 바라보는 시각이 지배적이기 때문에 전문적인 영역으로 자리매김하는 데 상당한 장애요인으로 존재하고 있는 것 또한 사실이다. 특히 급격하게 변화하는 의료환경과 의료소비자들의 다양하고도 높은 욕구수준에 탄력적으로 대응하기 위해서는 국가, 사회의 의료정책 패러다임의 변화가 요구되는데 구체적으로 의료와 복지가 겸비된 의료서비스가 절실히 필요하며, 이것은 현재 우리나라 의료체계가 지니고 있는 한계점을 극

복할 수 있는 대응전략으로서도 그 의미가 매우 크다고 할 수 있다.

병원을 찾아오는 수많은 환자들의 가장 커다란 문제는 물론 신체적인 질병과 관련된 것이지만 그것을 둘러싼 제반 문제들은 매우 다양하다. 예를 들면, 진료비와 관련한 경제적 측면, 간병은 누가 할 것인가, 심리사회적 불안, 공포, 퇴원 후 거처문제, 타 병원으로의 전원문제, 가족들의 지지 정도 등 다양한 측면에서 이미 내재되어 있거나 실제 현실적으로 부딪히고 있는 문제들이다. 이러한 관점은 결국 질병의 문제를 대하는 데 있어 단순히 개인의 신체적인 측면에만 관심을 두는 것이 아니라 전인적인 측면에서 관심을 가져야만 하고, 또한 적극적인 개입이 절실히 요청되고 있다는 사실을 간과해서는 안 될 것이다. 이러한 전인적인 관점에서의 의료서비스를 시행해 나가는 데는 여러 전문가들이 필요한데 그중 의료사회사업 분야는 의료와 복지의 통합적 측면에 높은 관심을 지니고 있으며 각 의료기관에 나름대로 커다란 기여를 할 것으로 보이며, 현재도 활발한 활동을 펼치고 있다.

의료사회사업 분야에서 전문가로 활동하고 있는 의료사회복지사들은 법적인 자격을 지님과 동시에 사회복지에 대한 체계적인 교육과 상담기술을 습득하였으며 더불어 다양한 의료사회(복지) 자원체계들에 대한 관리방법과 정보를 지니고 있는 전문가들이다. 특히 변화하는 의료환경에 탄력적으로 대응하고 효과적으로 의료기관을 운영해 나가기 위해서는 의료를 복지와 연계하는 것이 중요하며 이러한 측면에서 의료사회사업서비스를 도입하는 것이 바람직하다. 결국 의료사회사업 활동을 기존의 자선과 봉사라는 초기의 개념을 뛰어넘어 전문적인 의료서비스체계로 인식하는 것이 필요하며, 아울러 의료사회사업 분야에서 활동하고 있는 의료사회복지사들은 의료서비스 향상과 발전을 도모하기 위해 사회, 의료 환경에 지속적이고 체계적으로 홍보를 전개해 나가는 것이 요구된다.

4) 의료사회복지의 확대

우리나라의 의료사회복지는 1950년대 후반부터 시작되어 초기에는 자선진료와 의료봉사, 정신질환자 치료를 위한 정보제공자로서의 역할을 중심으로 활동하여 왔다. 이후 40여 년이 지난 현재 의료사회사업활동 분야는 재활의료, 지역사회보건의료, 호스피스, 장기이식, 자원봉사자 관리·교육 프로그램 운영 등 여러 분야에 참여하여 활동하고 있기는 하지만 아직까지도 소극적인 수준에 머물러 있거나 병원마다 의료사회사업 업무영역이 다양하게 이루어지고 있어 전문성을 인정받기에 다소 모호한 측면이 없지 않다. 따라서 의료계에서 의료사회사업 분야에 대한 개입을 요청받게 하기 위해서는 전술한 바와 같이 의료 관련 법개정 및 사회적 인식 변화, 보험수가 적용 확대 등을 통해 우선 의료사회복지가 개입하여 실천해 나갈 수 있는 업무영역이 확대되어야 할 것이다.

특히 요즘과 같이 빠르게 변화하고 있는 사회적 의료환경에 적절히 대응하기 위해서는 의료사회복지사들이 적극 개입하여 효과적인 의료서비스와 병원 운영의 합리화에 기여할 수 있도록 하는 노력이 절대 필요하다. 예를 들면, 고위험도 환자군에 대한 관리 및 퇴원계획 전문가로서의 역할, 응급센터 내에서의 의료사회사업적 위기 개입, 증가하는 노인 질환자들을 위한 개입 프로그램 운영, 치료팀과의 팀접근(team approach) 활성화, 조혈모세포 이식 등 장기이식 분야에서 확고한 역할 정립, 지역사회 협력 증진을 위한 연계 강화, 고객만족도 프로그램 운영, 자원봉사센터 조직·관리 및 운영, 미혼모 상담, 학대 케이스 개입, 진료비 재원 개발을 위한 후원자 관리 및 모금 운영, 장애인 상담, 지역 내 사회복지기관, 관공서, 보건소 등과의 유기적 관계 유지, 입원 및 외래 환자 및 가족들을 위한 상담체계 강화, 소속된 의료기관의 이념 실천 및 의료봉사활동 등에 참여하거나 그 영역을 확대해 나갈 수 있다.

5) 전문인력 확보 및 개발

어느 전문직이든 효과적이고 질 높은 전문적 서비스를 펼쳐 가는 데 있어 전제조건은 우수한 전문인력의 확보이다. 따라서 우리나라에서 의료사회사업이 효과적으로 의료서비스 향상에 기여하려면 의료사회사업 활동에 필요한 전문가 확보와 이를 위한 예비인력 양성이 매우 중요하다. 이는 전문적인 의료사회사업서비스를 펼쳐가는 데 핵심적인 부문이며, 의료사회복지사들의 전국 조직체인 대한의료사회복지사협회에서도 이러한 중요성을 감안하여 의료사회사업 분야 내에 임상수련교육 프로그램을 운영 중에 있다.

또한 실무가들의 재교육을 위해 정기적인 학술, 임상세미나 및 워크숍, 지도감독, 보수교육 등을 실시하고 있다. 그러나 다분히 임상 중심적인 경향이 강한 의료사회사업 분야에서는 의료 모델을 적용하여 인턴십과, 레지던트십으로 연계하여 전문인력을 확보하는 것이 바람직하다. 이를 위해서 공통적인 교육 프로그램에 필요한 제반사항을 협회에서는 산학협동체계로 마련하여야 할 것이며, 각 의료기관은 이러한 임상교육 프로그램이 효과적으로 운영될 수 있도록 의료시설을 개방하고 협력해 주어야 한다.

2. 의료사회복지의 전망

1) 의료서비스의 변화

(1) 급성질환에서 만성질환으로의 변화에 따른 보호관리 중심의 실천

(2) 전문직 간의 협력 및 조정 등 팀 접근의 강조

(3) 사례관리 중심의 실천

(4) 특정 집단 중심의 실천

(5) 의료보장 등에 대한 정보제공의 필요성 증가 — 복잡한 의료체계와 가능한 재정적 해택을 받을 수 있는 부분에 대하여 가족에게 정보 제공

(6) 신체적 건강 손상을 가져오는 심리적 문제의 증가 — 우울증, 가정폭력, 아동장애, 알코올 및 약물남용, 성격장애, 교통사고 등과 같은 심리사회적 문제가 의료영역에서 부각됨

(7) 건강관리 결정에 대중의 참여 증가 — 개인의 건강에 대한 관심 증가

(8) 외래와 지역사회 중심의 의료서비스 증대

(9) 질병예방과 지역사회건강 증진의 중요성 증대

2) 대   응

(1) 대학원 교육의 강화와 의료사회복지 관련 교과목 개설이 필요하다. 팀 접근을 중심으로 하는 의료사회복지 실천의 특성상 대학원 수준에서 전문사회복지사 양성을 위한 교육을 강화해야 하며 대부분의 대학에 개설되어 있는 의료사회사업론 외에 의료보장체계, 보건과 복지, 만성질환과 사회복지 실천 등 심화과목의 개설이 필요하다.

(2) 의료현장에서 필요한 살아 있는 지식 습득이 요구된다. 의료사회복지사들은 현장과 이론의 조화, 사례관리에 대한 교육, 윤리적 결정에 대한 훈련, 컴퓨터 사

용기록에 대한 훈련 등 실제로 의료현장에서 적용 가능한 지식 습득

(3) 특정 질환 및 집단에 대한 특화된 지식 습득

(4) 슈퍼비전 시스템의 강화 — 실제로 임상업무뿐만 아니라 지역사회자원 네트워크, 기금확보, 재정관리방법, 팀 접근에서 갈등조정, 권익옹호 등 다양한 사회복지업무에서 슈퍼비전 제공 필요

(5) 의료사회복지 실천 현장의 확대를 위해 다양한 의료현장에서 실습 필요. 병원뿐 아니라 공공보건기관, 요양원, 가정간호기관, 호스피스 프로그램, 낮병원(day hospital), 특정 의료문제를 가진 환자를 위한 기관 등 다양한 현장에서의 경험이 특정 욕구를 가지고 있는 대상에 대해 개입의 확대를 가져올 것이다.

제 2 절　정신보건사회복지

I. 정신보건사회복지의 이해

1. 정신보건사회복지의 정의

정신보건사회복지는 의료사회복지의 영역 중에서 특별히 정서적·심리적·정신적 영역을 중심적으로 다루는 사회복지실천이다. 의료사회복지가 각종 질병의 치료, 예방, 회복, 그리고 재활을 포괄적으로 다루는 영역이라면, 정신보건사회복지는 심리적·정신적 문제를 해결하는 전문적인 사회복지서비스로서, 인간의 육체적 고통을 해결함과 동시에 전인적 서비스를 제공하는 실천영역이다. 가정폭력, 우울증, 정신분열증, 알코올중독이나 약물중독과 같은 정신질환을 가진 장애인들은 사회적 무관심과 냉대로 인해 사회로부터 격리된 정신요양시설에서 장기간 입원되어 생활함으로써 개인적인 고통은 말할 것도 없이 가정적·사회적 문제를 동시에 겪어 왔다(강선경, 2010). 이들의 정신질환은 가족과 사회적 관계를 악화시켜 질병의 악순환을 경험하게 된다. 정신질환을 가진 사람은 생활 속에서 일탈적인 사고와 행위를 함으로써 사회규범에 맞지 않는 사회적 관계를 가지게 된다. 따라서 정신보건사회복지의 개념은 다음과 같이 정의할 수 있다.

정신보건사회복지는 정신적·정서적 장애로 고통을 받고 있는 사람들의 건강회복과 정신건강을 촉진하고, 경제적·사회적인 문제, 그리고 증상회복에 따른 지지적 문제 등의 해결을 실천하는 전문사회복지영역이다. 정신보건사회복지사는 정신의학자, 정신보건임상심리사, 정신보건간호사, 작업치료사 등과 함께 정신과 치료팀의 일원으로서 활동한다. 지역사회 정신보건을 향상시키는 사업과 정신적·정서적 장애가 있는 사람들에게 서비스를 제공함으로써 정신장애인이 인권을 보호받고 건강한 사회구성원으로 생활하게 하기 위해서는 국가와 사회의 해결의지가 무엇보다 중요하다. 우리나라에서도 1995년 12월에 「정신보건법」이 제정·시행되어 지역주민들에게 서비스를 제공하는 기반을 마련했다(김규수, 2005).

정신보건사회복지의 목적은 정신질환의 치료라는 공동의 목표를 위해 정신적·정서적인 장애로 고통을 받는 환자의 건강회복과 사회적응에 기여하고, 정신건강을 촉진하는 지역사회 내에서 활동하고 봉사함으로써 사회기능을 향상시키는 데 있다. 따라서 정신보건사회복지사는 치료팀의 일원으로서 협동하여 환자가 깊숙이 갖고 있는 갈등과 감정을 표현하도록 직접적·간접적으로 치료를 하는 동시에 환자의 가족과 신뢰할 수 있는 밀접한 인간관계를 통하여 그 가족이 질병에 대해 납득 또는 이해하여 환자의 치료에 원만히 협력하도록 지도하며, 환자의 질환과 관련이 있는 불건전한 상태에 있는 그 가족을 치료하여 주위환경을 개선, 유지시키는 데 그 목적이 있다(안향림·박정은, 2001).

이상에서 살펴본 정신보건사회복지의 정의는 사회복지실천과 관련하여 다음과 같은 내용이 함축될 수 있다. 첫째, 인간의 정신적·심리적 문제와 욕구에 관심을 가지고 있다. 둘째, 사람들의 능력 신장이나 생활과업 수행이 매우 중요하다. 셋째, 사회적 기능의 향상 또는 개인과 환경과의 상호작용도 매우 중요하다. 넷째, 개인, 가족, 집단, 지역사회가 서비스의 단위가 되고 있다. 다섯째, 전문적인 지식과 이론을 바탕으로 다학문적 팀 접근을 중심으로 하는 원조활동이다.

2. 정신보건사회복지의 대상

「정신보건법」은 그 목적을 전 국민의 정신건강 증진으로 하고 있으나, 우선적인 대상을 '정신병, 인격장애, 기타 정신병적 정신장애를 가진 자'인 정신질환자로 보고 있다. 그러나 실제 정신보건사회복지의 핵심적인 대상은 지속적인 보호를 필요로 하고 재활, 사회복귀의 주요 대상인 만성정신장애인과 정신장애인을 돌보고 있는 가족, 지역사회라 할 수 있다(김기태, 2006).

1) 만성정신장애인

대표적인 만성정신장애에는 정신분열증과 기분장애가 있다. 이 밖에도 불안장애, 아동기 정신장애, 알코올중독, 노년기 정신장애인 치매가 있다.

(1) 정신분열증

정신분열증은 현실세계로부터 물러나 자기만의 생각이나 상상의 세계 속으로 빠져드는 상태를 말한다. 그 사람의 내부에는 심한 두려움과 소외감이 있다. 그 사람이 갖고 있는 불안을 감소시키며 현실세계로 데려오는 일이 치료라고 할 수 있다. 주요 증상은 환각, 망상(잘못된 믿음), 특이하고 기묘한 행동, 혼란스런 사고와 언어, 사회적 위축 등을 들 수 있다. 정신분열증의 원인으로는 유전적 요인과 신경전달물질의 과다분비, 뇌 구조의 이상 등 생물학적 요인과 스트레스, 가족의 양육방식상 의사소통의 문제 등을 들 수 있다.

(2) 기분장애

외적 자극에 관계없이 자신의 내적인 요인에 의해서 상당 기간 우울하거나 들뜨는 기분의 장애가 주축인 정신장애를 말한다. 기분이 저조하며 우울한 상태를 '우울증'이라고 하고, 들뜨고 몹시 좋은 상태를 '조증'이라고 한다. 우울증과 조증을 모두 경험하는 경우가 있고 우울증만 경험하는 경우가 있다. 우울증에 대한 위기요인으로는 조기에 부모를 잃거나 방임 당함, 최근의 부정적 사건(자녀나 부모의 죽음, 이혼), 적대적 배우자, 친밀한 관계형성의 부족, 낮은 자존감 등을 들 수 있다.

(3) 불안장애

① 공포장애

이 장애는 좁은 공간에서 불안을 호소하는 폐쇄공포증, 공공장소에서 불안을 호소하는 광장공포증, 높은 곳에서 불안을 호소하는 고소공포증, 사람 만나기를 두려워하는 사회공포증이 있다.

② 강박장애

이 장애는 성인 초기에 시작되는데 임신, 출산, 가족갈등, 직장 스트레스 같은 사건 후에 발생하는 경향이 있고, 우울증을 동반하는 경향이 있다. 예를 들어, 하루에 손을 500번 씻는 사람도 있고, 옷 입기, 세면, 체크하는 데 지나치게 시간이 오래 걸린다. 강박증을 정신분석에서는 유아시절 강압적인 배변훈련에 기인한다고 보고 있다. 아들러(Adler)는 과도하게 지배적인 부모 때문에 자신의 능력을 개발하지 못해 발생한 병리라고 보았다.

(4) 아동기 정신장애

아동기에 나타나는 주요 정신장애로는 주의력결핍장애, 품행장애, 학습장애, 자폐증 등을 들 수 있다. 이 중에서 몇 가지를 살펴보면, 품행장애는 주로 공격, 거짓말, 파괴, 절도를 일삼는 행동으로 나타난다. 이런 아동은 성인이 되어 반사회적 인격장애를 가지게 될 가능성이 높다. 자폐증은 외부세계와 차단되어 있고, 언어발달의 장애가 심하며 같은 것을 반복하거나, 고집 등 독특한 행동을 취하는 아동을 말한다.

(5) 알코올중독

알코올중독은 개인은 물론 가족의 정상생활을 크게 저해하는 질병 중의 하나이다. 한국생산성본부에 따르면 알코올중독 가능 인구가 약 460만 명으로 추정된다고 한다. 통계청(2005)에 의하면 인구의 8.4%가 거의 매일, 25.2%가 주 3~4회 술을 마신다고 한다.

(6) 노년기 정신장애

치매는 일반적으로 기억하고, 사고하고, 판단하는 능력의 손실로부터 시작하여 언어 및 신체적 기능이 손실되는 질환에 이르기까지 그 문제의 범위가 넓다. 치매의 유형은 여러 가지가 있지만 가장 보편적 유형은 '알츠하이머' 질환이다. 알츠하이머 치매는 경미하게 시작하여 지속적으로 악화되는 것이 특징이다.

2) 정신장애인 가족

1960년대 탈시설화 이후 정신장애인에 대한 접근이 시설 중심의 보호에서 지역사회 중심의 사회적 재활로 변화되면서 지역사회에서 그들을 보호해야 하는 가족들의 부담은 상당히 커졌다고 할 수 있다. 특히 정신장애는 대부분 만성적인 경과를 가지며 그 결과 사회적 기능에 많은 장애를 보이므로 가벼운 일상생활에서부터 경제적·사회적 역할수행에 이르기까지 거의 모든 것을 일차적 보호제공자인 가족에게 의존하게 된다(문인숙·양옥경, 1999; 서미경, 2009).

(1) 정서적 부담

정신장애로 진단되면 촉망받던 사람의 장래를 잃어버린 것에 대한 애통함과 계속되는 재발과 그에 따른 실망은 가족을 비탄과 우울함에 빠지게 한다. 자신들이 왜 이런 일을 당하게 되는가에 대한 분노와 앞으로 어떻게 될 것인가에 대한 불안감, 끝없이 계속되는 긴장감, 자신들이 잘못해서 정신장애에 걸린 것 같은 죄책감 등을 느끼게 된다.

(2) 행동적 부담

정신장애인들이 경험하는 환청이나 망상 또는 분노의 감정들을 전문적 지식이 없는 가족들로서는 이해할 수 없으므로 이로 인해 불안해진다. 특히 정신장애인이 예측불허의 행동을 보일 경우 그 부담은 더욱 커진다. 이러한 스트레스는 전체 가족관계에 부정적 영향을 미쳐 가족들끼리 서로 비난하며 갈등을 겪기도 한다.

(3) 사회적 부담

정신장애인을 지속적으로 돌봐야 하는 상황에서 가족들은 사회생활에 여러 가지 제약을 받게 된다. 정신장애인을 혼자 둘 수 없어 외출하지 못하고 장애인의 예측불허의 행동과 정신장애인에 대한 사회적 낙인 때문에 손님을 집으로 초대하는 것을 꺼리게 되면서 기존의 사회적 관계가 점차 협소해져 고립되게 된다.

(4) 경제적 부담

평생 지속되는 과다한 치료비와 정신장애인이 독립하지 못함으로써 계속 보살펴야 하는 경제적 부담은 매우 크다. 더욱이 가족기능이 점차 약해져 정신장애인에 대한 책임을 거의 대부분 부모가 떠맡게 되면서 부모가 늙어 더 이상 경제적 부담을 질 수 없을 때에는 정신장애인의 치료와 보호는 매우 심각한 문제가 될 수 있다.

3) 지역사회

정신장애인에 대한 편견과 낙인은 시대와 문화를 넘어서 그 뿌리가 깊다고 할 수 있다. 우리나라에서도 과거 1991년 대구에서의 카바레 방화사건과 여의도광장 질주 사건, 그리고 가끔씩 신문지상에 오르내리는 정신장애인이 자신의 자녀를 살인하는 사건 등은 일반인들의 상식으로는 이해하기 어려워 정신장애인에 대한 두려운 마음을 갖게 한다. 일반인들의 이러한 부정적 인식은 사회의 안녕을 위하여 정신장애인을 격리시키는 치료방식을 지지하여 사회적 통합을 방해한다(민성길 외, 1999; 홍현미라 외, 2010).

일반인들의 이러한 부정적 편견에 가장 큰 영향을 미치는 것으로 매스컴을 들 수 있다. 즉 드라마나 뉴스에서 정신장애인을 공격적이고 위험하며 예측할 수 없는 존재로 묘사하고, 정신장애의 원인을 초자연적인 현상과 연결시키는 경향이 일반인들의 정신장애에 대한 편견을 갖게 한다고 할 수 있다.

이러한 일반인의 편견으로 인해 정신장애인들은 직업을 갖거나 주거를 찾을 때 혹은 결혼을 하고자 할 때 경멸과 배척을 경험하게 된다. 결국 결혼도 하지 못하고 직업과 독립적 주거도 가지지 못함으로써 정신장애인은 늘 사회적 관계망으로부터 소외되어 지내게 된다. 이러한 고립은 사회적 · 경제적 계층상의 전락을 가져와 계속적으로 사회복지체계에 의존해야 하는 대상이 되어 또 다른 사회적 부담이 된다(양옥경, 2006). 따라서 진정한 정신장애인의 재활은 일반인들의 인식전환과 함께 이루어질 때 가능하다.

3. 정신보건사회복지의 구성요소

1) 사람(대상, Person)

정신적 · 정서적 및 사회적 생활상의 어떤 측면에서 전문적인 원조를 받을 필요가 있다고 자인하거나 혹은 받을 필요가 발견되어 정신의학적 기관에 찾아오는 정신장애인과 부적응적 · 일탈적 · 이상적인 사람을 대상으로 하는데, 이를 환자 또는 클라이언트(Client)라고 한다.

2) 문제(Problem)

클라이언트가 가지고 있는 정신장애이다. 정신건강 혹은 정서적 성숙에 대비된 정신장애란 정서적 및 정신적으로 건강하지 못한 상태, 즉 환경의 압력에 의해 성격의 요소들이 왜곡되어 있어 사회적인 역할을 적절하게 수행할 수 없는 상태라고 할 수 있다.

3) 장소(Place)

주로 환경요법(milieu therapy)에 역점을 두는 정신병원이나 외래환자를 대상으로 개별적인 치료를 주로 하는 진료소, 정신요양원, 아동상담소, 지역사회정신보건센터(Community Mental Health Center) 등 기타의 정신의학기관(사회복귀시설 및 재활시설, 중간시설)에서 실시된다.

4) 과정(Process)

정신의학적 치료팀의 협력하에 사회사업의 여러 방법론을 활용하여 클라이언트의 기본적 욕구의 충족, 사회화에서 결핍된 경험에 대한 생활학습의 기회, 책임분담을 통한 사회적 역할수행의 훈련, 퇴행된 행동의 억제, 규범 내에서 활동할 수 있는 민주적 태도를 양성하고자 하며, 현실 지향적, 인본주의적 및 민주적인 생활을 통한 학습활동으로 이루어진다.

5) 목적(Purpose)

정신적 및 정서적인 장애로 고통을 받고 있는 환자의 정신건강 회복, 사회적응, 그리고 정신건강을 촉진하는 지역사회 내 활동의 참여를 통하여 사회기능을 향상시키는 데 그 목적이 있다.

4. 정신보건사회복지의 필요성

정신의학 영역에서 다루고 있는 질환들은 대체로 만성적인 질환들이 많기 때문에 단순히 병원 안에서 환자의 증상을 완화시키는 것뿐만 아니라 환자가 성공적으로 사회에 적응할 수 있도록 지속적인 원조를 필요로 한다. 물론 우리나라 여건에서 환자의 회복과 사회복귀에 일차적인 역할을 하고 있는 전문가로는 정신과 의사가 되겠지만 여건상 그리고 학문적 배경상 환자의 사회복귀를 전담하기 어렵다고 본다. 따라서 만성정신질환자들의 다양한 욕구를 충족시키고 사회복귀를 성공적으로 이루어 내기 위해서는 사회과학적 배경지식을 갖고, 가정과 지역사회에서 중요한 역할을 수행할 수 있는 정신보건사회사업의 중요성은 더욱더 증가하고 있다(김재엽, 1995; 강선경, 2010).

의학의 발달과 의학개념의 확대와 더불어 정신의학 분야에서의 정신사회재활의 필요성은 날로 증가하고 있다. 따라서 병원 내에서 이루어지는 치료활동뿐만 아니라 지역사회 내에서 환자가 사회적 역할을 수행해 나갈 수 있도록 지속적으로 돕고, 필요에 따라서 사회적 서비스가 적절하게 연결될 수 있도록 원조하기 위해서는 무엇보다도 정신보건사회복지의 활동이 필수적이다.

또한 오늘날의 의료시설이 직면하고 있는 제반 사회적 상황 속에서 정신과 의사는 환자를 전인적으로 진료할 수 없는 경우가 점차 많아지고 있다. 의료보험의 확대로 인하여 의료수요가 급증하고 의사 1인당 환자를 진료할 수 있는 절대적인 시간의 부족으로 인하여 환자를 특히 전인적으로 이해하여야 할 정신의학 영역에서조차도 환자를 지나치게 생물학적으로만 이해하는 경우가 많아지고 있다. 따라서 이러한 현실 속에서 정신보건사회복지사는 다른 전문직들과 함께 정신과 의사가 담당하고 있는 역할과 책임을 분담하여 수행하게 되므로 점차 그 필요성이 증가하고 있다(조남권, 2003).

II. 정신보건사회복지의 이념 및 역사

1. 정신보건사회복지의 이념

정신장애인의 인권과 관련한 주요 법률로는 △정신장애인의 입원 및 치료, 사회복귀 및 이를 담당하는 정신보건시설(정신의료기관, 사회복귀시설, 정신요양시설)에 관한 기본법인 「정신보건법」, △장애인의 권리 및 복지에 관한 「장애인복지법」 △장애인에 대한 차별을 금지하는 「국가인권위원회법」과 장애를 이유로 한 모든 차별을 명시적으로 금지하고 위반행위에 대하여 손해배상 및 형사책임을 인정하는 「장애인차별금지 및 권리구제 등에 관한 법률」(2007년 제정) 등이 있고, △1998년에 국제연합 장애인 인권선언을 바탕으로 제정 및 선포된 「한국 장애인 인권헌장」이 있다.

정신장애인의 인권에 대하여는 장애인 권리선언 외에도 아래와 같은 여러 국제원칙이 존재한다.

- 정신지체인 권리선언(Declaration on the Rights of Mentally Retarded Persons): 1971년 12월 국제연합 총회에서 결의되었다. 제1조부터 제7조까지 정신지체인의 인권을 보장하고 있다.
- 카라카스 선언(Declaration of Caracas): 1990년 11월에 열린 '정신의료 개편에 관한 아메리카 지역회의'에서 만장일치로 정신의료의 원칙을 선언하였다.
- 하와이 선언 II(Declaration of Hawaii/II): 1992년 세계정신의학협회(WPA) 총

회에서 정신장애인의 치료에 관하여 정신과 의사가 준수하여야 할 원칙을 선언하였다.

- 정신의학과 인권에 대한 권고 1235(Recommendation 1235 on Psychiatry and Human Rights): 1994년 '유럽회의 의원총회'에서 정신장애인의 인권존중을 보장하는 법적 조치를 채택하여야 함을 선언하면서 입원절차 및 요건, 치료 등에 관한 포괄적인 권고를 하였다.
- WHO 정신보건의료법 10대 기본원칙: 세계보건기구(WHO)가 1996년 발표한 정신보건의료법의 기본원칙「정신장애인 권리장전」

1. 모든 정신질환자는 대한민국 국민으로서 헌법에 보장된 모든 권리를 누릴 수 있어야 한다.
2. 모든 정신질환자는 인간으로서의 존엄과 가치를 보장받아야 한다.
3. 모든 정신질환자는 의료적으로나 사회적으로 최적의 환경에서 최선의 치료와 보호를 받아야 한다.
4. 모든 정신질환자는 정신질환이 있다는 이유만으로 정치, 경제, 사회, 문화, 직업적, 기타 모든 분야에서 부당한 차별대우를 받지 않아야 한다.
5. 모든 정신질환자는 신체적·정신적·사회적·경제적, 기타 위해한 환경으로부터 보호받아야 한다.
6. 모든 정신질환자는 가능한 한 지역사회에서 이웃과 더불어 살면서 직업을 가질 권리가 보장되어야 한다.
7. 모든 정신질환자에게는 병의 진단, 경과, 치료 및 정신건강과 관련된 제반 정보가 충분하게 제공되어야 한다.
8. 모든 정신질환자는 자신에게 제공되는 치료와 보호 서비스의 결정과정에 참여할 권리가 보장되어야 한다.
9. 모든 정신질환자에게는 자신과 관련된 비밀유지가 보장되어야 한다.
10. 입원 중인 정신질환자는 가능한 한 자유롭고 쾌적한 환경 속에서 치료를 받고, 빠른 시간 내에 퇴원하여 가정과 지역사회로 복귀할 수 있도록 보장되어야 한다.

2. 정신보건사회복지의 역사

1) 태동기

한국의 정신보건사회복지는 1945년 대한 신경정신의학회가 조직되기 전까지 전무하였다. 직접적인 계기는 한국전쟁으로 미군병원에서 정신의료사회복지사가 정신과 의사와 함께 일하게 된 것이다. 특히 정신과사회복지사인 모건(Morgan)은 한국 정신과 의사들에게 사회복지사의 필요성을 인식시켰다. 1958년 서울 시립 아동상담소가 개설되어 정신의학자, 정신보건사회복지사, 심리학자 및 법률전문가들이 팀 접근을 시작했다. 1962년 국립정신병원의 개설과 더불어 정신보건사회복지사가 정신질환자를 위한 서비스 및 사회사업전공 학생들의 실습을 담당하였고, 같은 해 가톨릭교구에서 운영하는 사회복지회의 부회장이 가톨릭의과대학 성모병원 무료진료소와 자살예방센터에 파견근무를 하였다. 1963년 성모병원 신경정신과에 전임사회복지사 채용되어 환자의 개인력 조사, 가족상담 등을 수행하였다. 그리고 1967년에 자살예방센터에서 전임 정신보건사회복지사를 채용하였다. 이후 1968년에 중앙대학교 부속병원에서, 1969년에 대구 동산기독병원(현재 계명대학교 부속 동산의료원)에서 같은 움직임을 보였다. 이러한 움직임에 이어 정신보건사회복지사는 정신과 전문병원에 근무하기 시작하였다. 1965년 의료사회복지사를 채용한 연세대학교 의과대학 부속 세브란스병원에서는 1970년부터 정신보건사회복지사도 겸하게 되었다. 1971년에는 한강성심병원, 용인정신병원, 혜동의원에 정신보건사회복지사가 일하기 시작했다.

2) 발 전 기

1973년 9월 20일 대통령령 제6863호로 「의료법 시행령」이 개정되어 종합병원에 환자의 갱생, 재활과 사회복귀를 위한 상담과 지도를 위해서 「사회복지사업법」에서 규정한 사회복지사를 1명 이상 두도록 명시되었다. 1973년 의료사회사업의 전문화를 위한 대한의료사회사업가협회가 결성되어 연구를 발전시키는 기반이 강화되었다. 정신과 전문병원에서 사회복지사의 채용이 크게 증가한 배경은 1977년 7월 1일부터 시행된 「의료법」의 규정이었다. 이 규정에 의해서 정신보건사회복지사의 치료활동에 대해서 보험청구를 할 수 있게 된 것이다. 1978년 정신과 전문병원인 부산 한 병원에 정신보건사회복지사가 최초로 근무하기 시작했다. 1980년대에는 종합병원에서도 정신보건사회복지사가 채용되어 1990년에는 약 100개의 기관에서 정신보건사회복지사가 일하게 되었다.

3) 정 착 기

1993년 한국정신보건사회사업학회가 창립되고, 전문학술지인 『정신보건과 사회사업』이 창간되었다. 1995년 「정신보건법」이 제정됨으로써 활동영역을 확대할 수 있는 전기가 마련되었고, 1997년 정신보건법의 시행으로 지역사회까지 활동할 수 있는 계기가 마련되었다. 또한 정신보건법의 제정에 의해서 정신보건전문요원 자격제도가 설치되어 정신보건사회복지사도 전문적인 자격을 갖추기 시작했다. 1997년 제 1 차 정신보건사회복지사 수련이 실시되어 2,000명이 넘는 정신보건사회복지사가 배출되고 있다.

「정신보건법」은 한국 최초의 정신장애 관련 법률이며 정신보건이라는 문제를 공식적으로 법령 및 제도 속에 밝힌 점 그리고 무엇보다도 정신질환 및 정신장애를 겪는 다수의 환자들에게 최적의 치료 및 재활서비스를 받을 수 있도록 법적으로 규정하여 사회복귀를 유도하도록 명시한 점에서 큰 의미를 가진다(김혜련·신혜섭, 2001). 또한 정신보건법의 제정은 정신보건사회복지사를 지역사회를 중심으로 한 사회복귀의 재활적 역할로 자리매김하도록 하였다. 1995년 정신보건법 제정 이후 지역사회정신보건을 정신보건정책의 중심으로 추진해 오고 있고, 그 후 자체적으로 운영하는 정신보건센터의 발전을 위하여 노력을 기울여 왔다. 그러나 아직도 정신보건시설의 증설과 병상 확보에만 치중하여 정신질환자들을 단순 수용·보호·치료하는 지극히 원시적인 정신보건서비스의 수준에 머무르고 있다. 그리고 아직도 정신보건에 대한 장기적인 정책개발이나 연구에 전념할 수 있는 기관이 확립되어 있지 않은 실정이다.

4) 최근의 사회경제적 환경변화와 정신보건

빠른 속도로 진행된 우리나라의 산업화와 도시화는 국민들에게 급격히 변화하는 사회에 적응할 만한 충분한 시간을 주지 않고 정신건강에 악영향을 줄 수 있는 새로운 사회경제적 환경을 초래하였다. 산업화는 생산성의 증가를 위한 분업의 광범위한 확산을 가져왔고, 분업을 통해 분절화된 노동은 노동으로부터 소외되는 인구를 증가시켰다. 산업화가 진행되면서 산업구조의 고도화와 함께 육체적 스트레스가 많은 직업은 줄어들고 정신적 스트레스가 많은 직업이 늘어남에 따라 우울증과 심장질환 등 직업 스트레스로 인한 직업병이 증가하고 있다.

즉 산업화로 인한 직업구조의 변화, 도시화, 인구구조의 변화 등의 급격한 사회경제적 여건의 급변으로 인하여 정신질환은 증가하고 있는 반면, 오히려 전통적 지역사회와 대가족제도하에서 흡수되던 정신질환에 의한 부담 중 상당 부분이

축소되면서 국민의 정신적 불건강과 정신질환에 대하여 국가가 수행하여야 할 역할이 급속히 증가하고 있는 상황에 있다. 이런 가운데 1997년 말부터 시작된 외환위기가 초래한 경제위기는 IMF 관리체제 이후 극복했다고 하지만 여전히 높은 실업률은 국민의 정신건강에 많은 영향을 주고 있다. 실업은 국가경제, 범죄 등 사회병리에뿐만 아니라, 국민의 건강수준에 미치는 영향이 크다. 따라서 사회여건의 변화에 대해 새로운 영역과 역할의 개발뿐 아니라 정신건강 질환의 예방 및 치료를 위한 지속적인 전문성의 향상 등이 함께 요구되고 있다(한국보건사회연구원, 2001).

III. 정신보건사회복지의 기능 및 역할

1. 정신보건사회복지의 기능

1) 정신과 치료팀의 전문적 기능

정신과 치료팀에는 정신과 의사, 임상심리학자, 정신보건사회복지사, 정신과 간호사, 작업요법사가 포함되어 있다. 팀 활동의 역할 분배는 상호 전문성의 존중, 상호 의뢰를 바탕으로 상호 협동이 이루어져야 한다. 정신보건사회복지사는 환자를 둘러싸고 있는 가족, 친구, 학교, 직장, 지역사회 등과의 관계 및 환경에 초점을 둔 환자에 대한 환경지향적 접근을 한다(김철권·서지민 역, 2003). 즉 정신보건사회복지사는 환자는 많은 욕구를 가진 인간이지 병리의 실체가 아니라는 전제하에 환자의 환경적인 면과 지역사회 자원을 활용하는 차원에서 개인 및 전체로서의 가족과 가족관계에 관한 일을 다루면서 개인의 잠재능력의 강화와 개발에 역점을 둔다.

2) 병원에 입원한 클라이언트에 대한 서비스

(1) 환자와 가족에게 병원시설과 프로그램을 설명한다.

(2) 클라이언트가 병원에 입원함으로써 발생하는 가족문제를 해결하는 데 도움을 준다.

(3) 가족은 정신병이 죽음을 동반하지 않는지, 병으로 인해 실직을 하지 않을지 걱정하며 불안해 할 수 있으므로 불안을 경감하도록 돕는다.

(4) 경제적 어려움이 있을 경우 경제문제 해결을 위해 가족과 논의한다.

(5) 병원의 치료절차를 가족에게 설명해 준다.

(6) 병원에서 사회사업가가 가장 공통적으로 하는 활동으로 클라이언트의 개인력 조사가 있다.

(7) 입원하는 클라이언트에 대한 사례관리, 정신요법, 집단치료 등을 실시한다.

(8) 클라이언트 가족의 병리를 치료한다.

(9) 클라이언트의 퇴원계획을 한다.

3) 외래환자서비스

(1) 외래환자에 속하는 사람들은 지지적인 치료를 통하여 지역사회에서 기능을 할 수 있는 정신질환자, 약물 혹은 알코올중독자, 신경증적 성격 비행자, 학교 적응상의 문제를 가진 아동 및 청소년, 행동문제, 가족갈등, 생활위기에 직면한 사람 등이다. 외래환자들은 대체로 치료를 받으려는 동기가 강하기 때문에 자발적으로 오는 경우가 많다.

(2) 정신요법, 집단치료 등을 하기도 하며, 환자를 지역사회 내의 다른 자원과 연결시키는 일, 환자를 위하여 가족구성원, 고용주, 혹은 환자와 중요한 관계를 맺고 있는 다른 사람들의 태도를 수정하도록 원조하는 역할을 한다. 필요한 경우 가정, 학교 혹은 직장을 방문한다.

(3) 중상류층의 환자의 치료를 위하여 정신역동이론을 많이 활용하는 경향이 있다. 그러나 이 정신역동이론에 근거한 통합치료는 하류층의 사람들에게는 잘 받아들여지지 않으므로 이들에게는 행동수정기술 등과 같은 더욱 직접적이고 눈에 보이는 결과를 가져오는 행동지향적 접근법, 교류분석이나 지시적 상담 등을 많이 활용하는 것이 좋다.

4) 시간제 입원서비스

(1) 낮 병 원

저녁에는 가족과 함께 집에서 생활을 하고 낮 동안에는 몇 시간 동안 오락요법, 작업요법, 집단치료 혹은 개별치료를 받는다.

(2) 밤 병 원

환자가 낮 동안에 학교 혹은 직장에서 활동을 하다가 밤에는 병원에 와서 치료 프로그램에 참여한다.

(3) 시간제 입원서비스

외래환자 진료소보다는 더욱 조직적인 서비스를 제공하지만 병원에 완전히 입원을 하여 치료를 받는 것에 비하면 제약을 덜 받아 외래환자 진료소와 입원시설의 장점을 모두 가지고 있다. 입원환자와 외래환자 간의 교량역할을 한다. 정신보건사회복지사는 클라이언트의 개인력 조사, 환자에게 프로그램에 대한 오리엔테이션 실시, 치료목표의 설정 등을 포함한 인테이크 업무, 개별치료, 집단치료 및 가족치료, 퇴원계획을 겸한 사후 서비스 등을 하는 것이다.

2. 정신보건사회복지사의 역할

정신보건사회복지는 정신적·정서적 장애로 고통을 받고 있는 사람들의 건강회복과 정신건강을 촉진하고, 경제적·사회적, 그리고 증상회복에 따른 지지적 문제 등을 실천하는 전문사회복지영역이다(김규수, 2005). 따라서 정신보건사회복지사는 정신의학자, 정신보건임상심리사, 정신보건간호사, 작업치료사 등과 함께 정신과 치료팀의 일원으로서 활동한다. 우리나라에서는 사회복지사 1급 자격증 소지자 중에서 정신보건 분야의 전문적인 지식과 기술을 가지고 정신질환자의 개인력 및 사회조사, 정신질환자에 대한 사회사업지도 및 방문지도, 사회복귀 촉진을 위한 생활훈련 및 직업훈련, 정신질환자와 그 가족에 대한 교육, 지도 및 상담업무, 정신질환 예방활동 및 정신보건에 관한 조사연구를 하는 사회복지사를 말한다.

임상치료에 의한 사회복지란 가족이나 집단 내에서 환자와 개인적으로 직접 면담하고 모든 분야에서 해야 할 일을 완수하는 것을 말한다. 정신적 장애가 있는 사람들에 대한 사회복지서비스가 오로지 정신건강 환경에서만 제공되고 있다고 생각하는 것은 잘못된 것이다. 모든 분야에서 일하고 있는 사회복지사는 정신병에 걸린 사람들을 만나고 있는데, 친한 친구나 가족구성원처럼 환자로 인해 고통을 겪고 있는 사람들도 여기에 포함된다. 즉 정신보건사회복지사는 환자를 둘러싸고 있는 가족, 친구, 학교, 지역사회들과의 관계망 및 환경의 지지체계에 초점을 두고 사회사업실천기술을 통하여 진단한다. 또한 환자의 입원기간을 통하여 개별 및 집단상담, 사회치료와 가족교육이나 가족치료를 실시한다. 그리고 퇴원을 앞둔 회복기 환자들이 사회로 복귀하는 데 있어 그들 가정과 사회환경을 평가하고 퇴원 후 가정 및 사회에 재적응을 할 수 있도록 퇴원계획을 세운다. 한편 다른 전문직과 협력함에 있어 정신보건사회복지사는 지역사회의 자원을 활용하여 개인 및 가족문제에 영향을 미치는 심리사회적 요인을 해결하도록 돕는 데 그 초점을 둔다(한국정신보건사회복지학회, 2005).

요약하면 정신보건사회복지사의 수행직무는 다음과 같다.

① 정신질환자에 대한 개인력 조사 및 사회·경제적 환경 조사
② 정신질환자와 그 가족에 대한 사회사업지도 및 방문지도
③ 사회복귀시설의 운영
④ 정신질환자의 사회복귀 촉진을 위한 생활훈련 및 직업훈련
⑤ 정신질환자와 그 가족에 대한 교육지도 및 상담
⑥ 법 규정에 의한 진단 및 보호의 신청
⑦ 정신질환 예방활동 및 정신보건에 관한 연구 조사
⑧ 정신질환자의 사회적응 및 직업재활을 위하여 보건복지부장관이 정하는 활동 수행

또한 정신보건사회복지사의 기능은 다음의 네 가지로 크게 구분된다. 첫째, 진단적 기능으로서, 정신보건사회복지사는 전문적인 개입을 위한 방향을 제시하기 위하여 환자의 개인력 검사, 사회환경 조사를 통해 정신질환의 발병과정 및 영향을 조사한다. 둘째, 치료적 기능으로서, 전문적 접근을 시도하여 개별상담, 가족상담, 집단치료를 통한 행동치료(작업치료, 오락치료, 예술치료, 독서치료, 음악치료, 무용치료, 사이코드라마 치료, 운동치료) 등을 할 수 있다. 셋째, 퇴원기능으로서, 정신보건사회복지사는 환자들을 사회로 복귀시키기 위해 퇴원 전 상담을 통해 사회복귀에 따른 불안, 두려움을 해소시키고 지역사회의 여러 형태의 자원을 소개해 줌으로써 원만한 사회적응을 하도록 돕는다. 마지막으로 지역사회 내 재활기능을 통해 퇴원 후 병원에서와 같이 지속적으로 지역사회 내에서의 재활 프로그램을 받을 수 있도록 관심을 갖고 지역사회로의 적응을 도와주는 것이다.

▪ 정신보건기관에 따른 정신보건사회복지사의 역할

(1) 의료기관

① 종합병원 정신과, 정신과 전문병원·의원

정신질환자의 일차적인 치료기능을 담당하는 곳으로 전문적 팀 접근으로 치료진들과의 유기적인 의사소통이 보다 중요하다.

ㄱ. 입원 시 심리사회적 사정(개인력, 가족력, 사회력)

ㄴ. 치료과정

- 환자와의 개별상담, 가족치료 및 교육, 집단치료, 정신과적 재활서비스, 가정방문
- 진료 팀과의 협의 진단 및 협조, 지역사회
- 유관기관의 유대와 자문, 지역사회의 자원 및 정보 교환과 제공, 자원봉사자 교육

ㄷ. 퇴원과정

- 퇴원계획 및 재활계획 상담지도, 퇴원 시 환자의 요구와 사회 적응상태 평가, 사회복귀 및 재활치료를 위한 지역사회기관과의 연계
- 의뢰와 연결 업무, 재활병동 및 낮병원 서비스의 개발, 퇴원환자의 사후지도를 위한 가정방문 등

② 낮 병 원

ㄱ. 환자에 대한 서비스

- 약물관리, 심리사회적 지도, 재활계획 상담, 집단치료, 사회기술 훈련과 인간관계 훈련, 직업적응과 기능훈련, 자체적인 평가
- 집단치료 또는 알코올중독 관리사업 등

ㄴ. 환자가족에 대한 서비스: 가족의 정신건강교육, 가족지지모임 등

(2) 정신요양시설

① 심리사회적 상담 시 개별문제 지도, 각종 집단 프로그램 실시, 생활훈련 실시

② 가족상담 시 가정방문, 무연고자를 위한 후원자 연결 업무

③ 지역사회자원 동원과 후원조직 육성, 대인관계기술 향상

④ 작업능력의 강화, 생활보호대상자를 위한 행정업무수행

(3) 사회복귀시설

정신질환자의 사회복귀를 위한 훈련 혹은 사회적 기능 회복

① 생활훈련

ㄱ. 일상생활기술훈련, 약물관리훈련, 긴장이완훈련, 여가활용훈련

ㄴ. 사회기술적응훈련, 대인관계훈련,

② 작업훈련(직업재활)

③ 주거제공

(4) **정신보건센터 및 보건소**

지역사회 내의 포괄적인 정신보건서비스 제공 및 조정 목적

① 지역사회진단 및 자원 파악, 대상자 발견 및 등록, 의뢰체계 구축

　　• 상습적인 반복 입원의 예방, 사회적 소외현상을 극복하기 위한 지역사회
재활 서비스

② 사회적 편견 극복을 위한 교육 · 홍보

　　• 정신보건자원 조정기획, 사례관리, 정신질환자 및 가족교육

　　• 정신질환 예방 홍보사업, 지역 내 보건복지인력에 대한 자문 및 교육

　　• 자원봉사자관리 및 연계, 자문위원회 및 운영위원회, 주간 프로그램 등을
　　통한 교육 · 홍보

Ⅳ. 우리나라 정신보건정책 내용과 현황

우리나라의 정신보건정책이 구체적으로 어떤 내용을 포함하고 있으며 어떤 방향으로 가고 있는지 이해하기 위해 정책의 근거인 정신보건법과 정신보건사업지침, 기타 정신보건 관련 정책의 내용을 개략적으로 소개하면 다음과 같다(강선경, 2010).

1. 정신보건법과 정신보건정책

「정신보건법」은 정신보건정책의 기본적인 목적과 이념, 국가의 의무와 정신장애인을 위한 시설의 종류, 보호 및 치료, 퇴원청구, 권익보호 및 지원 등을 규정하고 있다. 하지만 강제 또는 장기입원에 따른 인권침해 부분에 대한 강조에 비해 적극적인 의미의 인권보호인 권익보호와 지원 부분은 미흡하다. 더욱 중요한 것은 권익보호와 지원 부분에서 실제적인 예산이 확보되어야 하는데 여전히 정신병원과 요양시설의 유지에 필요한 예산만 큰 부분을 차지할 뿐 정신장애인의 지역사회에서의 직업지도, 경제적 부담의 경감, 지역사회 정신보건사업에 대한 보조금 등 적극적인 권익보호와 지원에 필요한 예산은 부족한 상황이다(한국보건사회연구원, 2001).

2. 정신보건사업 지침과 정책

보건복지부의 정신보건사업지침은 인권보호, 정신보건시설의 효율적 관리, 지역사회정신보건사업의 확대를 사업의 기본방침으로 규정하고 있다. 특히 주목할 점은 보건소를 통한 공공영역에서의 지역사회 정신보건사업과 지역사회정신보건센터의 시범운영 및 확대를 계획하고 있는 점이다. 정신보건법 제정 당시에는 사회복귀시설을 지역사회정신보건사업의 주된 시설로 규정하였으나 1998년에는 지역사회정신보건센터가 시범사업의 형태로 운영되고 1999년부터는 전국적으로 확대되었다.

3. 정신보건시설 현황

2008년 12월 말 기준으로 정신의료기관은 1,200개소이며 6만 9,000여 병상을 보유하고 있고, 인구 천명당 1.41 병상으로 WHO(세계보건기구)에서 권고한 인구 천명당 1.0 병상 기준에 비추어 충분한 수준으로 보인다. 국립병원은 1962년 2월 개원한 국립서울병원을 포함하여 전국에 6개소가 있으며 광역지자체가 운영하는 공립병원은 12개소가 설치되어 있다. 1999년에는 국립정신병원이 고객 중심의 의료서비스를 실시하여 이용자의 만족도를 높이기 위해 "국립병원 환자서비스 헌장"을 제정·시행하였다. 환자의 사생활 보호 및 거주환경 개선을 위해 정신의료기관 1실 정원을 10인 이하로 제한하였으며, 2006년부터는 책임운영기관으로 지정되어 병원운영의 자율성과 책임성을 보장하여 진료 분야와 공공정책 추진 분야가 공히 활성화되었다.

시설장비보다 전문의료진에 의해 치료가 좌우되는 정신과의 특성을 반영하여 1998년 6월 「정신보건법 시행규칙」을 개정하여 정신과 전문의 인력기준을 입원환자 70인당 1인에서 60인당 1인으로 강화하였다. 장기입원을 지양하고 지역사회 중심의 정신질환자 치료·재활체계를 지원하기 위해 1999년에는 낮병동 수가를 신설하였으며 의료급여 정신과 수가를 입원기간에 따라 차등화하여 시행하고 있다. 그동안 정신의료기관의 치료환경이 상당 부분 개선되었으나 아직도 많은 의료기관이 교통이 불편한 산간지역에 있거나 폐쇄적으로 운영되고 있으며 1년 이상 장기입원 환자의 비율도 31.8%에 육박하고 있다. 따라서 정신의료기관의 장기

☞ 표 6-3 정신보건 관련 시설 현황 및 주요 기능

구 분		기 관 수	인원수(병상수)	주요 기능
정신보건센터		153	69,028(등록)	정신질환 예방, 정신질환자 발견, 상담, 진료, 사회복귀훈련 및 사례관리, 정신보건시설 간 연계체계 구축 등 지역사회정신보건사업 기획·조정 및 수행
정 신 의료기관	국·공립	18	8,043	정신질환자 진료, 지역사회정신보건사업 지원
	민 간	1,182	61,659	정신질환자 진료 및 치료
정신요양시설		59	11,988(입소)	만성 정신질환자 요양 및 보호
사회복귀시설		196	4,152(이용) 1,347(입소)	치료, 요양하여 증상이 호전된 정신질환자 일상생활, 직업훈련, 주거
알코올 상담센터		34	4,052(관리)	알코올중독 예방, 중독자 상담, 재활

출처: 보건복지가족부(2008). 보건복지가족백서.

입원을 줄일 수 있는 방안이 다각적으로 모색되어야 한다. 2008년 12월 말 우리나라 정신보건시설 현황 및 주요 기능을 살펴보면 〈표 6-3〉과 같다.

V. 정신보건사회복지의 접근방법

1. 개별적인 접근방법

1) 개별적 약물치료

환자의 정신장애를 치료하기 위해 항정신적 약물(anti-psychotic drugs)을 이용한 치료방법을 실시한다. 이러한 약물치료는 정신장애인의 뇌에 작용하여 정신기능과 행동에 영향을 미치는데, 특히 망상, 환각, 공격성, 긴장, 흥분 등 양성 증상에 긍정적인 효과를 준다. 그리고 약물치료를 직접 시행하면서 약물복용의 필요성과 약물의 부작용에 대해 정신장애인과 가족을 교육하고 상담도 병행해야 한다.

2) 심리사회적 사정

환자를 심리사회적으로 이해하고 돕는 계획을 세우는 과정이 중요하다. 즉 정신장애인에 관련된 자료를 수집하고 분석하여 해석하면서 개입계획을 세우는 것이다. 그리고 개별적인 면담을 통해 환자의 욕구와 관련 정보를 얻는 동시에, 정신건강장애인의 사고와 감정을 이해하고 갈등해소에 도움을 주어야 한다. 심리사회적 사정은 개별적 면담과 마찬가지로 비밀보장과 공감적 태도를 가지고 행해져야 한다. 특히 정신건강장애인의 일상생활 및 문제해결기술, 그들이 가지고 있는 장점과 자원, 가족이나 지역사회의 자원들을 평가하는 것이 중요하다(강선경·오세숙·최원석, 2009).

3) 일상적 기술훈련

만성정신장애인은 장기적인 질병의 경고와 계속되는 입원, 재입원 등으로 기본적인 일상생활의 기술과 자기유지관리의 기술 등이 현저히 떨어져 있다. 그리고 환자의 정신질환이 회복된다 하더라도 일반인들에게 거부감을 주어 사회적 통합이 어려워질 수 있다. 따라서 만성정신장애인으로 하여금 일상생활의 기술훈련을 갖게 하되 행동주의 혹은 사회학습론에 입각하여 일상생활에 필요한 기술을 습득할 수 있도록 가르치고 모범을 보이며 긍정적 행동을 강화시켜 주는 접근이 필요하다.

2. 집단적인 접근방법

1) 집단적 자조활동

정신장애인에게 집단활동은 치료적 활동을 통해 그들의 창조성, 적극성, 자발성 등을 키워 주고, 사회적으로 고립되어 있는 상황에서 타인과 어울릴 수 있도록 도와주는 치료 프로그램을 실시한다. 그리고 환자는 비슷한 문제를 가진 사람들끼리 자발적으로 서로를 이해하고 문제 대처방식을 배우며 변화동기를 부여하기 위해 자조활동에 참여해야 한다. 즉 알코올중독자들이 익명금주동맹(Alcoholics Anonymous: A.A.)을 형성하여 스스로 금주의지를 도와주는 프로그램이 좋은 예가 되고 있다.

2) 가족적 치료개입

정신건강장애인의 재활이 강조되면서 가족들은 이들을 돌보는 과정에서 발생하는 많은 문제들에 어떻게 대처해야 할지 당황하게 된다. 그러므로 가족적 치료개입은 가족들에게 정신장애를 이해시키고 문제상황에 대처하며 환자와 대화할 수 있도록 한다(강선경, 2002). 궁극적으로는 정신장애인의 사회적 재활을 돕고자 하는 목적에서 모든 가족들이 상호 역동적인 협력과 이해를 통해 접근하는 노력이 필요하다.

3) 사회적 기술훈련

정신건강장애인은 정신장애가 만성화될수록 사회적 기능을 상실하게 된다. 이러한 사회적 기술의 부족은 점차 정신장애인을 사회적으로 불리한 상태에 놓이게 하여 사회적 재활을 더욱 어렵게 만든다. 그러므로 환자의 문제의식에서 출발한 사회기술훈련(social skill training)은 정신장애인 각자의 사회적 기술수준을 고려하여 비슷한 사람들끼리 집단활동을 가능케 한다. 그리고 집단구성원에게 사회기술 훈련을 소개하고 상황을 설정하여 역할극, 모델 제시, 성원들 간의 피드백을 통해 필요한 사회기술을 훈련시켜야 한다.

3. 지역사회 접근방법

1) 부분입원과 주간보호

부분입원과 주간보호는 정신장애인이 장기간의 입원생활에서 벗어나 지역사회로 돌아가고자 할 때, 그들의 사회적 기능을 향상시켜 지역사회 적응을 준비시켜주는 중간단계이다. 그러므로 이들은 낮병원, 밤병원과 같은 병원 중심의 부분입원과 지역사회정신건강센터나 기타 사회복귀시설에서의 주간보호 프로그램 등을 이용할 수 있다.

2) 사례관리

사례관리(case management)는 복합적인 욕구를 가진 정신건강장애인에게 통합적·장기적으로 서비스를 제공하는 것을 의미한다(유수현, 2001; 정순둘 2005). 즉 정신장애인의 욕구를 만족시킬 수 있도록 지역사회의 다양한 서비스를 통합하는 프로그램이다. 그러므로 사례관리는 각 서비스들이 개인적 욕구에 맞게 연계성을 가지고 제공하며 개입의 효과성을 높이는 것이 목적이다. 또한 클라이언트의 문제해결, 기술교육, 정보제공 등과 같은 미시적 개입으로부터 옹호, 서비스의 조정 및 연결, 자원의 개발 등과 같은 거시적 개입에 이르기까지 모든 개입수준을 포함하고 있다.

3) 직업재활

직업재활은 정신장애인에게 일(work)을 통하여 자아존중감과 자아개념을 높여 주고 광범위한 사회적 기술을 활용할 수 있도록 도움을 준다. 특히 직업재활은 이들에게 정신과적 증상을 경감시켜 주므로 매우 중요한 프로그램이다. 따라서 정신장애인이 직업을 가질 수 있도록 도와주는 직업재활과정을 살펴보면, 첫째는 정신장애인의 직업기술을 평가하고 직업상담을 통해 능력과 생활을 고려한 개별적인 목표를 세운다. 둘째, 직업에 필요한 적응훈련과 구체적인 직업기술을 훈련한다. 셋째, 경쟁적인 고용에 앞서 정신장애인들이 보호작업장에서 적응토록 하고 그 다음 과도적 취업을 한다. 즉 과도적 취업이란 정신건강전문가가 지도·감독하는 사업장에서 일을 시도하는 것이다. 넷째, 이와 같은 과정을 거친 후 경쟁적인 직업에 배치되어 지속적인 직업을 유지토록 한다(박용순, 2002).

Ⅵ. 정신보건사회복지의 과제와 전망

1. 정신보건사회복지의 과제

1) 정신보건서비스 전달의 윤리적 문제

첫째, 비자발적인 강제입원을 하는 경우는 반드시 진단이 있어야 하며 자신이나 타인에 위험한 상황이어야 하고, 자기보호가 되지 않을 때로 제한해야 한다. 의사가 강제입원 여부를 심사하더라도 사회사업가는 그 결정과정에 영향을 주어야 한다.

둘째, 클라이언트의 권리를 존중해야 한다. 클라이언트는 치료의 성격, 약물의 부작용을 알 권리가 있으며 비밀을 보장받을 권리도 있다. 연구조사의 경우에는 반드시 클라이언트의 동의를 얻어야 한다. 치료계획에 참여할 권리, 치료를 거부할 권리, 자신의 진단을 알 권리도 있다. 사회복지사는 클라이언트가 치료에 비협조적일 경우 잘 설득해야 한다.

셋째, 억제를 최소화하는 치료대안을 개발해야 한다. 보통 클라이언트를 입원 중심으로 치료하다 보면 입원신경증(institutional neurosis)이라고 불리는 '솔선의 부족, 관심의 손실, 복종적, 의존, 고립, 불합리한 상황에서도 노여움 같은 감정의 표현이 없음' 같은 증세를 발전시킨다. 따라서 사회사업가들은 최소한의 입원만을 하도록 하고 지역사회로 나갈 수 있는 기회를 많이 제공해야 한다.

넷째, 비밀보장과 경고의 의무이다. 비밀보장이 중요한 윤리적 의무지만 클라이언트가 위험한 행동을 할 의도를 비쳤다면 희생될 가능성이 있는 사람에게 경고를 보내야 한다(강선경·김욱 역, 2004).

2) 정책적 과제

한국의 정신보건사회복지는 그동안 양적·질적 성장을 이루어 왔으나, 아직도 많은 정책적 과제가 남아 있다. 당면한 정신보건사회복지의 정책적 과제는 다음의 측면에서 논의될 수 있다.

첫째, 정신보건정책은 지역사회에 근거한 재활과 예방에 초점을 두어야 한다. 현대사회에서 정신장애의 발생원인은 정신장애인과 가족에게만 있는 것이 아니다. 산업화와 기계문명의 보급은 인간관계를 파괴하고 적응에 실패한 사람들은 정신장애에 노출될 수밖에 없는 실정이다. 그러므로 정신장애의 원인을 사회구조적 측면에서 고려하여 정신장애인의 재활과 예방에 주력하는 정책적 노력이 제기되고 있다. 이를 위해 장기적인 정신보건정책을 개발하고, 연구할 연구기관을 설립하며, 지역사회 내에 정신보건시설을 확충해야 한다.

둘째, 서비스 전달체계의 확립이 필요하다. 이를 위해 지역사회 내 보건소의 기능을 확대하여 정신장애인을 발견하고 진단, 상담, 치료하는 역할을 강화하고, 지역사회 내의 복지관이나 기존 기관들을 활용하여 주간보호 프로그램 등을 확충하는 것이 필요하다. 아울러 전문정신병원에서는 단기입원을 통한 집중치료를 전담하는 것도 고려할 만하다. 사회복귀시설 내에서는 직업재활 프로그램을 강화하고 정신과 의사와 정신보건전문요원 등의 전문인력을 확보하는 것이 필수적이다.

셋째, 정신장애에 대한 의료보험급여가 매우 제한되어 있어서 의료적 개입이 약물치료 위주로 단순화되어 있는 실정이다. 또한 정신보건사회복지사가 의료서비스를 제공하고 의료보험 청구를 할 수 있는 서비스가 제한되어 있으며 진료수가가 낮은 것도 문제로 지적되고 있다. 이 때문에 환자의 질환이 만성화되고 치료와 회복이 장기화되는 문제를 낳고 있다. 특히, 의료보호 환자의 경우 의료보호 요양기관이 제한되어 있어 정신요양시설 등에서 질 낮은 서비스를 받게 되고,

이는 결국 의료보호 환자의 장기입원을 초래하고 있다. 따라서 의료보호 환자에 대한 서비스의 질을 보장할 수 있는 방안을 마련하는 것이 시급하다.

넷째, 정신장애인에 대한 편견을 줄이기 위한 정책적 노력이 요구된다. 정신 장애인에 대한 인식을 개선하기 위해서는 전 국민을 대상으로 한 홍보와 교육활 동이 강화되어야 한다.

3) 실천적 과제

정신보건사회복지 실천현장에서도 많은 실천적 과제가 제기되고 있다. 정신보 건사회복지의 실천적 과제는 다음의 측면에서 논의될 수 있다.

첫째, 정신보건시설 내에 일정 수의 정신보건사회복지사를 배치하는 것을 의무 화하는 것이 필요하다. 정신보건사회복지사의 배치를 권장하는 것은 법적 실효성 이 없으므로 의무적 배치를 위해 법적 조항이 강행규정으로 전환되어야 한다.

둘째, 정신보건사회복지사는 사회복지를 실천하는 사회복지사로서 확고한 정체 성을 지녀야 한다. 사회복지실천에서 강조하는 개인과 환경을 함께 고려하는 '환 경 속의 인간'이라는 관점을 유지하며 정신장애인을 도와야 한다.

셋째, 정신보건현장에서 함께 일하는 다른 전문직들과 긴밀한 협조체계를 유지 해야 한다. 이로써 사회복지 고유의 전문영역을 알리고 전문가로서 자신의 역량 을 발휘할 수 있어야 한다.

넷째, 정신보건사회복지사는 지역사회 내의 사회복지사들과도 연계를 구축해야 한다. 정신장애인의 성공적인 재활과 사회복귀를 돕기 위해서는 지역사회 내의 사회복지사들과 협력하여 정신장애인에 대한 사후관리(follow-up)를 하는 것이 바 람직하다.

다섯째, 정신보건사회복지사의 전문성을 확보하기 위해 노력해야 한다. 이를 위해서는 체계적인 교육 및 재교육 프로그램을 마련하는 것이 필요하다.

여섯째, 정책 및 서비스 개발을 위해 노력해야 한다. 정신보건사회복지사는 정 신보건 현장에서 정신장애인들의 욕구를 토대로 정신보건정책과 서비스 개발에 관심을 기울여 정신장애인을 위한 복지제도가 정착될 수 있게 노력해야 한다.

2. 정신보건사회복지의 전망

정신보건법이 전체 국민의 정신보건을 향상시키고 정신장애인들의 인권을 보다 잘 보장할 수 있게 된 한편으로 사회복지 측면에서는 두 가지 의의를 지닌다고 볼 수 있다. 하나는 사회복지사, 임상심리사, 간호사들이 일정한 자격요건을 갖추면 정신보건전문요원이 되어 정신보건체제 속에서 활동할 수 있게 됨으로써 이 방면에 대한 사회복지사의 수요가 증가할 것이라는 사실이다. 다른 하나는 정신보건 전문요원 중에서도 훈련을 받고 자격을 갖춘 사람들은 정신질환자의 재활을 위해 만들어지는 사회복귀시설을 운영할 수 있는 자격을 부여받게 된다는 점이다. 이 두 가지 측면은 사회복지학을 전공하는 학생들에게 이 방면으로 진출할 수 있는 길을 열어 주게 될 것이고, 이는 사회복지사들이 정신보건영역에 대해 보다 체계적인 교육과 훈련을 받도록 요구할 것이다.

생각해 볼 문제 및 과제

1. 의료사회복지의 개념을 설명해 본다.

2. 의료사회복지의 원칙을 제시해 본다.

3. 의료시설에서의 사회복지실천의 특성을 이해한다.

4. 의료사회복지의 서비스에 대해 설명해 본다.

5. 의료사회복지의 방향성에 대해 생각해 본다.

6. 정신보건사회복지의 개념을 설명해 본다.

7. 정신보건사회복지의 발달사에 대해 생각해 본다.

8. 정신보건사회복지사의 역할에 대해 알아본다.

9. 정신보건사회복지의 전망에 대해 설명해 본다.

10. 정신건강문제의 개념 및 관련 관점을 이해한다.

11. 정신보건사회복지의 실천현장과 정신보건사회복지사의 역할을 이해한다.

참고문헌

강선경(2010). 정신병리. 집문당.
_____(2002). "장애자녀를 둔 부모의 태도, 스트레스 대처 및 사회적 지원이 그들의 생활
    만족도에 미치는 영향에 대한 연구". 정신보건과 사회사업, 14(3): 7-35.
강선경·김욱 역(2004). 사회복지 가치와 윤리. 시그마프레스.
강선경·오세정·최원석(2009). 사회복지실천론. 동문사.
강흥구(2004). 의료사회복지실천론. 현학사.
국민건강보험관리공단(2006). 2006 건강보험 업무편람.
김규수(2004). 의료사회복지실천론. 형설출판사.
_____(2005). 정신보건사회복지실천론. 형설출판사.
김기타(2006). 정신보건복지론. 양서원.
김재엽(1995). "지역사회중심의 정신건강 치료서비스와 사회사업가의 역할". 사회복지. 봄
    호, 통권 제124호.
김혜련·신혜섭(2001). 정신건강론. 학지사.
김철권·서지민 역(2003). 정신분열병과 가족: 정신교육 치료자를 위한 지침서. 하나 의학사.
문인숙·양옥경(1999). 정신장애와 사회사업. 일신사.
민성길 외(1999). 최신정신의학. 일조각.
박용순(2002). 사회복지개론. 학지사.
보건복지부(2008). 보건복지가족백서.
안향림·박정은(2001). 정신보건사회복지. 홍익재.
양옥경(1995). "정신장애인 가족에 관한 연구 — 가족의 보호부담, 대처기제, 서비스 욕구
    를 중심으로". 신경정신의학, 34(3): 809-829.
_____(2006). 정신보건과 사회복지. 나남출판.
유수현(2001). "지역사회복지관에서의 정신장애인 재활프로그램의 개발필요성". 정신보건
    과 사회사업. 30-52.
이윤로·홍영수(2005). 의료사회사업론. 학지사.
정순둘(2005). 사례관리실천의 이해. 학지사.
조남권(2003). 정신보건. 보건복지백서. 보건복지부.
최일섭·류진석(2003). 지역사회복지론. 서울대학교출판부.
한국보건사회연구원(2001). 지역사회정신보건사업 활성화 방안 정책세미나.
한국정신보건사회복지학회(2005). 정신보건사회복지사 수련지침서.
한인영·최현미(2000). 의료사회사업론. 학문사.
한인영·최현미·장수미(2006). 의료사회복지실천론. 학지사.

홍현미라 외 6인(2010). 지역사회복지론. 학지사.

Austin, J., & Hopkins, M.(2004). *Supervision as Collaboration in the Human Services: Building a Learning Culture.* Sage Publications, Inc.
Liberman, R.(1986). "Training skill of the psychiatrically disabled." *Schizophrenia Bulletin,* 12: 631-647.

제 **7** 장

교정복지

Ⅰ. 교정복지의 이해

1. 교정복지의 정의

교정복지는 사회적응에 실패한 범죄자 및 비행청소년들의 사회적 적응능력을 배양시켜 재비행과 재범을 방지하며 원만한 사회복귀를 도와 건전한 시민으로 살아갈 수 있도록 하는 복지적 처우와 조직적 서비스의 지원활동을 말한다. 즉 교정복지는 범죄자와 우범자 및 그들의 문제 그리고 유해환경 등을 대상으로 사회복지실천방법의 지식과 기술, 사회복지정책의 법과 제도적 장치 등을 활용하여 대상자들의 재범방지와 사회복귀는 물론, 관련 환경의 개선을 도모하는 사회적 노력과 활동이라고 할 수 있다. 이러한 교정복지는 그동안 협의의 개념으로 이해되고 비춰지는 경우가 많았으나, 점차 범죄나 비행과 관련된 환경적 요인과 예방적 측면이 중요해지면서 광의의 개념에 대한 인식이 높아지고 있다(구종회 외, 2001).

2. 교정복지의 대상

첫째, 범죄인 및 비행청소년을 대상으로 심리·사회적 서비스나 환경개선을 통해 그들이 인간다운 생활을 누릴 수 있고 환경에 적응할 수 있도록 하는 것이 교정복지의 주된 기능이다. 둘째, 범죄인의 가족을 대상으로 원조역할을 한다. 갈등적 가족관계, 낮은 경제적 수준, 범죄인 가족이라는 낙인 등 범죄인 가정과 주변을 둘러싼 환경을 조정하고, 범죄인과 가족 혹은 주변인 간의 유대관계와 이해의 폭을 넓히는 데 교정복지의 의의가 있는 것이다. 셋째, 범죄인의 특정한 질병이나 장애의 치료에 대한 협력을 제공한다. 비행청소년 및 범죄인의 특성이 다양해지면서 이들의 재활에 교정복지 전문가가 개입하여 이들의 치료를 직접 혹은 간접적으로 돕는 기능을 하게 되었다. 넷째, 보호관찰·갱생보호기관과의 협력을 들 수 있다. 교정복지 분야에 있어 보호관찰은 핵심 부분이라 할 수 있을 정도로 교정복지의 기술과 접근방식이 보호관찰제도에 기여하고 있다(박차상 외 2010).

3. 교정복지의 필요성

사회복지의 특성 차원에서 교정복지의 필요성은 세 가지 측면에서 도출할 수 있다(이윤조, 2000).

첫째, 사회복지는 인간의 존엄성과 변화의 능력을 인정하고 인간을 돕는 정신을 바탕으로 태동하고 발전하였기 때문에 다른 여타 분야보다도 사회복지 분야에서 범죄인의 재활을 돕고 원조하는 데 적극적으로 개입할 수 있다.

둘째, 사회복지에서 중요시되는 것 중의 하나는 넓은 관점에서 대상자에게 접근을 시도한다는 것으로, 이것은 사회복지가 다른 분야에 비해 보다 전인적이고 통합적인 차원에서 범죄인의 재활에 효과적으로 대응할 수 있는 것이다.

셋째, 사회복지실천가는 그 개인의 능력에 따라 클라이언트가 지니는 심층적인 문제까지도 접근할 수 있는 기술을 개발하고 있어 범죄인에 대한 팀 접근(Team Approach)이나 케이스 매니저로서 대상자에 대한 다양한 지원망을 연결하고 대입하여 도움을 제공하는 이점을 지니고 있다.

이 밖에 경제적인 관점에서 교정복지활동은 민간 차원의 자원봉사자나 지역사회자원을 활용하고, 재소자에 대한 사회 내 처우를 중시한다는 점에서 상당한 비용을 절감할 수 있다. 또 사회적으로는 재범방지와 재활을 도움으로써 상습적인 범죄가 줄어들고, 사회안정에 기여하는 면에서 교정복지의 의의가 있는 것이다.

Ⅱ. 교정복지의 이념 및 역사

1. 교정복지의 이념

1) 인도주의

인도주의는 응보사상에 따른 비인도적 행형에 대한 반성을 촉구하고 인간성 존중과 인권을 보장하여야 한다. 그러므로 교정복지에서 사회복지사는 행형제도와 교정제도를 인간화하는 역할이 중요하다. 비록 재소자라 할지라도 이들에게도 헌법에서 보장된 기본적인 인권이 보장되어야 한다(김재학, 2003).

2) 과학주의

범죄의 원인, 범죄자에 대한 과학적인 분석 및 분류, 인격조사, 교정처우, 사회복귀를 기본구조로 삼고 처우의 과학화, 개별화를 중시한다(최옥채, 2001).

3) 교정의 사회화

사회에 복귀하여 정상적으로 적응하게 하려면 부자연스러운 환경 속에 고립시키기보다는 일반사회와 상호작용하게 하여야 한다. 사회생활을 영위할 수 있도록 자유와 기능을 주어 자신에 관한 사항은 스스로 처리하게 한다(장휘숙·명희숙·이서원, 2003).

2. 교정복지의 역사

1) 영　　국

영국의 보호관찰제도는 13세기 영국의 보통법에서 기원하지만 실질적으로는 1820년경부터 요크주의 사계절법원 판사들이 소년범죄인을 부모에게 인계·위탁하여 보호관찰한 데서 비롯되었다. 그러나 역사적으로 사회복지학이 자리 잡게 된 것은 1920년 후의 일이므로 영국에서의 교정복지는 1920년대 중반 이후부터로 보아야 할 것이며 1960년대에 들어와 교도소에 복지요원을 채용하여 재소자에게 서비스를 제공하였고, 1970년대에 들어오면서 복지요원의 업무에 사회복지학적인 접근 필요성에 대한 연구가 쏟아져 나왔다. 요컨대 영국의 교정시설에서는 1960년대부터 사회복지사들이 개별사회사업방법을 바탕으로 범죄인의 재활을 위해 활동하였고, 이후 사회복지사들은 교정시설 안팎에서 활동함으로써 비행청소년과 범죄인의 재활에 교정복지의 전문성을 마련하였다(Greenwood, 1998).

2) 미　　국

1920년대 미국의 사회복지실천 현장은 빈민 지역사회가 주류를 이루었다. 이 현장의 주요 클라이언트는 비행청소년 및 범죄인과 이들의 가족이었다. 따라서 이 시기에 미국의 사회복지실천은 빈민을 위한 개입에 주력하면서 아울러 비행청소년과 범죄인의 교정에 중점을 둔 것으로 추측할 수 있다. 미국은 1960년대 중반부터 교정현장을 포함한 형사제도 분야에서 사회복지사의 필요성을 인식하고 이들의 훈련과 채용 확대를 위해 노력했다(Andrews, 1989).

3) 한　　국

1961년 갱생보호법이 제정되면서 1978년 이후 보호관찰제도의 도입을 위한 준비로서 선도조건부 기소유예제도나 사회보호법에 근거한 보호관찰제도 등이 실시되었다. 1988년 보호관찰법이 제정되면서 교정복지의 역사에 큰 전환기를 맞았다. 1995년 갱생보호법과 보호관찰법을 통합하여 「보호관찰 등에 관한 법률」이 제정되어 소년범죄자에게만 적용되던 보호관찰제도를 성인에게까지 확대 실시하였으며, 2000년대 들어와 교정복지가 다소 활성화되기 시작하였다(사회복지협의회, 2006).

Ⅲ. 비행과 범죄에 대한 이해

1. 비행 및 범죄의 개념

비행은 도덕이나 법규에 어긋난 행위로서 실제로 사법현장에서 비행은 범죄에 비해 그 행위에 따른 피해가 적을 뿐만 아니라 형사사건과 구분하여 「소년법」에 따른 소년보호사건으로 처리하고 있다. 요컨대 비행은 대상을 청소년으로 한정하여 이들의 일탈행위에 초점을 두고 있다. 범죄는 법률에 따라 형벌을 받아야 할 위법행위로 범죄의 구성요건을 갖춘 경우를 일컫는다. 실제로 범죄는 형법에 따라 법원으로부터 형사처벌을 받기 때문에 비행과는 큰 차이가 있다. 요컨대 범죄는 법을 위반한 행위와 그 행위에 따른 피해가 있어야 하고 그 피해에 따른 규정된 처벌이 있을 때라야 성립한다(박종삼 외, 2007).

2. 비행 및 범죄이론

1) 범죄이론

롬브로소(Lombroso)에 의하면 범죄인은 일정한 신체적·정신적 특성을 가지고 있는 운명의 인격, 즉 선천적으로 범죄를 일으키는 유전을 타고난다는 것이다. 또한 쉘던(Sheldon)은 범죄인의 신체적 유형을 비만형, 근육형, 두뇌형으로 나누어 범죄에 관한 생물학적 원인을 전개하였다(이윤호, 2006).

2) 아노미이론

머튼(Merton)은 사회구조적 입장에서 빈곤과 범죄는 연관이 있다는 사실을 밝혀내고 있다. 이 이론에 의하면 빈곤한 가정에 태어나 사회구조적으로 매우 불리한 입장에 있는 청소년들은 그들이 원하는 지위를 사회적인 배경 때문에 성취할

기회가 상대적으로 제약되어 있으므로 그들의 목적을 비행과 범죄라는 수단을 통해 얻어 내려고 한다는 것이다(배임호 외, 2002).

3) 차별적 접촉이론

서더랜드(Sutherland)는 기본적으로 범죄행위는 학습된다고 가정한다. 즉 이 이론은 범죄청소년들이 살고 있는 주변환경이 하층민들이 모여 사는 열악한 빈민가라는 점에 착안하여 가까운 또래 친구들을 통해 범죄나 비행을 배울 기회가 많아 범죄소년이 된다는 것이다.

4) 비행 하위문화이론

코헨(Cohen)은 빈곤지역의 청소년들은 중산층의 문화가 지배적인 미국 사회에서 자신들의 지위를 획득하기가 힘들어 자기들에게 유리한 문화를 형성하게 되었다고 주장하였다. 즉 이들이 만드는 비행 하위문화는 중산층 문화에 대한 반동에서 형성되는데 중산층 문화가 규율과 준법정신을 강조한다면, 비행 하위문화는 법 위반에 대한 허용적인 태도를 형성하고 비공리성, 악의성, 부정성의 특징을 갖는다.

5) 낙인이론

사람들은 누구나 우연한 기회에 사소한 일탈의 가능성에 놓이게 되는데 이러한 일탈이 범죄로 규정되고 그 행위자에 대해 범죄자로서의 낙인이 찍히게 되면 그 행위자는 더욱 심각한 범죄를 저지르게 된다는 것이다.

6) 사회통제이론

허시(Hirshi)에 의해 제시된 사회통제이론에 의하면 인간은 누구나 선천적으로 일탈 및 비행의 성향을 갖고 태어난다고 보고 비행의 원인보다는 비행 성향을 갖고 있는 인간이 어떤 이유로 비행을 하지 않게 되는가에 대한 원인을 설명하려고 한다. 비행을 저지르지 못하게 하는 사회적 유대로서 애정, 집착, 몰두, 신념을 들고 있으며 이들 네 가지 요소가 약화되면 범죄나 비행 확률이 높아진다는 것이다. 특히 그는 청소년의 사회화에 있어 가정, 학교, 친구와의 유대를 강조하고, 청소년이 비행을 하게 되는 이유는 가정, 학교, 친구와의 유대가 약화되었기 때문이라고 보고 있다.

7) 사회학적 이론

(1) 문화이탈론

범죄행위는 사회가 개인의 행위가 어떤 행위를 이탈한 것으로 규정하느냐에 따라서 범죄가 되기도 하고 그렇지 않기도 한다는 전제에서 출발한 이론으로, 모든 범죄행위는 특정한 사회의 규범에 따라서 상대적인 것으로 이것을 '사회학적 상대론'이라 부르기도 한다.

(2) 사회긴장론

문화에 따른 이상적인 삶의 질과 현실적인 삶 사이에 존재하는 괴리가 긴장 혹은 스트레스를 유발하며 이러한 긴장을 해소하기 위해 범죄가 이루어진다고 주장하는 관점이다. 이러한 괴리와 긴장상태로부터 벗어날 방도가 없을 때 소위 아노미현상이 발생한다고 한다. 이 관점에서 범죄는 구조적인 결함을 지닌 사회 속에 사는 개인이 자신의 적응을 위한 마지막 노력이라 볼 수 있다.

(3) 사회혼란론

사회혼란론은 범죄는 지역의 특성과 깊은 관련을 맺고 있다는 것으로 범죄의 양은 그 지역의 조직화 정도 혹은 안정도에 의해 결정된다는 결론을 내리고 있다. 따라서 지역사회는 개인을 교육시키고 사회화시킬 수 있는 능력과 역량이 있어야 하며, 교육과 사회화 이후에도 계속 감시, 감독, 통제의 기능을 수행할 수 있어야 한다는 것이 이 관점의 핵심이다.

8) 심리학적 이론

(1) 정신분석이론

정신분석이론에서 범죄행위는 원초아(id)의 반사회적 충동을 자아(ego)와 초자아(superego)가 통제하기 못하기 때문에 발생한다고 본다. 이러한 원초아의 반사회적 충동은 오이디푸스 콤플렉스로 대표되는 근친상간에 대한 욕구와 그 욕구에 대한 죄책감, 그리고 벌을 받고자 하는 욕구에서 유래한다고 본다. 프로이트(Freud)의 이 이론은 대부분의 범죄인들이 벌을 받지 않기 위해 수단과 방법을 가리지 않고 도피하기도 한다는 점을 근거로 비판을 받고 있다.

(2) 성격이론

반사회성의 성격을 지닌 사람의 중요한 성격특질로서 '자기통제력'을 제시하고 있으며, 이것을 소위 '범죄성'을 가진 사람과 그렇지 않은 사람을 구별하는 주된 기준 특질로 제시하고 있다. 즉 흔히 범죄성이라고 불리는 인성 특질은 자기통제력의 결여를 의미하고, 이 자기통제력의 결여가 범죄행위를 유발한다는 것이다.

(3) 인지이론

사고방식이나 과정에 결함이 있어 범죄행위가 유발된다는 인지이론은 보고, 배우고, 스스로 터득함으로써 범죄가 가능하다는 입장이다. 학습이론에 의하면 인간의 행위는 선행하는 사건의 영향으로 인하여 이루어진다는 것으로 반복되는 재범자 혹은 재비행청소년을 통해 설명될 수 있다. 지능이론은 비행청소년과 범죄인의 언어성 지능이 평균적으로 낮다는 입장을 취하고 있다. 도덕성추론 이론은 사람이 옳고 그른 것을 구별하고 타인의 권리와 감정을 존중하고 이해할 수 없는 것은 도덕성이 발달할 수 있는 단계에 접근하지 못했기 때문이며, 비행청소년도 그러한 이유로 인해 비행에 빠진다는 것이다.

(4) 사회심리이론

사회학습이론은 관찰과 모방을 통해서 새로운 행동을 습득할 수 있다는 것을 강조한다. 사회정보처리 모형은 범죄인이나 비행청소년들이 사회적인 자극에 대한 정보처리의 지각, 해석, 반응결정, 실행 등의 과정에 결함을 갖고 있어 올바른 반응을 할 수 없다는 것이다.

Ⅳ. 교정복지의 처우 모델

1. 개선 모델(Rehabilitation Model)

범죄인의 개선, 교화를 통한 범죄방지에 주목적을 두고, 주로 종교적·심리적 카운슬링과 직업훈련을 통해 사회복귀를 꾀하는 것으로 판결 전 조사나 분류처우 제도 등의 기술이 개발되었다.

2. 의료 모델(Medical Model)

범죄를 인격구조나 사회화 과정 중의 결함이나 부적응의 징후로 간주하고 치료나 교화를 위한 처우 프로그램의 중요성을 강조하는 모델이다. 그러나 치료를 위해 강제처우나 수형자의 자율권 무시라는 수형자의 인권보장 측면에서 한계점을 지니고 있다.

3. 정의 모델(Justice Model)

개선·의료 모델의 인권침해 문제와 관련하여 범죄자를 공정하게 취급하여야 한다는 모델로, 범죄자의 갱생보다는 교정제도의 개선에 초점을 두고 있다. 그러나 이 모델에 의해 공정성 확보가 지나치면 엄벌화와 구금의 장기화로 연결되어 응보형 모델로 전환할 수 있고 형법의 중요한 이념인 예방의 관점이 무시될 우려가 있다.

4. 재통합 모델(사회재통합, Reintegration Model)

수형자와 교정관계자의 상호 신뢰에 입각하여 자발적으로 규율준수와 상호 학습을 통해 영향력을 행사하도록 하는 것으로 수용자의 사회복귀나 수용시설에 대한 지역사회의 부정적 시각을 해소시키는 데 도움을 줄 수 있다.

V. 교정사회복지사의 자질 및 역할

1. 교정사회복지사의 자질(천정환 · 김주연, 2010)

1) 교정상담자로서의 자질

일반적 상담이론을 토대로 한 상담기술을 철저히 숙지하여 교정현장에서 범죄자와 비행청소년의 환경과 이들의 특성을 파악하여야 한다.

2) 인간존중자로서의 자질

교정사회사업가는 범죄자와 비행청소년의 재활을 위해 특별한 사명의식을 가져야 하며, 이들의 인간적 가치를 자신이 갖춘 기술보다 더욱 중요시해야 한다.

3) 조직관리자로서의 자질

교정사회사업가는 교정현장의 범죄자와 비행청소년을 위해 다양한 분야의 사람들과 상호 연계해야 하며, 조직관리의 지속성과 효율성을 높이기 위해 자신의 조직관리 능력을 발휘하여야 한다.

2. 교정사회복지사의 역할(박옥희, 2008)

1) 상담자의 역할

교정시설의 재소자나 비행청소년들이 처해 있는 제반 애로사항을 파악하여 상담해 주어야 하며, 이러한 역할은 상담자나 대상자의 일방적인 욕구에 의하기보다는 상담의 원칙을 유지하면서 규칙적으로 이루어져야 한다.

2) 안내자의 역할

교정사회사업가는 정보에 차단되어 있는 교정시설 내의 재소자나 비행청소년들의 다양한 욕구를 감안하여 유용한 정보를 신속히 전달해 주어야 한다. 또한 안내자로서 향우 진로방향에 대해 다양한 대안을 제시해 주는 역할이 필요하다.

3) 중재자의 역할

교정시설의 실무자 간, 실무자와 대상자 간에 효율적인 소통관계를 유지하기 위해 중재자의 역할을 해야 하고, 피수용자 가족과의 갈등관계를 해결하는 데도 중재자로서의 역할을 수행할 필요가 있다.

4) 교육자의 역할

변화를 위한 지식과 인격적 사고가 부족한 대부분의 범죄자와 비행청소년이 재활을 통해 마음의 변화가 쉽게 이루어질 수 있도록 동기를 부여해 주는 교육자의 역할이 필요하다.

3. 교정복지의 기능

첫째, 범죄인 및 비행청소년의 적응을 돕는 기능(직원·동료와의 관계, 생활적응)

둘째, 범죄인의 특정 질병이나 장애의 치료에 대한 협력을 제공하는 기능

셋째, 보호관찰 업무와의 협력 기능

넷째, 비행청소년과 범죄인 가족에 대한 원조 기능

다섯째, 교정자원봉사자 관리, 교정제도 개선에 기여

VI. 교정복지 관련 프로그램 및 제도

1. 교정복지 관련 프로그램

1) 지역사회 중심 프로그램

범죄인이나 비행청소년을 위한 재활 프로그램을 지역사회 중심으로 실시하는 것으로 범죄인이나 비행청소년을 시설에 두지 않고 자신들의 집이나 중간시설에서 생활하도록 하여 재범을 막고 사회적 활동을 지속하게 하는 것이다. 가출소, 가퇴원, 선도조건부 유예, 보호관찰 등이 대표적인 예이며 범죄인이나 비행청소년을 시설에 수용하는 것과 비교하면 훨씬 더 좋은 효과가 나타나고 있다(박종삼 외, 2007).

☞ 표 7-1 **교정 프로그램의 목적과 내용**

구 분	목 적	내 용
예 방 프로그램	범죄나 비행이 예견되는 자를 직접 지도하거나 범죄 혹은 비행이 이루어질 가능성이 높은 지역사회의 환경을 개선하는 것	태화·은평 종합사회복지관의 '학교 부적응학생의 집단지도'
치 료 프로그램	이미 범죄나 비행에 가담하여 법원·검찰·경찰·학교 등으로부터 처벌을 받은 자들의 재활을 위한 것	보호관찰제도, 중간처우시설
시민운동 프로그램	시민들에게 교정사업을 보다 정확하게 이해시키기 위하여 범죄 예방과 범죄인의 재활활동을 지역사회 주민에게 알리고 이 활동에 참여시키는 것	세미나, 교양강좌, 사형폐지운동협의회 등

출처: 박종삼 외(2007).

2) 시설 중심 프로그램

범죄인이나 비행청소년을 수용하고 있는 시설은 교정시설, 보호시설, 민간시설로 구분할 수 있고, 여기서의 프로그램은 범죄인이나 비행청소년이 다시 사회로 돌아가 적응할 수 있도록 하는 데 목표를 두고 있기 때문에 프로그램의 영향이 절대적이다(홍봉선, 2004).

☞ 표 7-2 시설중심 프로그램의 내용

구 분	세 부 프로그램	내 용
교정시설 (교도소, 보호감호소, 특수교도소)	교 육 프로그램	• 범죄성을 제거하여 사회화시키는 것이 목적 • 인간존중적 원리, 자기인식 원리, 자조 원리, 신뢰 원리 중시 • 생활지도교육, 정신교육, 학과교육, 정서교육
	교 회 프로그램	• 재소자의 정신적 결함을 교정·선도하여 정상적인 자아를 발견하고 도덕적인 사회생활에 적응하게 함. • 종교교회: 종교행사, 교리지도, 자매결연 등 • 일반교회: 저명인사를 통한 수양강좌
	직업훈련 프로그램	• 노동정신 함양, 출소 후 생활안정으로 재범 방지, 국가 기능 인력 양성이 목적 • 잔형기간 3년 이상, 체력과 지능의 적합성에 따라 다양한 직업훈련 실시
	사 회 적 처 우 프로그램	• 재소자를 사회와 소통하게 하여 석방된 후 사회적응을 쉽게 하도록 함 • 귀휴, 사회견학, 외부통근제, 합동접견, 교화 및 종교위원제도, 재소자 복지담당관제도
보호시설	보호관찰 프로그램	• 일상생활을 영위하면서 재범에 빠지지 않도록 대상자를 지도, 감독하고 원호하는 사회 내 처우로서 상남, 취업알선, 학교복귀, 환경 개선 등을 수행 • 사회봉사명령: 지정시간에 무보수로 근로에 종사하게 함으로써 죄를 반성하고 지역사회에 봉사활동을 의무화한 제도
	소 년 원 프로그램	• 입원자교육: 생활안내, 정신교육, 심성훈련, 체육교육, 처우심사 • 기본교육: 학과교육, 직업훈련, 생활지도, 특별활동 • 사회복귀교육: 진로상담, 현장학습, 정서지도 • 사후지도: 통신, 출석, 방문지도
	소년분류 심 사 원 프로그램	• 분류심사 프로그램, 감호 프로그램
민간시설	수탁시설 프로그램	• 교육 프로그램, 기능훈련 프로그램, 외부인사참여 프로그램

출처: 박종삼 외(2007).

2. 교정복지의 기관과 주요 활동

☞ 표 7-3   교정복지 시설과 주요 활동 및 서비스

구 분	주요 시설	활동 및 서비스
수용시설	교도소(구치소)	• 형의 유무에 따라 기결(미결) 수용자를 수용 • 성별, 연령별, 죄의 경중, 기능별로 분류 수용
	보호감호소	• 재범의 위험이 있는 자에 대해 특수한 교육, 개선 및 치료가 필요한 경우 수용 및 교정
	특수교도소	• 약물, 알코올 남용, 나환자 등 특수처우가 필요한 대상을 수용
보호시설	보호관찰소	• 교정시설에 수용하지 않고 일상 사회생활을 영위하면서 재범에 빠지기 않도록 대상자를 지도, 감독하고 원호하는 사회 내 처우 　－사회봉사명령: 지정시간에 무보수로 근로에 종사함으로써 죄를 반성하고 지역사회에 봉사활동을 의무화한 제도
	소년원	• 가정법원소년부에서 송치된 비행청소년들을 보호, 수용하여 교정교육을 하는 특수교육기관
	소년분류심사원	• 범죄소년에 대한 분류심사를 실시하여 법원소년부에 자료 제공, 교정처우 지침 제시, 사후지도 권고 등을 수행
	치료감호소	• 범죄를 저지른 장애인 및 약물중독자의 재활을 위한 보호와 서비스를 수행
민간시설	갱생보호기관 (한국갱생보호공단)	• 집행유예나 선고유예자, 가석방 처분이나 출소자를 대상으로 정신적·물질적 원조 제공, 건전한 사회복귀와 재적응 도모
	소년보호시설	• 소년법원에서 4호 처분을 받은 소년들을 아동복지시설 또는 소년보호시설 등에 위탁하여 감호, 학업 및 직업교육 제공

출처: 박종삼 외(2007).

3. 교정복지관련 제도

1) 보호관찰제도

보호관찰법상의 보호관찰이란 범죄인이나 비행청소년을 교도소나 소년원 등의 구금시설에 구금하여 자유를 제한하는 대신 사회 안에서 정상적인 사회생활을 영위하도록 허용하면서 준수사항을 부과하고 필요한 지도나 원호를 통해 범죄성이나 비행성을 교정하며 재범을 방지하는 형벌 또는 보호처분의 일종이다. 보호관찰의 대상자는 형의 선고유예를 받은 자, 형의 집행유예를 받은 자, 가석방 또는 가퇴원자, 소년법에 의해 보호처분을 받은 자 등이다. 이에 대한 결정은 비행청소년의 능력과 환경, 비행청소년과 그 가족의 환경, 보호관찰관과 판사가 지니고 있는 집행유예의 개념, 비행청소년과 그 가족들에게 영향을 미치는 보호관찰관의 질과 양, 지역사회 내의 법정 환경과 지역사회 자원의 활용가능성 등을 고려하여 결정한다. 이 제도의 효과를 증대시키기 위해 50시간에서 200시간 이내의 사회봉사명령과 수강명령을 병과하고 있다.

(1) 사회봉사명령

유죄가 인정된 범죄인이나 비행소년을 교도소나 소년원에 구금하는 대신 정상적인 사회생활을 영위할 수 있도록 하면서 지정된 시간 동안 무보수로 근로에 종사하게 함으로써 자신의 죄를 반성하고 지역사회에 봉사하게 하는 명령이다.

(2) 수강명령

사회봉사명령과 같이 법원이 소년법 적용 대상자에게 보호처분을 결정할 때 함께 내리는 명령으로 16세 이상의 대상자에게 명할 수 있으며 1·2호 처분인 6월의 단기보호관찰은 50시간, 1·3호 처분은 200시간을 초과하지 않는 범위 내에서 명령할 수 있다.

2) 갱생보호제도

갱생보호는 「갱생보호법」에 의거하여 실시되는 것으로 범죄인의 재범을 방지하고 그들이 자립갱생하여 건전한 사회인으로 복귀할 수 있도록 지도하여 성행을 교정하고 물질적 지원을 제공하여 자립기반을 마련하여 주는 제도이다. 이 제도는 본인의 신청이나 동의가 있는 경우에 한하며 일반적으로 무의무탁한 자, 귀가

여비가 없는 자, 생활수단이 없어 경제적으로 자립할 수 없는 자, 기타 정신적 결함과 환경불량으로 사회적응이 곤란한 자 등 보호의 필요가 있는 자를 대상으로 하고 있다. 비행청소년들에게는 숙식 제공, 여비 지급, 직업훈련, 취업알선, 생업조성금 지급, 관찰보호 및 기타 자립 지원을 원조하고 있다.

3) 소년보호처분제도

소년보호처분은 「소년법」에서 명시하고 있는 소년보호사건에 대한 처분을 규정한 제도로서 1942년 공포된 「조선소년령」에 따라 일본의 구 소년법을 적용하여 1958년 소년법을 제정했으며 1988년 소년법을 전면 개정하였다. 소년법에 따르면 소년부 판사는 20세 미만의 소년사건에 대해 심리결과 보호처분이 필요하다고 인정한 때에는 다음과 같은 10가지 처분 중 하나를 내릴 수 있다(소년법 제32조).

(1) 보호자 또는 보호자를 대신하여 소년을 보호할 수 있는 자에게 감호 위탁

(2) 수강명령

(3) 사회봉사명령

(4) 보호관찰관의 단기 보호관찰

(5) 보호관찰관의 장기 보호관찰

(6) 「아동복지법」에 따른 아동복지시설이나 그 밖의 소년보호시설에 감호 위탁

(7) 병원, 요양소 또는 「보호소년 등의 처우에 관한 법률」에 따른 소년의료보호시설에 위탁

(8) 1개월 이내의 소년원 송치

(9) 단기 소년원 송치

(10) 장기 소년원 송치

4) 법률구조제도

경제적으로 어렵거나 법에 관한 지식이 부족하여 법의 보호를 충분히 받지 못하는 사람들에게 법률상담, 변호사에 의한 소송대리, 기타 법률서비스를 제공하는 사회복지제도이다.

5) 선도조건부 기소유예제도

청소년의 비행이 대체로 가볍고 이들의 가정환경이 안정된 경우 검찰이 위촉한 범죄예방자원봉사위원협의회 내 상담지도분과위원의 지도를 받도록 검사가 내리

는 처분이다.

6) 소년자원보호제도

소년자원보호제도는 1987년 소년자원보호자협의회를 구성하여 오늘에 이르고 있으며 소년법에 의거한 1호 처분에 중점을 두고 있다. 이는 보호자 또는 보호자를 대신하여 소년을 보호할 수 있는 자에게 감호 위탁하는 것으로서 소년보호사건의 대상자를 위한 것이다.

7) 치료감호

「사회보호법」에 따라 죄를 지은 정신장애자나 알코올·마약 중독자에 대하여 실형 복역에 앞서 치료감호소에 수용하여 치료를 실시하게 하는 보호처분이다.

VII. 교정복지의 과제와 전망

1. 교정복지의 과제

세계화·정보화 사회에서 청소년들은 고정되고 획일화된 가치관과 사회로부터의 탈피를 원한다. 그러나 사람들의 욕구만큼 우리 사회의 제도나 의식은 이런 사람들의 다양한 가치를 받아들일 준비가 되어 있지 않고, 이것은 곧 범죄율을 점점 높이는 이유 중 하나이기도 하다. 따라서 지금의 교정복지 접근방법과는 다른 제도적 방안이 마련되어야 할 것이다. 우리가 원하는 교정복지를 실현하기 위해서는 사회적인 관심과 교정현장의 개방화 및 다양한 전문인력의 필요성 증대가 요구된다. 그리고 교정시설의 민영화로 변화를 꾀해야만 교정복지의 활성화와 제도화를 이루어 나갈 수 있으므로 이를 위해서는 다음과 같은 과제를 해결해 나가야 한다(박차상 외, 2010).

1) 범죄에 대한 사회적인 관심의 확대

예전에는 범죄의 대표적인 원인을 단순히 가난으로만 보았는데 요즘에는 가난과 함께 갈등관계가 많이 지적되고 있다. 특히 사회적으로 문제가 되고 있는 가족 간의 갈등으로 인한 범죄는 앞으로 더욱 심화하여 나타날 것으로 보며, 이에 합당한 대처방안이 요구되고 있다. 어쨌든 범죄의 지속적인 증가와 범죄양상의 비인간화로 사회가 지금까지 외면하거나 감추려고 했던 경향이 이를 직시하려는 경향으로 변해 가고 있는 추세이다. 특히 범죄의 예방이나 범죄인의 재활은 사회의 관심이 없이는 불가능하므로 범죄에 대한 사회적인 관심도는 더욱 높아질 것으로 예상된다.

2) 교정현장의 개방

범죄에 대한 사회의 관심이 높아질수록 교정현장은 개방적으로 변해야 한다. 다시 말하면 교정당국이 먼저 스스로 개방하려고 노력해야 한다. 당위성으로는 첫째, 교정당국의 힘만으로는 범죄인의 재활이 불가능하다는 점이고, 둘째, 교정당국은 사회로부터 교정현장의 개방을 위한 압박을 받게 될 것이며, 셋째, 보다 과학적인 교정사업이 전문가에 의하여 연구되고 있다는 점 등을 들 수 있다.

3) 전문인력의 요구

범죄인의 재활은 다각적인 접근이 필요하다. 예전의 강압적이고 단편적인 접근에서 탈피하여 보다 과학적인 방안으로서의 팀 접근이 필요하다. 이때 각 분야에서의 전문인력이 요구될 텐데 특히 정신의학, 교정학, 사회사업학과 같은 분야의 전문가를 들 수 있다.

4) 교정당국-지역사회-연구기관과의 적극적인 협력의 요구

범죄인 및 비행청소년을 위한 재활의 과학화가 요구되는데 이는 결국 교정당국과 지역사회 그리고 연구기관과의 상호 협력이 중시되어야 한다. 지금까지 교정현장에서 필요로 하는 대안이나 기술들이 얼마나 적합하게 활용되어 왔는가 하는데 의문을 갖지 않을 수 없다. 아무리 연구가 잘되어도 이를 현장에서 적용할 수 없다면 무용지물에 불과한 것이고 지역사회의 절대적인 참여가 없는 교정의 활성화는 기대하기 어렵다. 이런 측면에서 효과적인 교정사업은 반드시 3자의 성실하고 적극적인 협력이 있어야 하는 것이다.

2. 교정복지의 전망

1) 교정현장에의 교정사회사업가의 활동을 위한 제도의 개선

사회사업학을 전공한 전문인력이 교정현장에 근무할 수 있도록 제도적인 개선이 있어야 한다. 제도의 개선이나 새로운 제도의 마련은 국가적인 차원에서 결코 쉬운 일이 아니다. 이런 면을 고려할 때 법무부의 교화직 및 분류심사직 공무원

과 협력하면서 사회사업학 전공자를 투입할 수 있으며, 이들 공무원들에게 사회
사업학을 교육시켜 활동하게 할 수도 있다. 이러한 작업이 보다 순조롭게 이루어
질 수 있도록 관련 전문 분야에서는 연구를 통한 교정사회사업의 홍보를 활발하
게 해야 한다.

2) 교정사회사업에 대한 교육 및 연구의 활성화

전국적으로 사회복지학과를 포함하여 사회사업학과를 설치한 대학 대부분이 교
정사회사업 과목을 개설하고 있지 않다. 특히 이 분야가 대학에서 연구하는 연구
자에게 다른 분야에 비해 큰 매력이 없다 하여 피하고 있는 실정이며, 더욱이 이
분야의 현장활동이 폐쇄적이다 보니 연구하는 인력이 극소수에 불과하다. 이런
점들을 극복한 성실한 연구와 교육이 현장과 대학의 협력으로 이루어져야 한다.

3) 교정사업에 대한 대시민홍보

교정발전을 위하여 시민의 참여가 요구되는바 교정당국에서 내걸었던 교정의
사회화가 행동으로 옮겨져 시민이 참여할 수 있도록 유도해야 한다. 이를 위해
구체적인 방안을 제시한다면 교정사업에 대한 시민강좌, 시민운동 등이 가능하다.
여기에는 범죄인 및 비행청소년의 가족도 함께 참여시켜 이들의 사기를 복돋아
주고 활동에 동참하도록 유도하여야 한다. 이러한 일은 교도소의 실무자가 주부
대학에 강사로 참여(광주지역)하고 있는 것처럼 교정현장의 실무자나 대학의 관련
전문가 혹은 과거에 재소자였던 재활인사 등이 이끌어 갈 수 있다.

생각해 볼 문제 및 과제

1. 교정복지의 개념을 설명해 본다.

2. 교정복지의 필요성에 대해 설명해 본다.

3. 교정복지의 이론적 관점을 제시해 본다.

4. 교정사회복지사의 역할에 대해 생각해 본다.

5. 교정복지의 전망에 대해 설명해 본다.

6. 교정복지의 정책적 특성을 이해한다.

참고문헌

김재학(2003). "교정복지제도 정책을 위한 기초연구". 한세대학교 사회복지대학원 석사학
　　위논문.

구종회 외(2001). 교정복지론. 홍익제.

박옥희(2008). 사회복지의 이해. 학지사

박종삼 외(2007). 사회복지학개론. 학지사.

박차상 · 강세현 · 김옥희 · 남진열 · 이현주 · 전영록(2010). 사회복지개론. 학현사.

배임호 · 박경일 · 이태언 · 신석환 · 전영록(2002). 교정복지론. 양서원.

사회복지협의회(2006). 서울사회복지백서.

이윤호(2006). 교정학개론. 박영사.

이윤조(2000). 형사정책. 박문각.

장휘숙 · 명희숙 · 이서원(2003). 가정폭력행위자 교정프로그램. 여성부.

천정환 · 김주연(2010). 교정복지학. 창지사.

최옥채(2001). 교정복지학. 아시아미디어리서치.

홍봉선(2004). 교정복지론. 현학사.

Andrews, A.(1989) "Recidivism is predictable and can be influenced: Using risk
　　assessment to reduce recidivism." Forum on Corrections Research.

Greenwood, W.(1998). "Investing in prisons or prevention: The state policy maker's
　　dilemma." *Crime & Delinquency*, 44(1): 27-43.

제 **8** 장

산업복지

Ⅰ. 산업복지의 이해

1. 산업복지의 정의

산업복지를 정의할 때 흔히 부딪히는 문제는 우선 관련된 용어들이 상당히 많다는 점이다. 산업복지는 흔히 근로복지, 노동복지라는 용어로도 표현된다. 우리나라의 경우에는 주로 관행적으로 근로복지라는 용어가 많이 사용되어 왔으며, 최근에는 일본에서 많이 사용한 노동복지라는 용어로 표현하기도 한다. 사회복지학에서는 산업복지라는 표현이 더 일반화되어 있는 실정이다. 각각의 용어들이 정의하는 바를 살펴보면 알겠지만 산업복지나 근로복지, 혹은 노동복지라는 용어가 의미하는 바가 크게 다를 것 같지는 않다.

광의적 개념으로 산업복지란 국가 또는 지방자치단체, 기업, 노동조합, 협동조합 등이 주체가 되어 노동자와 그 가족의 생활안정, 생활수준의 향상, 복지서비스의 증진 등을 목적으로 하는 시책, 시설, 서비스 활동의 총체를 의미한다. 여기에는 기업이 주체가 되는 기업복지, 노동조합이 주체가 되는 노동자복지, 정부가 주체가 되는 사회보장, 협동조합이 행하는 각종 복지활동 등이 포함된다(곽효문, 1997).

협의적으로는 미국에서 일반적으로 사용되는 산업사회사업(Industrial Social Work, Occupational Social Work)의 개념이다. 산업사회사업이란 경영주나 노동조합 또는 양쪽의 후원하에 직장 내외에서 노동자의 전반적인 생활의 질을 향상시키기 위하여 전문사회사업가가 개입되는 프로그램이나 서비스를 의미한다(Barker, 1987). 이 정의에서는 산업복지란 사회사업가의 전문적 지식과 기술이 동원되어야 하는 전문사회사업의 한 분야임을 명백히 하고 있다. 따라서 산업복지란 근로자와 그 가족을 대상으로 이들의 삶의 질과 노동의 질을 향상시켜 주는 복지활동이며, 활동주체에 따라 공공산업복지, 기업복지, 노동자자주복지, 민간산업복지 및 산업사회사업으로 구분된다(Kurzman, 1997).

2. 산업복지의 대상

산업복지를 실시하는 주체는 크게 보아 국가, 기업, 노동자, 민간 등의 네 가지로 나눌 수 있다. 즉 산업복지 주체로서의 국가에는 중앙정부와 지방자치단체가 포함되며, 기업에는 기업이나 사업체, 작업장, 단체 등 고용주나 고용조직, 사용자가 주체가 되는 것이고, 노동자는 노동자, 종업원, 직원 등 고용되어 있는 사람들의 집단이나 노동조합이 주체가 되며, 민간은 사회복지기관이나 사회단체 또는 종교단체 등의 민간단체가 주체가 되어 근로자와 그의 가족의 복지의 전달과 증진을 위한 산업복지사업을 수행한다(우재현, 1994; 이정환 외, 2001).

3. 산업복지의 필요성

산업복지는 시장경제의 역사적 성립과 발전에서 비롯되는 노동문제와 사회 문제를 해결하려는 여러 노력들 가운데 하나로 규정할 수 있기 때문에 이 문제들을 해결하려는 노력을 통해 산업복지는 노동자와 그 가족의 복지뿐 아니라 기업의 발전, 사회평화, 국민의 통합능력 확대를 위해 필요하다고 말할 수 있다. 다시 말하여 물량 중심적 경제개발이 가져다준 여러 문제들을 사회개발로 보완하면서 산업사회에 따른 노동자의 인간성을 회복시켜 주고, 인간다운 삶의 질 내지는 노동생활의 질을 높이기 위해서는 다음과 같은 산업복지의 필요성이 요청된다(이정환 외, 2001).

첫째, 무엇보다도 국가가 앞장서서 사회 정책적으로 산업복지를 수행해야 할 필요성이 대두된다. 특히 앞으로 경제·사회구조의 불균형과 사회문제해결 노력을 위해 장래 산업화의 계속적 추진에 비추어서 공공산업복지정책의 강화, 복지질서의 수립과정에서 산업노동자의 생활조건 개선과 인간성 회복을 위한 사회보장제도의 충실화, 국가의 각종 지원체계에 의한 공공산업복지의 강화가 요청되는 것이다.

둘째, 기업복지를 발전시키지 않으면 안 될 여건이 다음과 같이 존재하기 때문이다. ① 기업의 사회적 책임이다. 기업은 배분의 공정을 기하기 위하여 노동자에 대한 적정임금과 출자자에 대한 적정배분, 세금의 납부, 하청거래에 대한 확실한 지불문제나 교환의 공정성, 사회에 대한 공정을 기해야 할 필요성이 요청된다. 나아가서는 구성원을 전인으로 보고 생활인으로서의 노동자를 대우하는 기업복지 또한 사회적 책임의 일환인 것이다. ② 노사협의 풍토의 정착에 대한 절실한 요청이다. 기술노동력 부족으로 인한 산업노동자의 횡단적 이동과 대소기업의 노동조직의 개편, 단체교섭의 제약으로 인한 노사협력의 차질, 과거 절대적·전제적 노사관계의 실행 속에서 생겨난 기업의 저임금과 안전이나 보건조차 위협하는 노동조건의 혼란, 각박한 노동환경 속에서의 인간성 상실 등의 문제를 해결할 과제가 놓여 있다.

셋째, 노동자 자주복지를 수행해야 할 필요성이다. 오늘날 산업화 과정에 맞춰서 조합원 중심의 조합으로 전환해야 할 시점에 와 있으므로 종래의 전체주의적 조합을 지양하고 조합 내 민주주의를 앙양시켜 조합원의 자주성을 육성해야 한다. 그리하여 조합원이 보람을 찾을 수 있는 방향에서의 노동자 자주복지가 당위적인 입장에서 절실히 요청된다.

Ⅱ. 산업복지의 이념 및 역사

1. 산업복지의 이념

1) 자유개인주의(free individualism)

자유, 개인주의, 불평등을 사회의 기본적 가치로 삼고 있는 이념으로 반집합주의라고도 한다(Akabas, 1995).

(1) 자 유

오스트리아의 경제학자 하이에크(Hayek)는 개인의 자유를 사회제도를 판단하는 최종목표이며, 또한 개인의 능력과 기회를 최대한 활용할 수 있게 해 주는 요체라고 주장하였다. 국가의 행동범위가 확대되는 것을 노예의 길(The Road to Serfdom)이라고 비판한다.

(2) 개인주의

개인이 사회생활을 결정하는 힘이며 따라서 사회형성은 개인의 행동을 이해함으로써 파악될 수 있음을 의미한다. 자유개인주의자들은 사회가 개인의 자발적인 협동과 경쟁에 기초해서 형성되어야 하며 국가의 역할은 최소 수준에 머물러야 한다고 주장한다.

(3) 불 평 등

자유개인주의자들은 개인의 자발적인 협동과 경쟁에 기초하여 형성된 사회는 기본적으로 자유시장이 지배하는 사회이며, 시장은 강제를 행사할 수 있는 존재가 아니기 때문에 시장에서 발생하는 빈곤이나 불평등은 자연스럽고 바람직한 것이라고 주장한다.

2) 제한적 개인주의

조건이나 상황에 따라 가치들을 선호하는 지적 실용주의(intellectual pragmatism)를 채택하면 기본적으로 자유, 개인주의를 바람직한 것으로 받아들이며 불평등을 인정한다. 반면, 어느 정도의 사려 깊은 통제와 규제가 필요하며, 지나친 불평등은 수정되거나 제거되어야 한다는 점에서 자유개인주의자들과 다르다. 궁극적으로 국민의 최저복지수준을 보장하는 한도 내에서까지만 국가의 개입을 인정하며 그 수준 이상에서는 국가의 개입이 제한되고 대신 경쟁에 맡겨져야 한다는 것을 주장한다(노병일, 2008).

3) 페이비언주의(fabianism)

제한적 개인주의와 마르크스주의의 중간에 위치한 이념으로 사회민주주의라고도 한다. 공리주의에 근거를 두고 출발했지만 시간이 흐르면서 실증론의 가치도 수용하며, 자치적 사회주의(municipal socialism)와 점진적 개혁주의(gradualism)를 지지한다. 대표적인 가치는 평등, 자유, 우애이다(Alcock, 1997).

(1) 평   등

사회통합의 증진, 경제적 효율성의 증대, 정의의 실천, 개인의 자아실현을 위한 평등이다. 불평등의 축소는 필요한 것이지만 이 같은 소극적인 자세만으로는 사회통합이나 정의가 실현되지 않는다고 주장한다.

(2) 자   유

개인이 자신의 삶을 스스로 통제하고 자신의 목표를 이룰 수 있는 상태를 자유로 간주한다. 경제적 평등을 필수조건으로 하며, 궁극적으로 자유는 현실적인 법제정과 정부의 적극적인 행동과 노력, 근로자의 자발적인 참여로 나타나야 한다고 주장한다.

(3) 우   애

경쟁보다는 협력, 권리보다는 의무, 개인의 욕구보다는 공동체의 선, 이기주의보다는 이타주의를 중시하는 것을 의미한다. 궁극적으로 사적인 이익과 경쟁을 부추기는 자본주의 시장경제로 인해 인간공동체가 파괴되고 사회적 갈등과 혼란이 가중될 것이라고 비판한다.

4) 마르크스주의

생산수단의 사적인 소유와 이로 인해 형성된 사회계급을 사회의 핵심요소로 본다. 생산수단의 사적 소유에 따라 사회는 유산계급과 그렇지 못한 무산계급으로 크게 나뉘며, 자본주의 사회에서는 계급갈등이 필연적으로 발생한다고 본다. 따라서 사회주의나 공산주의 사회가 되면 이러한 문제는 자연스럽게 해결될 수 있다고 주장한다. 사회복지의 운영방식은 오직 생산수단이 공유화된 사회주의 사회 내에서 실현될 때 의미가 있다고 보는 점에서 페이비언주의자들과 다르다. 적극적인 자유와 평등이 자본주의체제하의 복지국가에서 실현될 수 있을 것인가에 대해 회의적이며, 경제적 평등이 보장된 사회주의 사회만이 진정한 의미의 자유와 평등을 실현시킬 수 있다고 본다(권육상 외, 2003).

2. 산업복지의 역사

1) 1961년 이전

소규모의 경공업 위주로 산업이 발전했으며 광공업 부분의 종사자 수 역시 전체 경제활동 인구의 8% 내외에 불과할 만큼 산업화의 진전이 미비한 상태였다. 기업에서도 기능과 직무의 분화는 제대로 진행되지 못했으며, 대부분의 노동자들은 대단히 열악한 환경에 처해 있었다(구종회 외, 1999). 사회보험과 같은 국가복지는 해방 직후에 활발했던 노동운동의 중요한 요구사항 중의 하나였지만 전혀 시행되지 못했으며, 1953년 제정된 노동관계법은 근로조건 기준에 대한 규제를 명시하고 있으나 당시의 실정과는 괴리가 컸다. 퇴직금제도는 근로기준법 28조에 의해 그 실시가 규정되어 있지만 임의규정이었을 뿐이다. 결국 이 시기에는 노동자에 대한 국가복지 프로그램은 말할 것도 없고, 기업복지 프로그램 역시 거의 존재하지 않았다.

2) 1961~1972년

노동에 대한 억압적 정책과 자본에 대한 지원육성 정책을 통해 본격적인 수출주도 산업화가 시작된 이 시기에 광공업 부문의 취업자 수는 두 배 가까이 증가했다. 우리나라에서 산업복지가 출현한 시기이다. 1960년대 말에는 부분적으로 저임금 여성노동력의 부족현상이 나타나기도 했으며, 기업에서 인사노무 관련 부서가 직제화되기 시작했다. 그러나 이 시기의 기업복지는 기숙사나 사택 등의 주거시설, 양호실과 같은 의료시설, 식당 등의 급식시설과 같은 시설 위주의 생활 관련 프로그램이 거의 전부였다고 볼 수 있다(조홍식·김진수·홍경준, 2001).

3) 1973~1987년

이 시기 동안 한국의 기업들은 급성장했으며, 농촌인구 유입의 감소와 중동특수 등에 따라 노동력 부족 현상이 본격적으로 제기되었다. 특히 1970년대 후반의 노동력 부족 현상은 사회복지에 대한 국가의 개입을 초래하였다. 국가는 의료보험의 실시 등으로 직접 국가복지를 제공하기도 했으며, 공장 새마을운동(1973년), 사내복지기금운영준칙(1984년) 등의 규제를 통해 기업복지의 실시를 강제하기도 하였다. 이 시기 동안 기업복지는 내용은 다양해졌지만 여전히 열악한 임금수준을 보완하는 생활 보조적인 성격을 강하게 내포하고 있었다.

4) 1987~1998년

1987년 6월 항쟁 이후로 노동운동이 크게 증가하고 영향력 또한 증대되었다. 1987년은 기업복지과 관련하여 획기적인 변화가 초래된 해이다. 대기업을 중심으로 촉발된 노동운동은 기업뿐 아니라 국가의 노동정책과 복지제도의 변화에도 매우 큰 영향을 미쳤다. 전체 노동비용에서 기업복지가 차지하는 비중이 크게 증가했으며, 프로그램의 내용 역시 상당히 충실해졌다.

5) 1998~현재

1997년 말에 밀어닥친 경제위기는 1987년 이후 지속적으로 확대된 기업복지에도 매우 큰 변화를 초래하였다. 경제위기는 많은 기업의 도산과 휴·폐업을 초래하여 실직자를 양산하였으며, 경제위기 극복을 위한 대응책으로 추진되고 있는 기업구조조정과 노동시장 유연화 정책은 고용불안정의 문제를 가장 심각한 사회 문제로 대두시켰다. 또한 경제위기 이후에 노사정 합의의 형식을 빌려 국회를 통과한 개정 근로기준법은 정리해고와 근로자파견제의 도입을 현실화시켰으며, 이에 따라 고용불안정의 문제는 앞으로 우리 사회가 계속 짊어지고 가야 할 핵심적인 부담으로 등장하게 되었다.

노동자가 기업복지의 혜택을 받기 위해서는 우선 특정 기업에의 고용이 전제되어야 한다. 그런 점에서 고용불안정의 심화는 상당수의 노동인구가 자신들의 기본적인 욕구에 대응하는 중요한 사회복지 혜택을 상실함을 의미한다. 노동시장 유연화 정책은 기업복지의 분배형태를 급격하게 변화시킬 가능성이 높다. 왜냐하면 노동시장의 유연화는 일반적으로 국가복지의 성격변화를 초래함과 동시에 노동시장의 구조를 변화시키기 때문이다. 특히 자유로운 정리해고로 표현되는 수량적 유연화 전략은 다양한 범주로 구성된 주변적 노동력의 증가를 초래한다. 그리고 이것은 복잡한 요인에 의해 형성된 이중노동시장을 더욱 고착시키고, 결과적으로 중심 노동자와 주변 노동자들 사이의 분배문제를 악화시킨다. 유연화 전략을 통해 중심 노동자는 소득, 고용안정, 기업복지 등에서 이득을 얻게 되지만, 이질적인 노동력으로 구성된 주변 노동자 범주는 노동자로서의 지위뿐 아니라, 소득, 고용안정, 기업복지 등에서도 불이익을 당한다는 것이 선진 국가들의 경험에서 드러난 사실이다(최수찬 2005).

Ⅲ. 산업복지의 기능

1. 산업복지의 일반적 기능

산업복지의 일반적 기능은 다음과 같이 다섯 가지 기능으로 구분할 수 있다(우제현, 1990; Carter, 1977).

1) 평가적 기능

이는 다시 사전평가와 사후평가로 나누어 볼 수 있다. 사전평가는 복지적 원조에 필요한 최소한의 사회자원과 현실적으로 가능한 해결방법을 노동자가 찾아내도록 원조하는 것이다. 사후평가는 원조의 종료 시 또는 일단락된 때에 지금까지의 문제해결과정을 반성하여 효과의 측정, 결점, 장래예측 및 개선책을 노동자와 더불어 검토하는 기능이다.

2) 조정적 기능

생활자로서 노동자가 갖는 많은 사회관계가 서로 모순되지 않도록 노동자 개인, 가족, 제도적 기관에 작용하여 노동자 개인이 사회관계를 상실하지 않도록 원조함과 동시에 지역사회에서 시행되는 각종 생활 관련 시책이 노동자의 입장에서 운영되도록 실현하는 기능이다.

3) 전달적 기능

모든 노동자가 사회생활상 요구를 충족시키기 위해 적절한 제도나 자원을 선택하여 건설적으로 이용하도록 원조하는 기능을 말한다. 특히 근래에 와서는 산업복지의 주체인 국가, 기업, 노동조합은 노동자들이 피부로 느끼는 욕구나 문제를 해결하기 위한 정책의 개발이나 입안 시에 그들의 의견을 반영하여 기존의 활동이나 새로운 활동을 통해 원조하는 개발적 기능이 강조되고 있다.

4) 개발적 기능

생활자로서 노동자의 문제해결능력의 잠재적 가능성을 찾아내고 이것을 발전시키도록 원조하는 기능이다.

5) 보호적 기능

이상의 네가지 기능에 의해서도 생활상 욕구충족을 할 수 없는 노동자에 대하여 사회관계를 보호하는 서비스를 제공하는 것으로서 위의 네 가지 기능과 병행하여 작용한다.

2. 산업복지의 기업경영적 기능

산업복지의 기업경영적 측면은 본질적으로 노무관리의 일환으로서 그 기능을 담당한다. 그러나 이러한 경영 또는 노무관리 측면 이외에도 국가나 각 사회단체에서 행하는 여러 생활복지를 보완하는 기능도 가지고 있다. 산업복지의 기업경영적 측면에서의 기능은 기본적 기능, 일반적 기능, 부분별 기능의 세 가지로 나누어 볼 수 있다(곽효문, 1997; 최수찬, 2005).

1) 기본적 기능

첫째, 생산조건적 기능은 회사로 출·퇴근할 수 있는 일반주택이 부족한 지역의 경우에는 회사가 회사 내 기숙사처럼 부대 주택시설을 설치·운영하는 경우가 있는바, 이는 노동력 확보를 위한 것으로 기업경영에 필수적인 것이다. 즉 이 기능은 시설의 생산수단적 역할에 착안한 것이다.

둘째, 근로조건적 기능으로서 임금, 처우 등의 근로조건의 보완적인 작용을 하는 것을 말한다. 이것을 임금에 대체가능한 것으로 해석한다면, 산업복지의 대부분이 노동조건적 기능을 갖는 것이 되는데 이것으로서 산업복지를 근로조건이라고 볼 수는 없다.

셋째, 생활조건적 기능으로서 기업사택 등과 같이 생산조건적 기능에 대응하는 것으로, 종업원에 대한 직접적인 생활원조나 생활조건을 정비 조성하는 작용을 말한다. 이 기능은 저임금, 저생활 수준의 보완으로서 산업복지의 경영적 기능 중 중심적 역할을 해 왔다.

넷째, 인간관계적 기능이다. 이것은 직장 내외에서 종업원 상호 간 및 직제에 의한 인간관계를 원활하게 하고, 작업조건의 고도화나 사회생활의 복잡화 등에서 생기는 인간성 소외를 완화하는 기능을 말한다.

다섯째, 교육훈련적 기능이다. 각종 컨설턴트 제도나 능력주의 관리의 시행에 따르는 자기계발, 교육훈련 기능 등을 가리킨다.

2) 일반적 기능

일반적 기능은 노동력 확보정착 기능, 노사관계 안정 기능, 노동의욕 촉진 기능 등으로 나눌 수 있다. 특히 노동력 확보정착 기능은 숙련된 노동자를 다른 기업으로 이동하지 못하도록 하는 기능을 수행한다. 노사관계 안정 기능은 노동조합으로 하여금 노사협상의 우선 목표를 노동조건의 향상에서부터 기업복지의 확충으로 전환시키는 기능이다. 노동의욕 촉진 기능은 기업복지가 생산성을 향상시키는 기능을 말한다. 이러한 일반적 기능은 앞의 기본적 기능과 밀접한 연관을 맺고 구체적 기능을 포함한다.

3) 부문별 기능

부문별 기능은 개별 복지정책이 가져오는 구체적 기능을 일컫는 것으로서 생활원조, 주택, 공제금융, 문화, 체육, 레크리에이션, 보건, 위생 부문으로 나눌 수 있다.

3. 산업사회복지사의 역할

스트라우스너(Straussner)는 산업복지 분야에 종사하는 복지사의 역할과 관련하여 다섯 가지의 모델을 제시하고 있다(서윤 외, 2005). 근로자서비스 모델, 고용주/

근로자조직서비스 모델, 소비자서비스 모델, 기업의 사회적 책임 모델, 사업장 관련 공공정책 모델이 그것이다. 스트라우스너는 다섯 가지로 구분을 하였지만, 사회복지사는 한 가지 역할에 국한되지 않고 두 가지 이상의 모델에서 역할을 수행할 수 있다. 각 모델을 구체적으로 살펴보면 다음과 같다(이노변 외, 2001).

1) 근로자서비스 모델

근로자서비스 모델이 주로 관심을 가지는 것은 근로자의 욕구충족을 목표로 하는 프로그램과 서비스를 실시하는 것이다. 여기에는 근로자가 자신의 물질적·정신적·사회적 문제를 대처하는 것을 도와주기 위한 프로그램과 서비스를 실시하는 것이 포함된다.

■ 구체적 역할

① 상담자: 근로자 개인, 근로자 가족, 근로자 집단을 평가하고, 이들에게 단기적으로 또는 장기적으로 상담서비스를 제공하는 것을 가리킨다.

② 적극적 직면자: 적극적 직면자의 역할은 약물이나 알코올 문제를 겪는 근로자에게 도움을 주는 것을 가리킨다.

③ 중개자: 도움이 필요한 근로자를 회사의 내·외부 자원에 의뢰하고, 또한 이런 근로자를 지속적으로 관리하는 것을 가리킨다.

④ 옹호자: 근로자 개인의 힘으로 얻을 수 없는 서비스와 자원을 근로자가 얻도록 도와주는 것을 가리킨다.

⑤ 조정자: 두 명 이상 사이에 벌어지는 개인 또는 부서 간 갈등을 조정하고, 서로의 욕구를 해석하고 전달하는 것을 가리킨다.

⑥ 교육자: 정보를 제공하고, 근로자 자신의 의견을 설명하고 표현하는 법을 교육하며, 복지사가 효과적인 행동기술의 모범적 역할을 수행하는 것을 가리킨다.

2) 고용주/근로자조직서비스 모델

고용주/근로자조직서비스 모델의 대상은 개인 근로자가 아니라 조직이다. 고용주/근로자조직서비스 모델은 고용주 조직과 근로자 조직이 사업장과 관련된 정책과 서비스를 파악하고 개발하는 것을 도와주는 데 주로 관심을 가지고 있다.

■ **구체적 역할**

① 자문자: 다른 사람이 조직적 역동성의 여러 측면을 파악하는 능력이 향상되도록 도와주고, 이들의 문제해결 기술이 향상되도록 도와주는 것을 가리킨다.

② 평가자/분석가: 정보를 수집하여 정책, 법령을 평가하고, 이런 정책 또는 법령이 미치는 영향을 평가하는 것을 가리킨다.

③ 교육자: 교육자의 역할은 조직구성원이 조직의 문제상황을 알도록 도와주는 것을 가리킨다.

3) 소비자서비스 모델

소비자서비스 모델에서는 소비자의 욕구에 주로 관심을 갖는다. 역사적으로 볼 때 산업복지 분야에서 일하는 복지사가 관심을 가진 것은 근로자와 그 가족의 문제이었다. 그러나 많은 기업이 스스로에게 적합한 여러 사회사업서비스를 개발해서, 소비자가 가지고 있는 특별한 욕구를 충족시켜 주기 시작하였다. 소비자서비스 모델의 경우 소비자가 취약계층이거나 위기에 처한 계층일 경우에 적합하다.

■ **구체적 역할**

소비자서비스 모델에서 복지사가 수행하는 역할로는 상담자, 프로그램 기획자, 개발자, 자문가, 옹호가를 들 수 있다.

4) 기업의 사회적 책임 모델

기업의 사회적 책임 모델은 기업이 지역사회의 사회·경제적 복리를 증진하기 위해 기여하도록 도와주는 것을 가리킨다. 그리고 기업의 사회적 책임 모델은 기업이 지역사회와 지역주민에게 미치는 영향에 대해서 관심을 갖는다.

■ **구체적 역할**

기업의 사회적 책임 모델에서 복지사가 수행하는 역할로는 지역사회 분석가/기획자/예산조정자/프로그램 개발자/중개자/옹호자/협상자를 들 수 있다.

5) 사업장 관련 공공정책 모델

사업장 관련 공공정책 모델은 일에 직·간접으로 영향을 미치는 공공국가정책을 계획하고, 파악하고, 분석하고, 후원하는 것에 주로 관심을 갖는다.

■ **구체적 역할**

사업장 관련 공공정책 모델에서 복지사가 수행하는 역할로는 정책이나 기획, 분석, 프로그램 개발, 옹호, 제휴형성, 연락망 만들기를 들 수 있다.

Ⅳ. 산업복지의 접근방법

1. 기업복지

1) 기업복지의 특징

(1) 기업복지의 제공주체는 작업조직이다. 작업조직 자체에 의해 조직화되는 사회복지 노력만을 기업복지라 한다.

(2) 기업복지는 작업조직에 고용된 노동자와 그 가족을 대상으로 한다. 작업조직이 주체가 된다 할지라도 그 대상이 고용과 연계되지 않을 경우에는 기업복지라 할 수 없다.

(3) 기업복지는 작업조직에 의해 임의적으로 조직화된다. 작업조직에 의해 조직화되는 복지급여라 할지라도 그것에 법률적인 강제성이 부과되어 있다면, 그것은 기업복지로 분류될 수 없다. 즉 기업복지는 법률에 의해 그 시행이 강제되지는 않지만, 작업조직에 의해 임의적으로 조직되는 복지급여만을 포함한다.

2) 기업복지의 내용

작업조직에 따라 매우 다양한 프로그램의 실시가 가능하다. 일반적으로 기업복지의 내용을 살펴보기 위해서는 표준화된 방식의 '기업체 노동비용조사보고서'의

☞ 표 8-1 **기업복지의 영역과 프로그램**

영 역	프로그램
주거지원 사업	기숙사, 사택, 주거비용 융자, 주거관리 비용보조, 주택조합 결성
생활지원 사업	생활용품 염가 제공, 자녀학자금 보조, 탁아, 급식
공제·금융지원 사업	공제조직 운영, 종업원 융자, 단체보험 가입, 종업원지주제도
건강 관련 사업	사내 의무실, 사내 체육시설, 정기건강진단
사회·심리적 지원 사업	고충처리제도, 사내 상담전문가, 사원휴양소
가족생활지원 사업	자녀교육 지원, 배우자 교양교육, 부부관계 상담

출처: 하승민 · 심윤무(2007).

분류체계를 활용하거나 다양한 프로그램을 그 목표에 따라 몇 가지의 사업영역으로 구분하는 방법이 활용된다.

2. 국가복지

1) 국가복지의 특징

(1) 공여(provision)

공공재원에 기초하여 사회복지 재화와 서비스를 직접 급여하는 방식으로, 오늘날 사회복지제도 중 가장 규모가 큰 사회보험제도나 공공부조가 직접공여의 방법을 통한 국가 개입이다.

(2) 보조(subsidy)

국가는 민간기관이 급여하는 사회복지 재화나 서비스에 대해 공공재원을 통해 보조하는 방법을 통해 개입하기도 한다.

(3) 규제(regulation)

민간이 제공하는 사회복지 재화나 서비스의 질, 양, 가격 등을 여러 법률적 장치를 통해 규제하는 것이다.

2) 국가복지의 내용

(1) 사회보험제도에 대한 직업조직의 기여는 국가의 법률적 장치에 의해 의무화되는 것이다. 궁극적으로 사회보험제도는 그 재정의 일부, 혹은 전부를 작업조직이 부담하기는 하지만 국가가 공여하는 산업복지의 핵심을 이룬다.

(2) 법적 지원

작업조직은 임금 외에도 퇴직금, 휴업보상, 재해보상, 귀향여비 등의 현금급여와 연ㆍ월차, 휴가, 생리휴가, 산전ㆍ산후 휴가 등의 각종 휴가와 병가, 직업훈련 등의 비물질적 급여를 근로자에게 제공한다. 궁극적으로 이러한 급여는 「근로기준법」이나 「직업훈련기본법」과 같은 법률로 규제되는 노동조건적인 것이다.

3. 자주복지

1) 자주복지의 특징

(1) 노동조합에 의해 조직화되는 복지급여를 지칭한다.

(2) 노동자의 생계유지의 필요성과 노동조합 활동의 활성화가 관련된다.

(3) 노동조합은 직접 자주복지를 조직화하는 역할보다는 작업조직과 국가가 사회복지를 조직화하도록 강제하고 압력을 가하는 역할을 더 많이 수행한다.

(4) 궁극적으로 복지의 직접적 제공자에서 복지의 옹호자로의 형태변환이다.

2) 자주복지의 내용

단위노조-산별노조-중앙노조의 형태로 각각의 조직수준에서 모두 자주복지를 조직화한다.

☞ 표 8-2 **한국의 자주복지 실태**

조직수준	자주복지 프로그램
중앙노조(한국노총)	교육기호, 시설확대, 장학제도, 취업 관련 사업, 소비자협동조합 운영, 보험사업, 노후대책, 결혼 관련 서비스, 공원묘지
산별노조(산별연맹)	장학사업, 주택사업, 협동사업, 산재/안전사고 예방, 우리사주제, 복지기금 조성, 복지회관 건립, 탁아소 운영, 병원 건립, 복지정책 지침서
단위노조	협동조합(소비/공제/신협), 장학사업, 주택사업, 복지시설 건립, 문화사업, 지역봉사, 생활지원, 탁아사업

출처: 송호근(1995).

4. 산업사회사업

1) 산업사회사업의 특징

(1) 개인 수준에서 개인이 과거의 효율성과 생산성을 회복할 수 있도록 원조하며, 진단적 평가, 상담, 정보수집과 의뢰, 집단지도 등의 방법이 있다.

(2) 조직 수준에서는 작업조직에 영향을 주는 내적·외적 상황들을 평가하고 작업조직이 새로운 상황에 적응할 수 있도록 변화를 계획함으로써 조직의 내적 변화를 촉진하는 것이다.

(3) 지역사회 수준에서는 작업조직과 지역사회 모두에게 유익하도록 지역사회의 변화를 원조하는 것이며, 사회계획, 지역사회 조직, 대외교섭, 정책분석, 로비 활동 등의 방법이 있다.

2) 산업사회사업의 내용

⑴ 문제영역으로는 생애사적 위기, 건강과 삶의 질, 이직과 퇴직, 작업조직에서의 갈등, 배우자 및 자녀문제, 음주와 약물 등이 있다.

⑵ 중간관리자를 위한 인사-노무관리 상담 및 인간관계 교육이 있다.

⑶ 최고경영자를 위한 복지정책에 대한 자문이 있다.

⑷ 확대된 영역으로 피용인 원조모형(EAPs)이 있으며, 피용인이 문제를 가진 직접적 클라이언트라는 점에 기초하여, 이들에게 직접적으로 원조를 제공하는 것이 산업사회사업의 핵심적 실천영역임을 강조한다.

V. 산업복지의 활동 및 프로그램

1. 법적 지원과 산업복지

1) 퇴직금제도

퇴직금은 근로자가 기업에서 그만두게 되어 고용관계를 종료함에 따라 사용자가 퇴직하는 근로자에게 지급하는 급여이다. 현행 퇴직금제도는 5인 이상 사업장에서 근로자가 1년 이상 종사한 경우에 지급하는데, 퇴직금은 사용자가 선액 지급하며, 퇴직금 수준은 1년 종사기간에 30일분 이상의 평균임금을 퇴직하는 근로자에게 지급하도록 의무로 규정하고 있다.

2010년 12월 1일부터는 1인 이상 모든 사업장에 대해서 「근로자퇴직급여보장법」에서 정한 퇴직급여제도가 전면 적용되고 있다. 즉, 5인 이상 사업장에만 적용되었으나, 지금은 5인 미만 사업장에도 의무적으로 적용되게 되었다. 퇴직금의 계산은 퇴직일 전 3개월간의 임금총액을 그 기간의 일수로 나눈 금액의 30일분이 1년분의 퇴직금이며 여기에 근무연수를 곱하여 계산한다. 임금총액에는 1년간 지급한 상여금이나 수당 등도 3개월 평균치를 내어 포함한다.

2) 사내근로복지기금

기업의 근로복지제도의 일종으로서 임금, 근로시간 등 기본적 근로조건에 추가하여 근로자의 실질소득을 증진시키고 근로의욕과 노사공동체 의식을 고취시키기 위한 제도이다. 사내근로복지기금은 기업이 근로자를 위하여 기업 이익의 일부를 기금으로 출연하고 근로자의 복지에 사용하게 함으로써 근로자에게 항구적·독립적인 후생복지 혜택을 보장하는 제도를 말한다.

3) 종업원지주제도

종업원지주제도 또는 우리사주제도란 회사가 경영방침으로 특별한 편의를 제공하여 종업원으로 하여금 자사주식을 취득, 보유하게 하고 기업경영 및 이익분배에 참여하게 함으로써 근로자의 근로소득 외에 자본소득을 증대시켜 나가는 제도로 정의된다. 종업원지주제도는 노무관리상 안정주주의 확보라는 기업방위적 관점에서 실시되었으나, 근래에 와서는 근로자의 재산형성 촉진을 통한 근로자의 경영참가로 협조적 노사관계의 확립과 부의 격차 해소의 수단이라는 측면이 강조되고 있다.

4) 직장보육시설

직장보육시설은 「영유아보육법」에 근거하여 근로여성의 노동시장 참여 유도와 직장에 근속하는 여성이 안심하고 업무에 종사할 수 있도록 하기 위한 것을 목적으로 하고 있다.

2. 근로자 재산형성과 산업복지

1) 근로자 재산형성 저축제도

(1) 목돈마련 저축

근로자의 재산형성을 지원하기 위한 적금 형태의 저축으로 원리금 외에 별도의 장려금을 지급하고 동시에 세제혜택을 받는다.

(2) 근로자 증권저축

근로자의 재산형성 및 증권시장의 안정적 성장을 도모하기 위하여 마련된 저축제도로서 공모주 신청자격을 부여함과 아울러 세제상 많은 혜택을 주고 있다.

2) 근로자 비과세 장기저축

(1) 근로자 장기저축

근로자의 저축 증대를 도모하기 위하여 도입한 근로자 세금우대제도로, 목돈마련에 유리한 3년 이상의 장기저축으로서 이자소득에 대하여는 전액 비과세되는 1991년 이후 새로운 저축상품이다.

⑵ 근로자 장기증권저축

모든 근로자가 제한 없이 가입할 수 있는 재산증식에 유리한 저축으로서 주식이나 채권에 투자하여 발생한 배당, 이자소득에 대하여는 전액 비과세되는 저축상품이다.

3) 근로자 주택

일정자격을 갖춘 근로자만을 대상으로 하여 정부 또는 직접 기업이 건설하여 공급하는 국민주택이다.

3. 근로자 자주복지

근로자 자주복지는 노동조합에 의하여 근로자에 대한 복지사업이 이루어지는 민간에 의한 복지의 일종이다. 근로자 자주복지는 국가에 의하여 제공되는 공공복지나 기업복지와 비교할 때 매우 열악하고 미미한 수준이라 할 수 있다.

4. 특수집단의 산업복지

1) 장애노동자에 대한 산업복지

장애노동자에 대한 산업복지의 출발은 장애인이 적당한 직업을 확보하여 잘 유지할 수 있도록 직업훈련, 직업지도, 선택적인 취업알선, 사회적 수용과 이해 증진 등을 원조해 주는 직업재활을 잘 수행하는 일이다. 이러한 직업재활은 의료재활, 심리재활, 교육재활, 사회재활과 함께 종합적인 재활에 기여하며 전 인격적 성장에도 영향을 끼치는 열쇠가 될 수 있는 것이다(Alcock, 1997; Elwan, 1999).

2) 노년층 노동자에 대한 산업복지

⑴ 노년층 노동자를 위한 직무 재설계
⑵ 노년층 노동자의 개인차에 따른 능력개발
⑶ 정년연장에 따른 프로그램 개발 및 시행

3) 이주노동자에 대한 산업복지

이주노동자들은 흔히 언어와 문화적 문제를 극복할 수 있도록 하는 통합적 서비스를 요구한다. 현지적응 문제와 관련된 서비스로서 언어와 문화, 자녀교육 등에 대한 서비스와 함께 한시적 기간 동안의 숙박서비스, 작업에 관한 산업사회사업서비스가 대표적이다(Zastrow, 2008).

Ⅵ. 산업복지의 과제와 전망

1. 산업복지정책의 확충

우리나라에서 산업복지의 발전과 관련하여 제기되는 첫 번째 과제는 국가가 조직하는 국가복지의 확대이다. 산재보험, 고용보험이 영세한 작업조직에까지 확대될 수 있도록 함과 동시에, 실질적인 최저생활 보장이 가능하도록 급여의 임금대체율 수준을 높여야 한다. 이를 위해서는 먼저 사회복지비의 지출이 가능하도록 정부의 예산구조 개혁이 필요하다. 또한 사회보험제도의 분리 운영으로 인해 발생하는 급여의 중복이나 누락의 문제들을 해결하기 위해서는 사회보험의 행정 전달체계를 통합 정비하여야 한다.

노동시장정책 역시 대단히 부실한 실정이다. 일반적으로 노동시장정책은 적극적 노동시장정책과 소극적 노동시장정책으로 구분한다. 적극적 노동시장정책이란 직업소개, 직업지도 및 직업상담, 이동 촉진과 직업훈련, 일자리의 유지와 고용창출 등을 말한다. 소극적 노동시장정책은 노동력의 재생산과 구직의 다급성을 완화하기 위한 실업급여를 일컫는다. 우리나라의 노동시장 정책은 주로 1995년 도입된 고용보험제도를 통해 시행되고 있지만, 고용보험에 대한 정부의 기여가 없다는 점에서 사실상 정부예산으로 운영되는 적극적 노동시장정책은 현재 거의 존재하지 않는다고 볼 수 있다. 적극적 노동시장정책의 부재는 고용상담기관, 직업훈련기관 등의 직업안정 인프라의 부실과 부족을 초래하는 이유이기도 하다(박종호, 2001).

2. 산업사회사업의 도입

산업사회사업은 사회복지 실천이론과 기술, 사회복지의 가치와 전문직업적 윤리로 무장된 사회복지전문직이 작업조직을 초점으로 수행하는 활동으로, 사회사업의 중요한 실천영역이라고 할 수 있다. 하지만 우리나라의 경우 작업조직을 초점으로 실천하는 사회복지전문직은 거의 없는 실정이다. 산업사회사업은 아직까지는 교과서 안에서만 존재한다는 것이다(오지환 외, 2007).

이러한 현실은 크게 두 가지의 측면과 관련된다. 우선은 작업조직과 노동조합 등 산업복지의 중요한 시행주체들의 인식 부족이다. 우리나라의 기업복지 내용을 통해서도 알 수 있지만, 아직까지 작업조직이 노동자들에게 제공하는 복지급여는 임금을 보완하는 생활보조적인 성격을 강하게 내포하고 있다. 이러한 상황에서 비물질적 서비스, 사회·심리적 서비스에 초점을 둔 산업사회사업의 필요성이 충분히 인식되지 못한 것이다. 하지만 최근 들어서는 비록 사회복지전문직에 의해 수행되지는 않지만 작업조직 내에 설치된 인사과나 노무과, 총무과, 의료보건실에서 유사한 서비스를 제공하는 경우가 많아졌다. 더욱이 외국계 기업이 한국에 많이 진출함에 따라, 근로자 원조 프로그램과 같은 산업사회사업의 실천영역이 도입될 가능성은 매우 높다(이준영, 2008).

산업사회사업이 활성화되지 못한 것은 사회복지전문직이 작업조직을 중요한 실천영역으로 인식하지 못하고 있다는 사실 때문이기도 하다. 우리나라에 사회사업이 도입된 지는 상당한 시간이 흘렀지만, 전문적 사회사업 실천이 나름대로 제도화된 것은 비교적 최근의 일이다. 그런 과정에서 지역사회 실천과 임상사회사업 실천이 핵심적 실천영역으로 등장했고, 작업조직이나 학교와 같은 실천영역에는 아직 충분한 관심이 기울여지지 않고 있다. 하지만 현대사회에서 작업조직은 개인이 그의 대부분의 시간과 노력을 투여하는 장이다. 그런 만큼 사회복지전문직이 관심을 기울여야 할 실천영역인 것이다.

3. 변화하는 작업조직에 부합하는 산업복지영역의 개발

작업조직의 변화에 따라 사회보장 중심의 산업복지정책의 적합성은 크게 달라졌다. 우선 사회보장제도의 적절한 운영에 필수적인 완전고용이 불가능해졌다는 점이 중요하다. 이는 최근의 우리나라 실업사태를 통해서도 잘 나타난 바 있으며, 서구는 이미 오래 전에 대량실업의 장기화 국면에 들어선 상태이다. 완전고용의 불가능성은 사회보장제도에 중요한 문제를 남긴다. 우선, 보험료를 낼 수 없기 때문에 사회보험의 적용에서 배제되는 사람의 숫자가 늘어난다. 또한 그러한 숫자의 증가는 사회보험의 재정적 곤란함을 증대시킨다.

임시노동자, 파트타임 노동자, 계약직 노동자, 일용노동자 등 불규칙한 형태의 고용 증가 또한 사회보험의 적절한 운영을 곤란하게 한다. 왜냐하면 사회보험은

상시고용 노동자를 기초로 설계된 제도이기 때문이다. 즉 사회보험은 매월 일정 액수를 기여할 수 있는 안정된 노동자를 염두에 두고 만들어진 제도이기 때문에 불완전 고용층에게 적절한 보장을 제공하기에는 기술적인 어려움이 따른다.

결국, 작업조직의 변화는 사회보장 중심의 국가복지가 지니는 적합성을 상당히 약화시킨다. 그러므로 변화하는 작업조직에 부합하는 새로운 산업복지정책의 영역이 개발될 필요가 있다. 취약계층 노동자들의 고용유지를 위한 임금보조나 고용보조제도, 직업알선 프로그램의 내실화, 직업훈련 프로그램의 강화와 같은 적극적 노동시장정책이 강조되어야 하는 이유가 여기에 있다. 또한 취약노동 계층에 대한 직접적인 소득보장제도도 확충되어야 한다. 저소득 노동자에게 임금이나 근로소득의 일부를 직접 제공하는 임금보조금제도나 근로소득보전세제, 사회배당금제도, 시민권에 기초한 소득보장 등이 적극적으로 검토되어야 한다(이준영, 2008).

4. 전문적인 산업복지사 양성

개발적인 측면으로서 아직 우리나라에서는 산업복지 프로그램에 대한 이해가 매우 부족하다. 산업복지사는 지역사회를 거점으로 기업 및 노동조합을 대상으로 산업복지 프로그램의 의의와 효과에 대해서 설명하고, 이를 실행할 수 있도록 다양한 정보와 자료를 제공하여야 한다. 또한 교육 프로그램을 통해서 근로자들의 욕구, 관심 및 기호 등을 살리면서 직장생활에 성공적으로 적응할 수 있도록 다양한 교육적 지식과 정보를 제공하고 조언해 주어야 한다.

5. 기업의 사회복지투자에 대한 확신

산업복지가 활성화되기 위해서는 고용주의 의지, 기업의 적극적인 후원이 필요하다. 단기적으로 많은 기업들이 구조조정의 어려움을 겪고 있는 이 시점에서 산업복지 프로그램이 활성화되기에는 많은 어려움이 있다. 그러나 선진국의 경험을 살펴보면 단기적으로 산업복지 프로그램을 운영하는 것은 일정한 비용이 소요되지만, 장기적으로 이루어지는 효과적인 산업복지 프로그램의 운영은 근로자들의 삶의 질을 향상시킬 뿐만 아니라 기업의 전반적인 생산성의 향상에도 매우 긍정적인 영향을 끼친다.

생각해 볼 문제 및 과제

1. 산업복지의 개념을 설명해 본다.

2. 산업복지의 필요성에 대해 설명해 본다.

3. 산업복지의 이론적 관점을 제시해 본다.

4. 산업복지의 접근방법에 대해 생각해 본다.

5. 산업복지의 정책과 실천체계를 이해한다.

6. 산업복지의 전망에 대해 설명해 본다.

참고문헌

곽효문(1997). 산업복지론. 제일법규.

구종회 · 김진수 · 최종혁 · 김윤배(1999). 산업복지학의 이해. 홍익재.

권육상 외(2003). 사회복지개론. 유풍.

노병일(208). 현대 산업복지론. 공동체.

박종호(2001). 사회복지정책론. 학지사.

서윤 외(2005). 사회복지사의 이해. 학지사.

송호근(1995). 한국의 기업복지 연구. 한국노동연구원.

오지환 외(2007). 사회보장론. 학지사.

우제현 편저(1990). 산업복지개론. 경진사.

이노변 외(2001). 산업복지론. 대학출판사.

이정환 · 노병일 · 변보기(2001). 산업복지론. 대학출판사.

이준영(2008). 사회보장론. 학지사.

조흥식 · 김진수 · 홍경준(2001). 산업복지론. 나남출판.

최수찬(2005). 국내 기업복지의 활성화 방안: 근로자의 욕구에 근거한 기업복지 프로그램
  개발. 집문당.

하승민 · 심윤무(2007). 사회복지개론. 글사랑출판사.

Akabas, H.(1995). *Occupational Social Work. Encyclopedia of Social Work*(19th ed.).
  NASW Press.

Alcock, P.(1997). *Understanding Poverty*(2nd Ed.). London: MacMilan.

Barker, R.(1987). *Industrial Social Work. The Social Work Dictionary*. NASW Press.

Carter, I.(1977). "Social work in industry: A history and a viewpoint." *Social Thought*,
  3: 7-17.

Elwan, A.(1999). *Poverty and Disability: A Survey of Literature*. World Bank.

Kruzman, A.(1987). *Industrial Social Work. Encyclopedia of Social work*(18th Ed.).
  Silver Spring, MD: NASW.

Zastrow, C.(2008). *Introduction to Social Work and Social Welfare: Empowering
  People*(9th Ed.). Belmon, CA: Thomson Brooks/Cole.

군사회복지

I. 군사회복지의 이해

1. 군사회복지의 정의

군사회복지(military social welfare)란 군인과 그 가족이 지닌 기본적인 욕구를 충족시키기 위한 사회복지적 노력의 일환으로 정의된다. 다른 측면에서는 군조직이나 군제도가 가진 고유의 목적이 잘 성취될 수 있도록 돕는 활동을 의미하기도 한다. 그리고 국방을 목표로 조직된 군대가 국방의 목표를 완수하는 데 활동하는 군인과 그 가족이 정상적인 기능을 할 수 있도록 대인서비스와 제도를 통한 사회복지적 개입을 말한다(이계탁, 1994; 유홍위, 2006).

군사회복지의 개념이 갖는 몇 가지 특징을 제시하면 다음과 같다. 첫째, 사회복지사가 일하는 주된 장소가 군이라는 점이다. 이는 군사회복지사를 다른 사회복지영역과 구분 짓는 요소이다. 둘째, 사회복지사가 군에 개입하여 군의 본래적 목적을 효과적으로 달성하도록 도와주는 것을 목적으로 한다는 점이다. 셋째, 사회복지실천의 주요 기능인 심리·사회적 문제의 예방과 해결을 위한 다양한 활동을 수행한다는 점이다. 넷째, 환경과 상호작용하는 인간에 초점을 맞추는 사회복지실천의 기본적인 관점을 적용하여 군인 개인뿐 아니라 그 가족, 그리고 다양한 수준의 군조직 및 지역사회라는 환경에 대한 개입을 동시에 고려한다는 점이다(박미은, 2005).

따라서 군사회복지는 사회복지의 기능이 주가 되는 일차현장이 아니고, 다른 조직의 본래적 기능에 협조하는 이차현장에서 이루어지는 전문 사회복지활동이다. 즉 군사회복지는 군조직의 본래적 목적인 국가안보 혹은 국방력 강화라는 불변의 소명을 완수하도록 돕는 데 그 일차적인 목적이 있다. 이러한 일차적 목적을 가지고, 군사회복지사들이 그들의 전문성과 능력을 발휘하여 성취하고자 하는 실천의 목적은 다음과 같이 크게 세 가지로 제시할 수 있다(정무성 외, 2001).

첫째, 군의 구성원들이 그들의 처한 환경에 원만히 적응할 뿐 아니라 삶의 질이 향상될 수 있도록 돕는다. 둘째, 개인적인 문제나 그 가족 및 대인관계상의 문제, 그리고 군생활 적응에 문제가 있는 군의 구성원들에게 다양한 서비스를 제공한다. 셋째, 군의 구성원들이 가능한 한 최적의 환경에서 생활할 수 있도록 필요한 서비스를 옹호하고 개발한다.

2. 군사회복지의 구성체제

1) 주   체

미군의 경우 군사회복지를 수행하는 인력은 먼저 사회복지를 전공한 장교가 입대할 경우 전문성을 활용할 수 있도록 관련 부서에 배치하며, 장교 이외에 하사관이나 사병 중에서도 사회복지업무를 지원하는 인력하는 선발하고 이들에게 정기적인 교육과 훈련을 실시하여 다양한 역할을 수행하도록 하고 있다(Daley, 1999; Forman & Zachar, 2001).

2) 대   상

군사회복지의 대상은 사회복지사들의 활동 내용과 범위를 어디까지로 보는가에 따라 달라질 수 있다. 군사회복지의 대상은 군과 관련된 모든 개인, 집단, 조직, 그리고 제도가 될 것이다. 그러나 제한된 자원과 여건을 고려할 때 일차 대상은 현재 군의 70%를 차지하고 있는 병사들이 되어야 할 것이다. 그 다음으로는 직업군인과 가족들이 되며, 더 나아가 군복지와 관련된 제반제도 및 정책도 사회복지사들이 개입하여 활동하는 대상이 될 수 있다(조흥식, 2005).

3) 업   무

첫째, 사회복지사들이 가정폭력, 약물남용, 정신질환, 군인가족의 적응, 전쟁의 상처, 신체질환 및 건강증진에 관한 문제에 대해 직접적인 서비스를 제공한다. 둘째는 정책개발, 구직원조, 군인과 가족을 위한 사회적 서비스의 필요성을 옹호하거나 개발하는 문제와 같은 간접적인 서비스를 제공한다.

3. 군사회복지의 필요성

1) 국가안보에 기여

군사회복지가 군조직에서 필요한 이유는 군인에 대한 지원이 단순히 군인 개인과 가족의 혜택에 그치는 것이 아니라 사회, 나아가 국가적으로 안보라는 중요한 의미를 내포하고 있기 때문이다. 특히 군사회복지정책은 국방력 강화와 밀접한 연관이 있다. 국민의 생명과 재산을 지키는 국방과 안보는 무료로 주어지는 것이 아니며 반드시 대가를 지불해야 하는데, 국토방위에 공헌하는 군인에 대한 국가 차원의 배려는 군의 사기를 증대시킬 것이며 이는 곧 국방력의 강화로 이어지기 때문이다(구승신, 2005; 조흥식, 2006).

2) 사회통합에 기여

군인은 근무 특성상 장기간 격리·통제된 상태에서 생활하므로 사회적응능력이 다소 떨어지기도 한다. 특히 국토방위에 젊음을 바친 제대군인과 직업군인 가족의 경우에는 국가가 원활한 사회복귀를 도와야 하고, 사회안전망을 지원함으로써 사회통합을 도모하여야 한다.

3) 국가경쟁력 강화

군사회복지정책은 군인적자원의 개발과 활용을 통한 국가경쟁력 강화에 도움이 된다. 군사회복지를 잘 지원함으로써 군인이 보유하고 있는 경험과 지식을 필요로 하는 사회의 각 부문에 이들 인적자원을 적절히 연계하는 범국가적 연계체제를 구축한다면 인적자본에 바탕을 둔 경제발전의 원동력이 될 것이며, 나아가 국가경쟁력 강화에 큰 보탬이 될 것이다.

4) 인권 향상에 기여

최근 들어 군대 내 가혹행위 및 폭행, 자살 문제가 대두되면서 군인들의 인권 문제가 제기되고 있으며, 이에 따라 군사회복지의 필요성 또한 크게 부각되고 있다. 군복무의 과정은 제대 후의 인생까지 좌우할 정도로 그 심리적·정신적 영향이 크므로 군인들에 대한 사회복지서비스가 제대로 시행된다면 이들의 인권 향상에 크게 기여할 수 있을 것이다.

5) 고충처리와 고민거리 해소

군사회복지는 상관과 부하들의 원활한 관계를 유지하고 갈등을 조정하며, 사병들의 가정문제나 개인의 여러 문제들에 대한 해결 노력을 도와준다.

II. 군사회복지의 특성 및 역사

1. 군사회복지의 특성

1) 임무완수의 절대성

군대의 궁극적 존재 목적을 단적으로 표현하면 전투에서 승리하는 것이다. 전투에서 승리하기 위해 전투원들은 삶과 죽음이 교차하는 전장에서 부여된 임무를 성공적으로 완수해야만 한다.

2) 규율과 통제사회

국민과 전우들의 생명을 좌우할 수 있는 무력을 행사하는 군인이 때에 따라 규율과 통제에서 벗어난다면 국가의 생존을 보장할 수 없기 때문에 군대에서 엄격한 규율로 구성원들을 통제하는 것이다.

3) 위계질서의 계급조직

군대 내에서는 어떤 업무 추진방향이나 작전계획이 수립되기 이전에는 활발한 토의가 이루어질 수 있으나 한번 명령으로 하달되면 반드시 준수해야만 한다. 다시 말해 군대가 생사를 좌우하는 전장에서 그 기능을 성공적으로 수행하기 위해서는 각 제대가 그 하위 제대의 복종을 명령할 수 있어야 한다. 그래서 자유민주주의가 발달한 선진국일지라도 군대만은 엄격한 상명하복의 위계질서를 가지고 있으며, 직책과 계급으로 대표되는 위계적 권위가 군의 내부질서를 유지시키는 주된 기능을 하고 있다.

4) 절제와 자기통제

군대는 전쟁을 억제하고 국가를 수호하기 위한 목적을 가지며 목적을 수행하기 위하여 강력한 권한을 행사하고 명예와 규범을 중시하며 상명하복의 위계질서가 존재하는 계급집단이며 단체생활을 하는 집단이다.

2. 군사회복지의 역사

군사회복지는 미국사회를 중심으로 실천되고 발전되어 왔다. 미국 군사회복지는 1816년 미국위생위원회(US Sanitary Commission)의 설치와 함께 시작되었다. 이

위원회는 당시 미국 사회개혁을 위한 지도자들로 구성되었다. 이들은 병원에 있는 병사들이 자신의 임무를 수행할 수 있도록 임무지로 돌려보내는 데 조력하였다. 그 후 제 1 차 세계대전 때 국민정신위생위원회가 발족되어, 이들이 정신의학적 문제에 대해서 민간인 자격으로 육군병원에서 군사회복지활동을 전개하였다 (Knox & Price, 1995).

1881년에 설립된 미국적십자사가 육군의료국의 요청으로 육군병원에 사회복지사를 배치시켰으며, 1942년 군사회복지의 기반이 어느 정도 갖추어지게 되었는데, 즉 미국 정신의학사회사업가협회가 '전시서비스국'(War Service Office)을 설치하여 군조직 내에서 보다 조직화된 사회복지 원조를 위한 기반을 구축하였다. 1943년에 정신의학사회사업이 육군 내에서 전문직업으로 자리 잡게 되었으며, 1945년 정신의학사회사업과가 설립되었다. 그 후 1950년 한국전쟁으로 인하여 육군 내에서 사회복지사의 활동이 더욱 활발하게 확장되었고, 군병원, 육군의무감 산하 군조직 내 의료 분야의 학교, 훈련소 등에서 사회복지사가 활동하게 되었다. 육군 사회복지는 1980년대에 군조직의 일부로서 완전히 통합되었고, 현재 미 육군 내의 의료체계 내에서 중요한 역할을 담당하고 있다(Daley, 2003).

우리나라에서 본격적인 군사회복지 프로그램은 1968년 1월 육군이 다목적 경력 관리제도를 채택함으로써 의정장교 직능에 직능부 764로 사회사업 장교를 설정하여 직능화 조치를 취한 것을 시초로 하고 있다. 그 후 1973년 9월 수도통합병원에서 개최된 대한 군진의학 학술대회에서 "현대사회에 있어서 사회사업가의 역할"이라는 연구논문 발표와 우리 군에 사회사업 도입을 검토한 비공식 토의가 있었다. 이후 1977년까지 6명의 사회사업 장교를 배출하여 각 통합병원에서 사회사업 업무를 수행하였고, 1977년 이후 각 부대는 각 대학 사회사업학과를 졸업한 ROTC 장교를 선발하여 임무를 수행토록 하였다. 1980년에는 최초로 "군의료사회사업"에 대한 교육을 실시하여 그 필요성을 인정받아 1981년 고등군사반과 간호관리반에 정규과정으로 채택되었고, 1982년부터는 장교 양성과정과 보수교육과정에까지 확대, 실시되었다. 현재 우리 군에는 사회복지사가 직업군인으로 각자의 병과에서 임무를 수행하고 있으며, 군의료 사회복지사가 의정장교로서 활동 중에 있다(김동기, 2004).

Ⅲ. 현대사회와 군사회복지의 문제점

1. 징병제도

징병제란 나라의 구성원 모두에게 나라를 방위할 의무를 지우고 이를 실천하도록 하는 제도로 일정연령의 자격을 갖춘 국민에게 군대에 일정기간 복무하도록 법으로 강제한다. 근대국가가 성립되면서 채택했던 의무병제의 모순이 증가하여 영국은 이미 지원제로 전환하였고, 프랑스나 독일에서도 징병제의 폐지에 대한 논의를 활발히 하고 있다. 징병제도의 제도적 문제점은 다음과 같다(이부덕, 2006).

첫째, 인력비용이 상승한다. 징집병에 대한 보상문제가 대두되어 징집병에게도 민간사회와 비슷한 수준의 보상을 해야 할 의무가 발생하기 때문이다. 둘째, 병역의무의 불평등성이 나타난다. 현실적으로 모든 국민에게 동일한 병역의무를 부과할 수 없는 이유 때문에 불공평성이 두드러진다. 셋째, 국제정세의 급속한 변화에 의해서 징병제는 근거를 잃고 있다. 국민의 애국심과 충성심에 기초하는 것은 완전한 의미를 지닌 모병제이다. 예산 역시 징집제에서 증가하고 있다.

한국 징병제도의 문제점은 정규병력의 규모와 복무기간이 한정된 상태에서 징집제를 실시하므로 병역수급과 형평에서 문제가 발생하고 있다. 그동안 정부는 병역인구의 과잉으로 인한 병역의무의 불균형을 해결하기 위하여 방위병제도를 신설하였으며, 병역의무특례제도 역시 원래는 병역의무의 형평성을 유지하기 위한 제도이다. 한국 육군의 복무기간이 21개월로 단축된 것도 방위병 폐지에 따른 병력규모 조절의 노력이다(이윤수, 2000).

2. 신세대 장병의 가치관 변화에 따른 군생활에의 부적응

오늘날 신세대 장병은 자유롭고 민주적인 삶에 익숙해져 있으며 그로 인해 가치관 역시도 자유롭고 개성적인 면을 보이고 있다. 이러한 장병들이 권위적이고 위계질서가 뚜렷한 군생활에 적응하려면 많은 시간이 걸린다. 따라서 군대 문화에 적응하지 못한 장병들은 많은 스트레스를 받게 되고 이는 여러 문제들을 야기시키게 된다(이흥윤 역, 2005).

1) 신세대 장병의 가치관 변화

(1) 자유와 평등사상이 강하다.

(2) 인내심과 체력이 떨어진다.

(3) 자기중심적이고 이기적인 면이 강하다.

(4) 탈 권위적, 평등의식이 강하다.

(5) 개성적인 성격이 강하다.

2) 스트레스의 유형

(1) 적대감에 의한 스트레스

군에서 다른 사람에게 품은 적대감은 일상적인 것일 수도 있지만 그 감정의 정도가 매우 짙고 폭발적인 위험성을 담고 있다는 점에서 각별한 관심과 주의가 요청되는 감정이라고 할 수 있다. 가혹행위와 욕설에서 비롯된 개인적인 분노와 이에 한걸음 더 나아간 적대감은 자신의 가정환경에 대한 비관이라는 비교적 사건의 관련성이 낮은 뜻밖의 원인과 결부되면서 걷잡을 수 없는 사고를 부르기도 한다.

(2) 지시사항 이행에의 갈등

20세 이상의 성인이 모여 있는 곳에서 계급이라는 이유 하나만으로 "야","너"와 같은 말로 지시를 받으며, 누가 어떻게 무엇을 시키느냐에 따라 업무의 양이나 수준, 종류 등에서 차이를 보이게 된다. 그래서 지시를 하는 방법에 따라 많은 문제가 발생하게 되며 이러한 것은 부대에서 중요한 업무 스트레스로 자리 잡게 된다.

(3) 부대 외적 인간관계

부대 외적인 인간관계에서 발생하는 주요 부대사고 원인은 '애인의 변심'과 '친구관계의 악화'등 크게 두 가지로 볼 수 있다. 그렇게 좋아하고 믿었던 사람에게 배신을 당하고 버림을 받았을 때 한 인간으로서 겪는 상처와 고통은 도저히 견딜 수 없을 것이다. 그 아픔은 가족도, 지휘관도, 전우들도 치유하고 보상할 수 없는 것이기에 더욱 쓰라리고 회복이 불가능하다.

(4) 물리적 환경

육군이 전방의 1개 대대를 표본조사한 결과 병사 55.1%가 외아들로 나타났다. 그만큼 이들은 성장과정에서 혼자 있는 데 익숙해 여럿이 함께 생활하는 것을 힘들어 하는 경향이 있다. 조선일보 2005년 6월 23일자 기사 찜통 더위에 30여 명이 뒤엉켜 '칼잠'을 자야 하는 내무실은 혼자만의 공간에 익숙한 신세대 병사들에게 견디기 힘든 환경이며, 2005년 당시 군당국이 국회에 제출한 자료에 따르면 병사 한 명이 내무실에서 차지하는 공간은 0.7평으로 미국과 일본이 3평, 중국이 2.6평인 점을 감안하면 협소하기 짝이 없다. 그러나 국방부에서 2012년 4월에 발표한 보도자료에 의하면, 1개 내무실에서 수용하는 인원을 기존의 3분의 1 수준으로 줄이고 병사 1인당 주거면적을 2평 가까이로 늘어날 수 있도록 2014년까지 현대화할 계획이라고 한다.

3. 인권문제

병영시설과 관련한 인권의 보장은 일정한 수준의 시설을 갖추어 줄 것을 국가에 요구하는 적극적인 권리이다. 또한 인권기준에 걸맞은 병영시설을 구비하기 위해서는 국가의 재정 투입을 필요로 하므로 사회권처럼 국가예산에 따른 일정 한계를 가질 수밖에 없다. 다만 징병제도에 의해 국방의무를 이행하는 것이므로 '인간다운 생활을 할 권리' 이상의 삶의 수준을 보장하는 것이어야 한다(DiNitto & McNece, 2003).

4. 낮은 복지수준

군대 내 많은 문제들이 사회적으로 이슈화되면서 군대의 복지시설에 대해 많은 사람들이 관심을 가지게 되었다. 기존의 우리 군의 복지수준은 다른 조직들에 비해 상당히 낮다. 거주시설, 의료시설, 문화시설 등 기본적으로 이루어져야 하는 복지임에도 불구하고 군인이라는 이유만으로 참아야 하고 그런 생활이 군인이라면 당연하다고 생각되고 있다. 예를 들면, 우리 군의 내무반의 경우 72cm의 매트리스 2장에 3명이 자고 있다. 120여 명이 아침이면 30분 남짓한 시간에 7개 대변기와 5개의 세면기를 두고 쟁탈전을 벌여야만 한다. 병영생활이 주는 스트레스와 잠재적인 인권침해 가능성을 고려한다면, 역설적으로 높은 수준의 복지가 필요한 곳이 군대이다(서혜석, 2006). 낮은 복지는 장병들을 더 힘들게 만들며 군대 내 문제를 더 악화시키는 원인이 된다. 군복지문제가 사회적 문제로 제기되면서 많은 부분에서 개선되고 있지만 여전히 미비하며 좀 더 적극적으로 군복지문제에 관심을 가져야 한다(박경일·김연이, 2008).

Ⅳ. 군사회복지사의 역할 및 과제

1. 군사회복지사의 역할

군사회복지는 군에서 이루어지는 전문적인 사회복지활동으로서, 무엇보다 군 조직의 다수를 차지하는 병사들의 군생활 적응을 돕고, 직업군인과 그 가족의 복지증진을 위해 시급히 도입되어야 한다. 군사회복지사들은 병사들의 정신건강 상담 및 스트레스 관리를 통해 군생활의 적응과 대처능력을 향상시키고, 직업군인 및 그 가족들이 겪는 다양한 문제와 갈등을 처리하여 안정된 생활을 유지시키는 역할을 수행한다. 다시 말해서, 군인의 부적응과 스트레스, 군인가족의 고충을 효과적으로 관리하는 전문가로서 군사회복지사의 개입은 매우 중요하다.

군사회복지사의 역할은 크게 직접적 서비스를 제공하는 역할과 간접적인 서비스를 제공하는 역할로 나누어 볼 수 있다. 직접적 서비스로는 가정폭력과 약물남용, 정신질환, 군생활 적응, 전투 스트레스 관리, 신체질환 및 건강증진에 관한 문제와 이슈들에 초점을 맞추어 다양한 서비스를 제공한다. 간접적 서비스로는 군복지 관련 정책개발, 구직 원조, 군인과 가족을 위한 사회적 서비스의 필요성을 옹호하고 개발하는 이슈들에 초점을 맞추어 다양한 서비스를 제공한다. 또한 군사회복지의 대상은 일차적으로 현역군인과 가족이지만 퇴역군인 및 그 가족도 일부 포함된다(한인영, 1999).

■ 군사회복지사들이 공통적으로 수행하는 역할

① 군인들의 전투 수행능력을 증진시키고 또한 전투 이후의 회복을 돕는다.

② 군대라는 구조적 경계 내에서 군 구성원의 복지를 극대화하고 심리사회적 손상을 극소화하는 군정책 및 절차들을 개발하고 자문한다.

③ 가족폭력, 물질남용, 정신질환, 또는 심각한 신체질환에 대한 부적응 등과 같은 심리사회적 문제로 인해 발생될 수 있는 손상을 줄이는 프로그램을 계획하고 실행한다.

④ 군대 내에서 사회적 서비스의 기능을 향상시키는 관점과 개입을 확보한다.

⑤ 군사회복지서비스를 전달하는 과정에서 최고의 전문성을 확보한다.

■ **민간 상담가**(caseworker/counselor)**가 수행하는 역할**
① 군대의 상관으로부터 도움을 요청받았거나 의뢰받은 군인들을 면접한다.
② 문제를 파악한 후 전문적 도움의 필요성을 결정한다.
③ 군인들과 그 가족을 상담한다.
④ 각종 심리검사를 한다.
⑤ 진로 및 구직과 관련된 도움을 제공한다.
⑥ 인간관계에 대한 교육을 한다.
⑦ 상담기록을 보관한다.

이들은 실무에 투입되기 전에 8~10주 동안 상담과 관련한 교육을 받으며, 그 후에도 정기적·비정기적으로 직무교육과 훈련을 받는다. 교육의 주요 내용으로는 상담 및 사회적 서비스에 대한 오리엔테이션, 면접 및 상담방법, 약물 및 알코올 남용의 치료, 그리고 심리검사법에 대한 것이다.

이상의 자료를 토대로, 우리나라 군사회복지사 제도화와 관련하여 법안에 고려될 수 있는 역할을 제시하면 다음과 같다(박미은, 2005).

첫째, 군사회복지사는 자발적으로 혹은 의뢰를 통해 도움을 요청한 군인과 가족을 면접한다. 둘째, 문제를 파악한 후 전문적 도움이 필요한 경우에는 군인과 가족에게 전문적인 상담 및 치료서비스를 제공한다. 셋째, 군인과 가족의 정신건강 및 대처능력을 향상시키는 심리사회적 서비스를 제공한다. 넷째, 군인과 가족의 대인관계상 갈등과 폭력을 조절하고 이를 예방하는 서비스를 제공한다. 다섯째, 군인과 가족을 위한 사회적 서비스 및 복지정책의 필요성을 옹호하고 개발한다. 여섯째, 군인들의 전투수행능력을 증진시키고 또한 전투 이후의 회복을 돕는 서비스를 제공한다.

2. 군사회복지사의 활동을 위한 과제

1) 군사회복지사 제도화 및 전문교육

한국사회복지사협회에서는 군사회복지사제도의 활성화를 위해 사회복지사 자격증 취득자 중 희망자에 한해 군사회복지사 교육 및 교육수료 후 해당 자격증을 제공하고 있다. 이를 통해 육군에서는 검증된 전문가들을 현장에서 활용할 수 있도록 하며, 협회에서는 군사회복지사들이 현장에서 군인들의 문제해결을 위하여 보다 적극적인 자세로 임할 수 있도록 관리하고 있다(김천식, 2007).

2) 군인들의 문제해결을 위한 산학협력 지원

군인들의 겪는 병영생활의 어려움, 가족문제, 개인문제 등 여러 문제들에 대해 산학협력체계를 구축 운영하고 있다. 이를 통해 군인문제에 대한 사회의 관심과 적극적인 지원이 이뤄지도록 군인들을 대상으로 한 연구논문 발표, 군인들의 복지서비스 증진을 위한 대정부 건의를 통해 군복지서비스의 발전을 최대한 지원한다(이규명, 2003).

3) 전 분야 현장 사회복지사들과의 네트워크 구축을 통한 군복지 지원

전 분야에서 활동하고 있는 현장 사회복지사들이 군문제에 관심을 가지고 지원할 수 있도록 네트워크를 구성하여 다각도의 지원을 하고 있다. 군인들이 속해 있는 지역 내 사회복지사 및 복지자원을 연계하여 군복지 증진을 위한 다양한 활동을 실시하고 있다(국방부, 2004).

V. 군사회복지의 과제와 전망

1. 군사회복지의 과제

1) 실천현장의 저변 확대

군과 관련된 대상은 다양하고 욕구나 문제 또한 다양하다. 지역 복지관과 군병동 등 시범사업을 실시하되 일차적으로 종료되는 것이 아니라 일정기간 사회복지사를 파견한다든가 상주하는 형태의 사업이 되도록 방향이 설정되어야 한다. 먼저 개척되어야 할 분야는 군병원과 군인가족을 대상으로 전개되어야 한다. 군병원은 시범사업을 실시하고 군인가족의 문제는 군가족지원센터를 활성화 및 확대하여 해결해 나가는 방안을 강구해야 할 것이다.

2) 실천현장에 대한 연구 활성화

2차현장인 군사회복지 현장은 군조직 본래의 목적 달성에 도움이 되면서, 사회복지의 목적도 달성해야 하는 이중성이 있어서 지혜롭게 진행되어야 한다. 군의 기능과 목적, 특성, 문화, 그리고 군 구성원의 요구와 문제 등 군 내부와 외부를 포괄하는 군 환경에 대해 연구하는 것이 필요하다. 군 환경에 대한 체계적인 연구와 계획 속에서 군사회복지 실천의 확대 방안을 찾아야 한다. 대학에 설치된 사회복지학과는 군사회복지 과목을 개설하고 군사회복지 개론 등을 바탕으로 학문적인 연구가 더욱 활발히 전개되어야 할 것이다.

3) 실천현장의 통합관리시스템 구축

군사회복지학회가 주축이 되어 다양한 시범사업에 대해서 학회-기관-군을 연결하는 통합적 관리시스템이 필요하다.

4) 2차 실천현장에 대한 벤치마킹

의료와 정신보건, 학교현장에서의 사회복지 성장에 대한 요인을 탐색하여 적극 대입하고 한국사회복지사협회에서 추진 중인 전문사회복지사제도 도입에 대한 제도화와 전문화에 역량을 모아야 할 것이다. 또한 미국을 비롯한 외국의 사례를 연구하여 우리 실정에 맞는 한국형 군사회복지를 개발해야 할 것이다.

5) 제도화와 정치 세력화

군사회복지의 가장 시급하고 우선적인 과제는 제도화이다. 군사회복지 실천현장의 성과를 바탕으로 당위성을 주장하고 군사회복지의 자원의 풍부함과 네트워킹을 통해 군부대에 이해를 촉구하고 대선, 총선에서 군사회복지를 100대 추진과제에 포함되도록 역량을 강화하고 토론회와 포럼 등을 실시하여야 할 것이다.

2. 군사회복지의 전망

군사회복지제도 도입은 군인만을 위한 것이 결코 아니다. 멀리 보면 국민 전체의 사회문제 예방역할을 하는 것이다. 아내 될 여성문제, 부모 되는 노인문제, 새롭게 태어날 아이 등 이 모든 구성원들의 복지에도 영향을 주게 되는 것이다. 장교들은 군인의 자부심이 올라갈 것이고, 자주 이사하고 새로운 생활에 익숙해져야 하는 군인가족이나 떨어져 살아야 하는 가족에게 자긍심을 심어주고, 많은 지원서비스도 이루어질 수 있다. 또한 군사회복지사는 군과 국민의 전체적인 조화와 통합을 이룰 수 있는 기반을 마련할 수 있다(박영주·정원철, 2006).

노후된 시설을 고치고, 장교 숙소도 새로 하고, 내무반의 현대화도 중요하지만 근본적인 문제에 해결을 줄 수 있는 군복지제도와 군사회복지사의 역할에도 관심을 가져야 한다. 성숙된 군사문화와 깨끗하고 다정한 군 이미지의 홍보효과로 국민의 신뢰와 믿음을 얻을 수 있으며 전체 사회복지에 이바지할 수 있는 기회도 될 것이다. 물론 모든 정책과 제도가 한번에 목적을 달성하기란 어렵다. 군사회복지사제도 또한 기대가 큰 만큼 성과는 부족할지 모른다. 그러나 한 발을 내딛는 것이 중요하다.

또한 군과 사병들을 위한 노력이 더 중요하다. 군사회복지사제도와 역할이 시범사업으로 여러 효과성을 입증하여 잘 운영된다면 군의 위상과 사기가 올라갈 것이며 병역기피가 줄어들 것이고, 군 내 문제도 현저히 줄 것이며, 반면 협동심과 단결은 굳건해질 것이다. 그리고 장교, 사병 모두 자부심을 가질 것이고 자부심을 유지하고 싶은 자존심으로 군 내 문제는 자체적으로 사라지게 될 것이다. 이런 이상적인 군이 현실화된다면 민간에서의 우수한 인력과 재원의 보급, 그리고 여러 자원이 군대에 더 많은 도움을 줄 것은 자명한 일이다.

생각해 볼 문제 및 과제

1. 군사회복지의 개념을 설명해 본다.

2. 군사회복지의 필요성에 대해 설명해 본다.

3. 현대사회의 군사회복지의 문제점에 대해 생각해 본다.

4. 군사회복지사의 활동 및 역할에 대해 생각해 본다.

5. 군사회복지의 과제와 전망에 대해 설명해 본다.

참고문헌

구승신(2005). 군 사병들의 정신건강과 군사회복지 도입의 필요성. 한국학술정보.

국방부(2004). 국방백서.

김동기(2004), 군조직 내 복지사 필요성과 역할에 관한 연구: 장병 사고예방차원. 목원대
　　학교 석사학위 논문.

김천식(2007). 제대군인 복지지원제도의 발전방향에 관한 연구. 한남대학교 대학원 석사학
　　위 논문.

박미은(2005). "군사회복지사 제도의 입법화 방향과 쟁점". 군사회복지사 도입을 위한 공
　　청회 자료집, 5-21.

박경일·김연이(2008). "군장병의 생활문제와 군사회복지의 도입방안에 관한 연구". 한국
　　군사회복지학, 1(1): 1-28.

박영주·정원철(2006). "병사의 군 부적응요인에 관한 연구". 사회과학연구, (2): 73-93.

서혜석(2006). "신세대 병사의 자아존중감 및 대인관계 향상을 위한 집단 프로그램의 효과
　　성 연구." 2006 한국사회복지학회 춘계 학술대회 자료집.

유홍위(2006). 한국과 미국의 군사회복지환경과 군사회복지사의 역할과 기능. 한국군사회
　　복지학회 창립행사 및 포럼 자료집.

이계탁(1994). 복지행정학 강의. 나남출판사.

이부덕(2006). 군사회복지 제도화와 방안. 한국군사회복지학회 창립행사 및 포럼 자료집.

진석범(2001). 군 장병들의 스트레스 요인과 정신건강에 관한 연구. 가톨릭대학교 석사학
　　위 논문.

이규명(2003). 제대군인의 취업활성화를 위한 군사회복지의 활성화 방안에 관한 연구. 상
　　지대학교 석사학위 논문.

이윤수(2000). 군생활 내 의사소통 증진을 위한 군사회사업 필요성. 부산대학교 석사학위
　　논문.

이홍윤 역(2005). 군사회복지의 실천. 성민출판사.

정무성 외(2001). 사회복지사제도의 발전적 운영을 위한 연구. 가톨릭대학교 석사학위 논문.

조홍식(2005). 국가 복지정책 방향에 따른 군복지 체계정립의 필요성. 열린 군복지체계 정
　　립을 위한 법제도 개선방안 토론회 자료.

＿＿＿＿(2006). 군사회복지의 비전. 한국군사회복지학회 추계공동학술대회 자료집.

한인영(1999), "군인의 정신건강 문제와 군사회사업실천의 필요성". 정신보건과 사회사업,
　　8: 199-219.

Daley, G.(1999). *Social Work Practice in the Military*. New York: The Haworth Press.

_____(2003). *Military social work: Multi-country comparison.* International Social Work, 46(4): 437-448.

DiNitto, M., & McNeece, A.(2003). *Social Welfare: Politics and Public Policy*(4th Ed.). Needham Heights, MA: Simon & Schuster.

Knox, J., & Price, H.(1995). "The changing American military family: Opportunities for Social Work." *Social Service Review*(September): 479-497.

제 **10** 장 다문화복지

Ⅰ. 다문화복지의 이해

1. 다문화복지의 정의

1) 다문화의 개념

문화는 한 사회집단의 생활양식, 즉 인간이 만든 총체적 환경이다(Geertz, 1995; Lewis, & Souflee, 2001). 따라서 문화는 역동적이고 복잡하며 변화가 심하다. 다문화는 여러 유형의 이질적인 문화가 제도권에서 형성된 문화를 일컫는다. 다문화 시대를 형성하게 된 배경은 다문화주의에서 비롯된다. 다문화주의란 다양한 언어, 문화, 민족, 종교 등을 통해서 서로의 문화적 정체성을 인정하고 함께 어우러질 수 있는 사회적 질서를 말한다. 이러한 다문화주의는 1970년대 캐나다나 호주에서 제기되었을 뿐만 아니라 영국, 스웨덴 등 유럽 국가들도 이민, 난민, 외국근로자 등의 증가에 따라 그 공존정책으로 받아들였다.

21세기 한국사회도 다문화에 대한 관심이 증가하였다. 이주근로자, 결혼이민자, 새터민 등이 증가함에 따라 부당한 대우, 인권침해, 문화적 격차, 경제문제 등의 문제 야기로 그들에 대한 보호정책과 사회통합의 필요성이 대두되었기 때문이다. 따라서 다문화복지란 국제결혼가족, 외국인 근로자 가족, 새터민 가족, 재외입국동포와 그 자녀에 대한 미시적 영역뿐 아니라 다문화를 형성하는 요인인 성, 민족, 인종, 계층, 거주지, 연령, 특수성, 종교와 언어 등을 고려한 거시적 영역까지 접근하여 사회통합을 이루며 사회질서를 유지해 나가기 위한 사회복지적 개입으로 정의할 수 있다(손병돈, 2007).

2) 한국의 다문화 등장배경

한국의 다문화 등장배경은 다음과 같다. 첫째, 편중된 성비례로 인해 결혼하지 못하는 남성의 결혼에 대한 수요가 급증하고 있다. 둘째, 결혼하지 않고 혼자 사는 여성이 증가하고 있다. 셋째, 한국 여성의 결혼조건을 충족시키지 못하는 남성이 저개발국의 여성을 선택하는 경우가 증가하고 있다. 여기에는 농촌에서 살기를 꺼려 하는 한국 여성의 가치관이 작용한다. 넷째, 정보화, 세계화에 따라 국제결혼에 대한 인식과 가치관이 바뀌고 있다. 다섯째, 저임금 외국인 노동자의 고용정책으로 외국인의 한국으로의 이주가 많아졌고 주변국 여성이 결혼을 통한 한국 이주를 빈곤에서의 탈출로 생각한다. 여섯째, 국제결혼중매업체들의 적극적인 상술과 노총각 구제차원의 국제결혼을 독려하는 사회적 분위기가 맞물려 국제결혼의 증가 배경이 되고 있다(김오남, 2006).

2. 다문화복지의 대상

1) 외국인 근로자 및 가족

외국인 근로자란 '코리안 드림'을 꿈꾸며 돈을 벌기 위해 우리나라로 이주해 온 외국인이다. 이러한 외국인 근로자가 한국에서 결혼하여 이룬 가족 또는 본국에서 결혼하여 형성된 가족이 국내에 이주한 가족을 외국인 근로자 가족이라고 말한다. 3D 업종의 기피의식과 함께 저출산과 고령화사회로의 진입은 외국인 노동자의 유입 증가에 결정적인 영향을 미쳤다. 저출산은 단순히 전체 인구수의 감소뿐만 아니라 유년인구의 감소와 노령인구의 증가, 생산인력의 부족으로 이어져, 농업을 비롯해 건설근로자 등 단순생산 노무직에 많은 노동력 부족 현상을 초래하고 있다. 지방 건설업계 현장에서는 이미 20~30% 이상이 외국인 근로자이며, 전체 경제활동에서는 3~4%의 비중을 외국인이 차지하는 등 계속해서 국내 노동시장의 외국인 노동자 의존도는 증가하고 있다(김범수 외, 2007; 설동훈·이란주, 2006).

그림 10-1 외국인 근로자의 유입배경

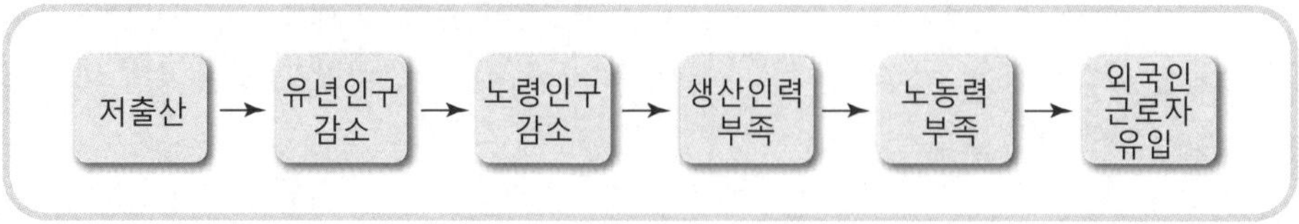

저출산 → 유년인구 감소 → 노령인구 감소 → 생산인력 부족 → 노동력 부족 → 외국인 근로자 유입

2) 국제결혼가족

국제결혼가족이란 한국인 아버지와 외국인 어머니 사이에서 태어난 아이 또는 한국인 어머니와 외국인 아버지 사이에서 태어난 아이로 구성된 가족을 의미한다. 외국인 이주노동자의 증가와 함께 국제결혼의 증가 역시 외국인들의 유입에 큰 몫을 하고 있다. 이미 우리나라는 과거 1970~1980년대부터 농촌인구, 특히 젊은 사람들이 대부분 도시로 빠져나가 심각한 인구구성의 불균형문제가 시작되

었었다. 특히 농촌사회의 한계에 염증을 느낀 젊은 여성들은, 이제 농촌사회에서는 거의 찾아볼 수 없을 정도로 도시로 많이 이주한 상태이다. 이로 인하여 극심한 여성 부족과 이로 인한 농촌총각들의 결혼문제를 동남아 등지에서의 젊은 여성들을 통해 해결하고 있는 것이다. 농촌지역의 경우 이미 30%에 육박하는 국제결혼율을 보이고 있으며, 사회 전체적으로 볼 때에도 결혼하는 10쌍의 부부들 중에 한 쌍은 국제결혼인 것으로 밝혀졌다(조영달, 2007).

3) 새터민 및 가족

새터민이란 북한이탈주민으로 북한에 주소, 직계가족, 배우자, 직장 등을 두고 있는 자로서 북한을 벗어난 후 외국 국적을 취득하지 아니한 자를 자칭한다. 탈북자가 「북한이탈주민의 보호 및 정착지원에 관한 법률」(법률 제8852호)에 따라 보호대상자로 결정되면 통일부장관이 설치 운영하는 정착지원 시설에서 보호를 받을 수 있게 된다(동법 제11조).

새터민 정착지원을 위한 효율적인 정책과 제도를 만들기 위해서는 새터민들에 대한 객관적인 현황 파악이 선행되어야 한다. 1990년대 중반 북한의 대홍수와 가뭄으로 고난의 행군이 시작된 이후부터 늘기 시작한 새터민 숫자는 1995~1998년 사이에는 40~70명 사이를 유지하다가, 1999년에 100명 선을 넘기 시작하더니 불과 3년 뒤인 2002년부터 연간 1,000명 이상의 수준을 유지하고 있다. 2004년에는 1,894명이, 2006년에는 2,019명을 넘었다. 이제 연간 2,000명 탈북자 입국 시대를 맞이한 것이다. 최근 3년간 입국한 탈북자 수는 전체의 약 57%에 이른다. 지역별 거주현황을 보면 서울과 경기지역에 전체의 53.2%인 4,384명으로 가장 많이 살고 있으며, 기타 부산(495명), 제주(37명) 등 전국에 고루 분포되어 있다(통일부, 2010).

4) 입국 재외동포

재외동포란 재외국민(외국 영주권을 가졌거나 영주할 목적으로 해외에 거주하는 한국인)과 외국국적 동포(한국국적을 보유했던 사람과 그 직계비속)을 통틀어 말한다. 1999년 '재외동포법' 제정 시에는 법의 적용대상에서 재외동포의 범위를 '대한민국 국적을 가진 해외 영주권자', '대한민국 국적을 가졌다가 외국국적을 취득하면서 국적을 포기한 사람과 그 직계비속'으로 제한함으로써 문제가 있었다. 즉 제정 당시의 규정에 따르면 1948년 정부수립 이전에 해외로 나가 외국국적을 취득해 대한민국 국적을 취득한 적이 없는 많은 중국 동포와 러시아 지역 동포는 재외동포의 범위에 들지 않았다. 이 때문에 시민단체와 인권단체들이 헌법소원을 내 헌법재판소가 이 조항에 대한 헌법불합치 판정을 내렸다(법무부, 2010).

그리하여 법개정 시 재외동포의 정의규정을 '대한민국 국적을 가진 해외 영주권자', '대한민국의 국적을 보유하였던 자(대한민국정부 수립 이전에 국외로 이주한 동포를 포함한다) 또는 그 직계비속으로서 외국국적을 취득한 자'로 하여, 대한민국정부 수립 이전에 국외로 이주한 동포를 재외동포의 범위에 포함하도록 규정이 변경되었다(양영자, 2007).

3. 다문화복지의 필요성

오늘날 한국사회는 지구촌 시대의 급속한 변화를 경험하고 있다. 세계화(globalization)와 초국가주의(transnationalism)를 본격화시킴으로써 지구상의 단일시장을 형성하였고, 이러한 변화는 외국인 노동자와 국제결혼이 급격히 증가함에 따라 다문화가족이 합법, 비합법인 경우를 포함하여 100만 명에 이르렀다(박상철, 2007). 우리나라는 전 세계 184개국 가운데 아이슬란드와 함께 유일하게 단일문화를 고수하고 있는 국가로 분류되어 왔다. 그러나 물밀듯 밀려오는 세계화의 급류 속에서 단일 민족의 신화는 유례없는 도전을 받고 있다. 그렇기에 다문화정책을 통하여 이주민을 통합하지 않을 경우 심각한 사회불안이 야기될 수 있음을 명심해야 한다. 단일민족에 대한 재분석을 통하여 폐쇄주의적 단일민족 문화에서 벗어나 '차이'와 '다름'을 인정하고, 다양함에 관용을 베풀며, 정체성을 확립하여 세계화를 선도해 나가는 다문화국가가 되어야 할 것이다.

한국인의 다문화가족에 대한 인식은 결코 긍정적이라 할 수 없다. 한국인의 마음속에는 순수혈통의 민족 개념이 자리 잡고 있으므로, 보통 한국인과 다른 다문화가족 성원은 한국사회에서 도드라져 보이는 존재다. 모든 인간은 타인과 다른 점을 근거로 자신의 정체성을 형성하므로 도드라진다는 점 자체는 문제가 될 것이 없지만, 그 방향이 존중 또는 존경과는 거리가 먼 멸시에 가깝다는 점은 문제이다. 즉 단일민족과 순수혈통을 강조하는 한국사회에서 다문화가족의 성원들은 차별대우의 피해자가 되는 경우가 많다.

정부는 2006년 정부차원의 총괄추진체계를 마련하는 차원에서, 탈법적인 결혼중개 방지 및 국제결혼 당사자 보호, 가정폭력 피해자 등의 안정적 체류 지원 및 보호 강화, 결혼이민자의 한국사회 조기적응 및 정착 지원, 자녀의 학교생활 적응 지원, 결혼이민자의 안정적 생활환경 조성, 결혼이민자에 대한 사회적 인식 개선 및 업무책임자 교육 등을 그 핵심으로 하는 결혼이민자 지원대책을 발표하였다. 그 후 결혼이민자는 배우자의 귀책사유로 이혼했더라도 국내에서 합법적으로 체류할 수 있고, 또 별도의 허가절차 없이 자유롭게 취업하며 국내에서 생활할 수 있다.

결혼이민자는 국적취득 전이라도 18세 미만 아동을 양육하는 경우, 「국민기초생활보장법」, 「긴급복지지원법」, 「모부자복지법」에 의하여 생계, 의료, 주거 등의 지원 혜택을 받을 수 있다. 2006년부터 정부는 결혼이민자의 출신국별 네트워크 결성을 지원하여, 결혼이민자들이 서로 정보를 원활하게 주고받을 수 있도록 돕고 있다. 또한 정부는 혼혈인 및 이주자의 사회통합 지원방안을 통해서 이주노동자 및 혼혈인 가족이 사회통합정책의 대상임을 밝힌 바 있다(김혜순, 2006).

Ⅱ. 다문화복지의 이론 및 전개과정

1. 다문화복지의 이론

1) 용광로(melting-pot) 이론: 주류문화에의 동화교육

미국의 경우 이민자들이 늘어감으로 인하여 동화주의는 적용되지 못하였고 용광로 이론이 대두되었다. 용광로 이론은 여러 나라의 문화를 용광로에 녹여 종합된 하나의 새로운 동질문화를 형성하려는 이상을 지닌 이론이다. 그러나 현실에서는 모든 문화가 동등한 위치를 차지하지 못하고 백인 청교도문화가 소수인종문화를 융해시켜 백인문화는 우위에, 다른 문화는 하위에 머무르게 하였다. 용광로 이론은 다양한 민족문화가 미국 문명을 풍부하게 한다는 샐러드볼(saladbowl)의 개념으로 발전하였으나, 대부분의 미국 정치, 경제, 교육의 지도자들은 이민자와 토착 민족집단의 동화를 강조하였다(Banks, 2004).

2) 모자이크(mosaic) 이론: 바탕은 서구문화

'모자이크 사회'는 말레이시아를 소개하는 여행책자나 전공서적에 어김없이 등장하는 대표적인 수식어이다. 멀라유인, 중국인, 인도인, 태국인 등이 함께 어울려 다양한 문화를 낳고, 서로의 독특한 문화를 존중해 주며, 그 영역에 침범하여 타문화의 독창성을 흐리지 않고 철저히 그들의 전통문화를 지키면서도 그 안에서 다문화와 다인종이 조화를 이루며 살아가고 있다. 모자이크처럼 자세히 보면 각기 그 색은 달라도 멀찌감치 떨어져 보면 조화를 이룬다는 뜻에서 모자이크 사회라는 호칭이 생겨난 것이다.

3) 샐러드볼(saladbowl) 이론: 오늘의 다문화교육 이론

미국에 온 모든 민족은 자기의 독특한 맛을 내어 다양한 조화가 미국이 지향하는 정책이라는 것이다. 용광로 이론은 단일민족국가의 이론이었다면 샐러드볼 이론은 다민족국가의 이론이라 하겠다.

4) 문화생태(Theory of Eco-cultures) 이론

생태계(ecosystem)에서 차용한 용어로 'cosystem'이 식물, 동물, 인간 등의 생물체 간, 그리고 그 생물체들이 살고 있는 환경과의 균형관계를 말하듯이 'eco-cultures'는 서로 다른 문화적 배경을 가진 사람들이 상호 균형을 유지하며 함께 살아가는 모습을 의미한다.

2. 다문화사회의 단계별 전개과정

1950~1970년대의 국제결혼은 한국전쟁을 계기로 한국에 주둔한 미군 병사 남성과 한국인 여성의 결혼이 주류를 이루었다. 그들은 미군 기지촌 주변에서 가정을 꾸려 생활하거나, 본국으로 귀환하는 가장을 따라 미국으로 이주하였다. 미국의 풋볼 영웅 하인즈 워드의 가족이 이 유형에 속한다. 한국의 경제력이 신장된 1980년대 이후에는 외국인의 국내유입과 한국인의 해외진출이 증가하였고, 그 과정에서 외국인 남성 전문직 종사자와 한국인 여성의 결혼이 새로운 유형으로 등장하였다.

1980년대 말, 이른바 북방정책을 통해 중국, 소련과의 교류가 시작되었고, 그 후 1990년대 초 국내에서 농촌총각 장가보내기 운동의 일환으로 국제결혼을 추

☞ 표 10-1　다문화사회의 단계별 과정과 문제점

이행단계	현　상	사회적 변화(위험)
다 문 화 사회로의 진　입	• 이주민(외국인)이 전체 인구구성에서 차지하는 비중이 증가하는 시기	• 동질적인 사회에서 다른 문화가 등장함으로 인해 사회구성원들의 혼란 발생 • 심리적 저항과 차별적 태도 • 행동의 다양성이나 가치관의 상이에 따른 규범의식의 저하
다 문 화 사회로의 이　행	• 이주민들의 체류기간이 늘어남에 따라 가족 및 공동체 형성	• 의사소통의 제한으로 인한 가정 내 유대관계 약화, 구성원 간 무관심 • 다문화가정의 이혼 증가, 가족해체 • 인종에 따른 소득격차로 인한 새로운 차원의 사회적 불평등 심화
다 문 화 사 회 의 정　착	• 다문화가족 내에서 성장한 2세가 사회에 진출 • 이주민 공동체가 재생산됨	• 가족과 주류사회의 문화 사이에서 인종적 정체성 혼란 • 교육수준이 낮고 소득수준이 낮은 이민자들에 대한 사회복지 부담의 증대 • 인종 간 사회적 마찰의 증대 • 사회적 일체감의 해체

출처: 장미혜(2006). 다문화 사회의 미래와 정책적 대응방안. p. 47.

진하면서, 한국인 남성과 외국인 여성의 국제결혼이 증가하기 시작하였다. 그 후 1995년 한국정부가 외국인의 국내방문을 엄격히 규제하면서, 한국에 들어와서 취업하기 위한 방편으로 국제결혼을 택하는 사람들의 수가 늘어났다. 1995년 이후, 한국인 남성과 외국인 여성의 결혼유형이 그 반대 유형보다 더 많아지게 되었다. 이러한 추세는 현재에도 지속되고 있다. 특히 2002년 이후 국제결혼이 급증하고 있다. 수많은 국제결혼중개업체들이 활동하고 있기 때문이다. 1980년대 말부터 국내로 들어온 이주노동자들이 한국인과 결혼한 사례도 발견된다. 그 유형은 한국인 여성과 외국인 남성의 국제결혼이 주류를 차지한다.

III. 다문화복지를 위한 기관별 지원 현황

1. 보건복지부

2008년 9월부터 시행된 「다문화가족지원법」을 바탕으로 중앙정부— 지방 — NGO의 유기적 연계 및 체계적 추진체계 기반을 구축하고 있다. 이에 따라 전국 다문화가족지원센터는 2007년 38개소에서 2010년 9월 기준으로 171개소로 3년간 약 4배 정도 증가하였다. 더욱이 보건복지부 내 다문화가족과에서는 2008년부터 '다문화가족 생애주기별 맞춤형 서비스 지원강화 계획'을 만들어 다문화가족의 생애주기에 따라 수요에 부응하는 맞춤형 서비스를 강화하고자 하였으며 자세한 내용은 〈표 10-2〉와 같다.

☞ 표 10-2　**생애주기별 맞춤형 서비스**

단 계 별		내　용
1단계	입국 전 결혼준비기	• 국제결혼중개업체 관리 및 윤리의식 향상교육 실시 • 결혼이민 예정 여성에게 한국생활 정보제공 및 상담 실시 　−베트남, 필리핀 등 2개국에 국제결혼 이민관 파견 　−몽골, 캄보디아 등에 콜센터 운영 및 입국 전 교육 프로그램 운영 • 한국인 배우자대상 결혼준비교육 　−결혼이민여성 입국 전 한국인 배우자에게 사전교육 추진
2단계	입국 초 가족관계 형성기	• 다양한 매체를 통한 한국어교육 　〈다문화가족지원센터 운영: 집합교육, 방문교육〉 　−집합교육: 언어별·수준별로 세분화된 교육 프로그램 실시 　−방문교육: 찾아가는 방문교육 서비스 　−온라인교육: 고려사이버대학교와 협약 체결, 사이트 운영 　　(다문화 가정 e-배움 캠페인: http://e-campaign.kdu.edu) • 찾아가는 임신·출산 지원 • 종합 생활정보 제공 • 위기개입 및 가족통합교육 실시
3단계	자녀양육 및 정착기	• 아동양육지원서비스 　−아동양육지원 방문교육(다문화가족지원센터) 　−이중언어지도사업, 언어발달지원사업

		−다문화가족 아동보육지원 프로그램 개발 −보육시설 등에 다문화 프로그램 개발 · 보급 −시설 미이용 다문화가족 영유아대상 보육교사 파견 • 취업역량 강화교육 −영농기술교육 −정보화 교육 −직장예절, 면접기술 등을 통한 경제적 자립능력 지원
4단계	역량강화기	• 다문화사회 통합 선도자 육성 −자조모임, 이민자 사회통합지원 멘토 역할 수행 −다문화정책 모니터링단(결혼이민자 및 배우자) 운영 • 이민자 적합직종 인력양성 및 취업연계 −다문화강사 양성 −원어민 외국어강사 양성 −통 · 번역사 등 이민자 적합직종 개발 및 취업연계시스템 마련
전 단계	다문화역량 강화	• 다문화정책 추진기반 마련 −다문화가족지원센터 확대 −다문화가족지원법 시행 • 지역사회 협력 네트워크 강화 −다문화 가족활동가 전국대회 • 대국민 다문화 인식개선을 위한 교육 · 홍보 강화

출처: 보건복지가족부(2008).

2. 여성가족부

여성가족부는 다문화가족 지원의 주무부처로서 이주여성 관련 업무는 크게 세 가지로 나누어진다. 첫째는 다문화가족지원센터와 이주여성 긴급지원센터 1577-1366의 운영, 둘째는 이주여성쉼터 운영 및 법률지원 등의 관련 서비스 제공, 마지막으로 국제결혼을 희망하는 남성을 교육하는 업무이다.

3. 다문화가족지원센터

다문화가족들의 사회적 · 문화적 갈등과 자녀양육의 어려움을 극복하고 결혼이민자들의 안정적인 정착과 행복한 생활을 지원하고자 2006년 다문화가족지원센터가 설립되었다. 2008년에는 보건복지가족부(현 보건복지부) 소속이었으나 2010년

여성부가 여성가족부로 확대, 개편되면서 여성가족부 산하기관으로 변경되었다.
현재 171개소가 다문화가족을 위한 한국어교육, 가족통합교육 및 다문화사회 이
해교육, 자조모임, 상담, 다문화가족직업교육 및 다양한 기타 지원 프로그램 등의
서비스 제공을 통해 결혼이민자의 한국사회 조기적응 및 다문화가족의 안정적인
가족생활을 지원 중에 있으며, 다문화가족사업단은 상위기관으로서 다문화가족지
원센터 지원, 다문화가족을 위한 프로그램 개발 및 보급, 주요 다문화가족정책의

그림 10-2 다문화가족 지원사업 추진 체계도

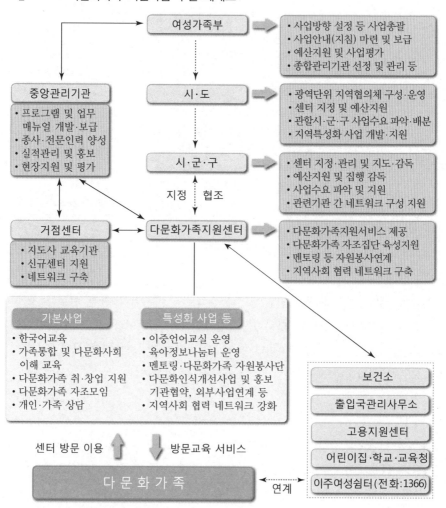

시범사업 실시, 센터종사자 교육, 평가, 정보매거진 발간, 홍보와 운영지원, 관련 기관 네트워크 협력 등의 업무를 수행한다.

4. 그 외 지원 현황

☞ 표 10-3 **기관별 지원 내용**

부　　처	주요 내용
교육부	• 다문화가정 학생에 대한 종합지원을 위한 교육기반 구축 　─ 다문화가정 학생교육 중장기계획 수립 　─ 교육부-교육청 간 연계 · 협력 강화 　─ 다문화가정 학생을 위한 교육 프로그램, 교재, 교사연수 프로그램 등 연구 · 개발 • 학교 중심의 맞춤형 교육 지원 　─ 다문화가정 학생을 위한 한국어반, 방과 후 학교, 멘토링, 문화체험활동 등 지원 　─ 정책연구학교(10개교) 운영으로 학교단위 다문화교육 강화
법무부	• 결혼이민자 출입국 · 체류관리 • 결혼이민자 네트워크 지원 • 국제결혼 희망자 사전교육(법무부, 보건복지부 공동사업) • 외국인종합안내센터(www.hikorea.go.kr, 1345: 영어, 일본어, 중국어서비스 제공)
문화체육관광부	• 이주민대상 한국어 · 문화이해교육 시범사업 실시 • 이주민과 내국인의 상호 이해증진을 위한 소통의 장 마련 • 다문화에 대한 국민의 인식을 높이기 위한 홍보 콘텐츠의 제작
고용노동부	• 취업알선 등 취업지원서비스 강화 • 통역서비스 제공 강화 • 사회적 일자리 제공, 공공근로인력 선정 시 가산점 부여 • 여성결혼이민자에 대한 노동법적 보호
안전행정부	• 지자체 업무담당자 전문성 제고 • 외국인 주민 기초실태조사 • 결혼이민자 정착 우수사례 발표회 • 지자체 외국인주민 지원시책 추진상황 점검 • 결혼이민자 친정부모 초청행사

출처: 한국여성정책연구원(2008).

Ⅳ. 다문화복지의 문제점

1. 지역사회의 문제

외국인 근로자이든 결혼이주자이든 국내에 거주하며 살고 있는 외국인들이 지역사회에서 어떻게 적응하고 있으며 우리 사회 역시 이들을 어떻게 받아들이고 있는가는 매우 중요한 문제이다. 더욱이 이들의 인권 및 차별대우 문제는 매우 심각한 사항임에도 불구하고, 단순히 의사소통의 장애로 인한 문제로 치부하거나, 일방적으로 한국사회에 동화(적응)되기만을 바라고 있다거나, 혹은 '시간이 약'이라는 말처럼 자연히 해결될 것이라는 안일한 생각만을 하게 된다면, 많은 외국인 근로자나 결혼이주여성이 더욱 큰 고통과 문화적 장벽의 한계를 체감할 것이다 (박천응, 2006).

2. 열악한 근로환경

한국에서 일하고 있는 외국인 근로자 수는 이미 지난 2008년을 기점으로 59만 명에 달하고 있다. 이는 2008년 대한민국 전체 인구수 4,840여만 명의 1.2%에 해당하며, 국내 3D 업종에서는 이미 없어서는 안 될 존재로 자리매김하고 있다. 실제로 영세제조업체의 절반 이상은 외국인 노동자가 없으면 공장을 돌리기도 어렵다고 한다. 즉 우리 사회의 동료이자 이웃이 된 것이다. 하지만 이들에 대한 차별과 착취는 쉽게 사라지지 않고 있다. 이미 이들의 각종 권리침해에 대한 보도가 종종 사회적 이슈가 되기도 했지만, 열악한 근로환경은 좀처럼 개선될 기미를 보이지 않고 있는 것이다.

현재 외국인 노동자 수 59만 명 중 약 23만 명은 불법체류 상태라고 한다. 게다가 나머지 역시 취업허가기간이 끝나면, 상당수가 불법체류자로 전락하게 된다고 한다. 주목할 점은 이들의 규모나 차지하고 있는 사회적 비중이 무시하지 못할 수준으로 성장했음에도 불구하고, 정부가 이들을 관리하는 방식에는 매우 큰 문제가 있다는 점이다. 실제로 정부는 이들을 기습 단속하여 강제추방하는 데에만 열을 올리고 있다. 더욱이 정부의 이러한 태도는 대표적인 본보기가 되어, 각 사회구성원들에게 많은 영향을 끼칠 수 있다는 점에서 더욱 심각한 문제들을 낳고 있다. 즉 정부에서 이들을 쫓아야 할 대상으로 규정함으로서 많은 사람들이 외국인에 대한 선입견이나 인식을 그와 같이 하게 된다는 점이다(박천웅, 2006).

몇 배나 고된 노동 강도, 안전사고의 위험성이 높고 내국인이 하기를 꺼려 하는 더러운 일 등을 도맡아 하면서도 이들이 받는 급여는 동종업계에 종사하는 한국인들에 비해서조차 턱없이 적다고 한다. 또한 불법체류자라는 약점, 혹은 곧 불법체류자로 내몰릴 수 있는 가능성 때문에 이들의 일은 더욱 불안정하고 고되며, 저임금, 임시직에 시달리고 있다. 작업장 내 구타, 폭력, 터무니없는 급여, 열악한 근로 환경은 물론 요즘과 같은 경기불황 시기에는 어김없이 퇴출 일순위로 꼽히고 있다. 더욱이 이들은 부당한 대우를 받거나 심지어 해고를 당한다고 해도 어디 가서 하소연은커녕, 당장 자신들의 생계유지에 눈앞이 캄캄해진다고 한다.

이미 우리 사회의 한 구성원으로서 어렵고, 고된 일들을 도맡아 해 오던 이들에게 이러한 대우가 과연 옳은가라는 질문을 던지지 않을 수 없다. 단지 의사소통이 부자연스럽다거나 한국인이 아니라는 점, 사회의 법규와 제도를 잘 모르기 때문에, 혹은 이들의 체류자격과 관련한 문제들로 인해 이들의 인권이나 존재가 무시되고 있는 것은 아닌지 한 번쯤 고민해 보아야 할 시점이다.

3. 교육현장의 문제점

외국인 근로자와 결혼이주자들이 우리 사회에 본격적으로 유입되기 시작한 지도 벌써 상당한 시간이 흘렀다. 많은 사람들이 귀국을 하기도 하고 추방되기도 했지만, 이들 중 상당수는 어찌되었던 한국사회에 적응하며 가정을 이루고 있거나, 본국에 있는 가족들을 불러오기도 한다. 즉 일부 외국인들은 한국사회에 정착하며 하나의 공동체를 이루며 살아가고 있는 것이다.

문제는 이들의 2세이다. 좀 더 구체적으로 언급하자면, 2세들의 '교육'문제가 그 핵심이다. 다인종·다문화사회로의 첫발을 내디딜 어린아이들의 교육 환경은 여러 모로 매우 중요하다고 할 수 있다. 하지만 이미 우리의 교육현장은 유치원, 초등학교를 중심으로 다인종·다문화자녀들의 등장으로 많은 어려움을 겪고 있다. 교사들 역시 아직까지도 다문화자녀들을 이해하고 지도할 준비가 되어 있지 못한 경우가 많으며, 다른 학생들의 놀림이나, 학부모들의 차별 속에서 이들을 어떻게 배려하고 지도할 것인가에 대한 논의는, 비단 교사들뿐만 아니라 사회적으로 매우 미흡했던 것이 사실이다. 최근 들어 다문화사회와 이들의 자녀들에 대한 관심이 높아지고는 있지만, 아직까지 이들에 대한 대책이나 구체적인 대비책들은 거의 전무하다고 할 수 있어, 교사나 학생을 비롯해 교육계에 몸담고 있는 대부분의 다른 주체들도 많은 어려움을 겪고 있다(교육복지정책과, 2007).

다문화사회를 배경으로 다문화자녀들과 함께 다문화교육을 실현하기 위해서는 무엇보다 사회구성원 전체가 이를 인정하고 공감할 수 있는 분위기가 되어야 하며, 이를 위해 교사에 대한 다문화교육과 훈련, 다문화전문가들에게 도움 의뢰, 교육과정의 개발, 다문화자녀들을 인정하고 함께하려는 의식의 변화, 그리고 학생, 교사, 학부모들과 같은 교육당사자들의 협조나 이해 등 다양한 방면에서 많은 노력이 필요하다(Banks, 2004).

더욱이 다문화자녀들의 경우 사회·경제적으로 약자인 경우가 많다. 소수이자 약자인 경우, 이들이 느낄 수 있는 한계와 절망감, 현실의 높은 벽 등은 더욱 가중되어 이들을 힘들게 할 수 있는 부분이므로, 오히려 사회가 이들을 지원하고 배려해 주어야 한다. 하지만 아직까지 이러한 노력들이 거의 이루어지지 않고 있어 향후 많은 노력과 개선이 필요하다.

4. 국제결혼상의 인권침해

한국의 경우 국제결혼이 2007년 총 38,491건으로 2000년의 12,319건보다 3배 이상 증가하였지만 2005년 이후 2년째 감소하고 있는 것으로 나타나고 있다. 2007년 현재 한국 남자와 외국 여자의 혼인은 29,140건으로 전년보다 3.5% 감소하였고, 한국 여자와 외국 남성 간의 혼인도 9,351건으로 전년도보다 1.4% 감소하였는데 이는 베트남 정부의 혼인제도 강화와 캄보디아 정부의 국제결혼 중단 후 강화된 제도 도입, 그리고 중국 동포들의 취업방문제 등으로 굳이 결혼을 통하지 않고도 한국에 들어올 수 있기 때문인 것으로 분석된다. 양국 정부의 국제결혼에 대한 규제는 자국 여성에 대한 인권침해에 기인한 것으로 보이며, 법무부는 국제결혼상의 인권침해 문제를 해소하기 위해 정부기관 최초로 베트남과 캄보디아 양국에 조사위원을 파견한 바 있다(김범수 외, 2007).

5. 사회부적응 및 심리적 문제

다문화가정의 아동들은 주 양육자인 어머니의 원활하지 못한 한국어 능력 때문에 자신이 겪고 있는 사회심리적인 갈등을 해결하지 못하고 좌절감 때문에 심한 자아정체감의 위기를 겪는다. 그래서 비행이나 반사회적 행동을 보이는 문제아가될 가능성이 항상 존재하고 있다. 경제적인 어려움을 겪는 어머니를 보면서 가정이나 형제에 대한 책임감이 높고, 특히 자신의 외모적인 특성을 인식하면서 '자기존재의식'이 높다. 그러나 사춘기를 지나고 생활환경이 넓어지면서 사회적 압력과 장래에 대한 불안이 증대되면 다른 집단의 아동들보다 심한 자아정체감 위기를 맞으며 미래에 대한 자신의 목표의식이 낮아진다(김이선·김민정·한건수, 2006).

V. 다문화복지의 과제와 전망

1. 다문화복지의 과제

1) 다문화교육

다문화사회가 발달하고 다문화가정의 증가로 자녀의 취학생 수가 급격히 증가함에 따라 이들 자녀들이 학교에서 소외되고 탈락하고 방치되고 있어 새로운 교육 소외계층으로 등장하고 있다. 한국에 거주하는 외국인 수가 증가하고 다문화가정 자녀들이 학교에 취학함에 따라 인적 교류와 문화접촉 증가에 따른 충돌, 갈등 가능성을 내포하지만 동시에 외국문화와의 접촉을 통하여 한국사회 문화가보다 역동적이고 창조적인 문화로 변화할 수 있는 가능성을 자극할 수도 있다는점도 간과해서는 안 된다. 다문화교육은 다양한 문화집단, 즉 국가별 혹은 집단별 특성에서 오는 문화적 '차이'뿐 아니라 서로 다른 문화집단이 공유하고 있는문화현상의 '유사성'에 관하여 비교적으로 인식하는 과정을 통하여 공존하는 문화집단의 특성을 이해하고, 자신의 문화집단의 특성 또한 더욱 뚜렷이 이해할 수있도록 돕는 것이다(조영달, 2006).

2) 다문화사회 복지실천

오늘날 우리 사회는 세계화의 거센 물결에 따라 국경을 넘나드는 이주노동이 급격히 늘어나면서 민족주의적 편견과 차별에서 벗어나 사회통합을 위한 공동체문화의 형성이 시급히 요청되고 있다. 이에 따른 대표적인 대처방안으로 안산에서 시행되는 '국경 없는 마을'이 있다. '국경 없는'의 의미는 '국적'이 서로 다른 사람들이 지역사회에서 주민으로 더불어 살아가는 것을 의미한다. '동네'라는 말은 '주거의 물리적 범위'를 지칭하는 반면, '마을'은 물리적 범위만을 뜻하지 않고, '이웃하여 사는 사람'에 초점을 두고 있으며, 최근에는 다양한 사회적 관계망 또는 커뮤니케이션까지 포괄하는 '공동체'의 개념으로 사용되고 있다.

국경 없는 마을은 문화적 사고 운동으로 지역사회의 차별문화, 즉 배타문화, 소외문화, 경쟁문화를 극복하고 소외된 인간관계 회복을 추구하는 공동체문화의 형성을 추구한다. 이 프로그램은 인간차별이 아니라 인간존중의 원리가 적용되며, 돈이 지배하는 사회가 아니라 나눔의 원리가 적용되고, 이윤을 위해 개인이 수단으로 전락되는 것이 아니라 이웃과 함께 더불어 살아가는 공동체원리가 적용된다. 이에 따라 사회복지의 실천적 과제는 다음의 몇 가지로 생각해 볼 수 있다(이희숙, 2008).

첫째, 외국인에 대한 민족중심주의적 편견을 버려야 한다. 둘째, 다문화에 대한 편견에서 벗어나 다문화 공동체문화 체험교육이 필요하다. 셋째, 외국이주민 집단 거주지를 양성화하여 그들에게 지역사회의 각종 행사에 참여기회를 부여함으로써 지역사회의 안정과 통합을 이루어 낼 필요가 있다. 넷째, 이주노동자와 주민의 갈등을 최소화하여 서로 필요로 하는 프로그램의 공동개발 및 시범운영이 필요하다. 우리가 생활 전반의 차별을 극복하기 위해서는 정치, 경제, 사회 등의 차원에서도 중장기적인 다문화사회복지 실천과제를 가지고 전문적인 프로그램을 개발하고 시행해 나가야 할 것이다.

2. 다문화복지의 전망

1) 다문화사회의 다문화복지를 위한 대안

한국사회는 이미 다문화사회에 진입하였음에도 불구하고 그에 대한 관심이 매우 부족하다고 할 수 있다. 이러한 시각에서 우리 사회가 지향하는 세계화에 대한 개념을 재정립하고 다문화사회에 대한 새로운 가치창조를 위해 몇 가지를 검토해야 할 것이다(김세훈, 2006).

첫째로, 누구를 위한 다문화사회인가? 다문화사회는 통치전략(art of govern-ment)을 보완하는 수준을 넘어야 한다. 특히 다문화사회의 핵심적인 구성주체들이 주변화되고 배재되는 역설이 초래되어서는 안 된다. 다문화의 초점은 자국을 떠나 국경을 넘을 수밖에 없었던 한 인간으로서의 생존과 인간의 권리에 맞추어져야 할 것이다.

둘째로, 누가 주축이 되어 다문화사회를 지원해 나갈 것인가? 다문화는 세계화의 산물이다. 따라서 온 국민의 관심과 노력이 무엇보다 중요하다. 특히 다문화사회를 만들어 나감에 있어서 정부와 민간단체 그리고 자원봉사의 3박자가 함께 어우러져야 한다. 국가의 정책적 지원, 공공기간과 민간단체의 협력체제, 시민의 자발적 자원봉사의 활용과 더불어 다문화를 수용하는 국민적 의식전환과 노력이 필요하다.

셋째로, 다문화가족을 위해 어떻게 개입할 것인가? 간략히 말하면 다문화가족을 위한 언어교육 지원의 체계화, 어린이집이나 유치원, 초·중·고 정규교육을 통한 다문화가족에 대한 체계적인 교육과 선생님의 각별한 관심과 지도, 가정에서의 다문화가족과 공존할 수 있는 가르침, 다문화가족이 많이 거주하고 있는 지역부터 각 지역별로 다문화가족센터의 건립, 다문화가족들을 위한 전문인력 양성 등이 있다.

2) 바람직한 다문화사회의 미래

단일민족이라는 자부심과 문화적 정체성에 기반했던 우리 사회는 급속하게 전개되고 있는 세계화, 정보화 흐름과 함께 저출산, 고령화, 외국인 근로자 및 결혼이주자들의 증가와 같은 사회구조 변화로 인해 끊임없이 새로운 환경으로 변화하고 있다.

물론 급속히 진행되고 있는 외국인 근로자의 유입과 결혼이주자의 증가가 앞으로도 현재와 같은 속도로 진행될 것인가에는 다소 의문을 가질 수 있다. 특히 외국인 근로자의 경우, 한국 경제상황에 따라 규모나 형태가 많은 영향을 받을 것이다. 최근 들어 미국 발 경제위기로 인해 우리나라 역시 극심한 경기침체를 겪고 있고, 이로 인해 국내산업에 종사하던 외국인 근로자들조차 직장을 잃고 생계를 위협받고 있다. 이에 따라 최근 외국인 근로자 수가 소폭이나마 줄어들고 있다고 한다. 더불어 결혼이주자의 증감도 동남아시아 각국의 경제성장이나 국가정책에 의해 상당한 변화를 겪을 수 있다.

하지만 이러한 분석에도 불구하고 여전히 외국인들의 국내 비중은 점차 높아져가고 있으며, 이로 인한 사회적 쟁점과 문제들이 지속적으로 발생하고 있다. 따라서 장기적인 안목에서 다문화사회의 도래를 인정하고 수용하여, 함께 공존해 나갈 수 있는 근본적인 사회인식의 변화와 종합적인 대책이 필요하다. 즉 한국사회 내에 존재하게 될 이(異)문화에 대한 관용과 한국문화의 다양성 인정과 증대의 노력이 필요한 것이다. 생물다양성 보존이 건강한 생태계를 유지하고, 위험에 대한 대응능력을 함양하듯이, 대승적 차원에서 이들을 포용하고 융합할 수 있다면, 보다 나은 한국문화의 발전과 경쟁력 확보에 큰 도움이 되리라고 생각한다.

생각해 볼 문제 및 과제

1. 다문화복지의 개념에 대해 설명해 본다.

2. 다문화복지의 필요성에 대해 설명해 본다.

3. 다문화복지의 등장배경에 대해 알아본다.

4. 다문화복지의 이론적 관점을 제시해 본다.

5. 다문화복지의 서비스 현황에 대해 생각해 본다.

6. 다문화복지의 전망에 대해 설명해 본다.

참고문헌

교육복지정책과(2007). 다문화가정 자녀교육지원 계획. 교육과학기술부.

김범수 외(2007). 다문화사회복지론. 평택대학교 다문화가족센터. 양서원.

김세훈(2006). 다문화사회의 문화정책. 하계공동학술대회 발표논문집. 461-470.

김오남(2006). "여성 결혼이민자의 부부갈등 및 학대에 관한 연구: 사회문화적 요인을 중심으로". 한국가족복지학, 18: 33-44.

김이선·김민정·한건수(2006). 여성 결혼이민자의 문화적 갈등 경험과 소통증진을 위한 정책과제. 한국여성정책연구원.

김혜순(2006). 한국의 다문화사회 담론과 결혼이주여성. 계명대학교 석사학위 논문.

박상철(2007). 다문화사회에서의 학교 교육과정 정책. 다문화주의 교육이론과 정책. 교육과학기술부.

박천응(2006). 이주민 신학과 국경 없는 마을 실천. 국경 없는 마을.

법무부(2010). 출입국 외국인정책본부통계연보.

보건복지가족부(2008). 다문화가족 생애주기별 맞춤형 서비스 지원 강화 계획.

_____(2010). 2010년 다문화가족지원사업.

설동훈·이란주(2006). 외국인근로자지원사업 제도개선 및 중장기계획수립을 위한 연구. 근로복지공단연구용역보고서.

손병돈(2007). 다문화가족복지 관련 외부환경분석. 다문화가족복지 전문인력 양성을 위한 장기발전전략 연구보고서. 8-35.

양영자(2007). 한국의 다문화교육 현황과 과제. 한국에서의 다문화주의. 한울아카데미.

이휘숙(2008). 지역사회의 다문화와 사회통합정책. 2008 한국지역지리학회 동계 학술대회 자료집. 56-58.

장미혜(2006). "다문화사회의 미래와 정책적 대응방안, 젠더리뷰". 이슈브리프, 44-49.

조영달(2006). 한국사회의 다문화교육과 교육방향. 다문화가정 자녀를 위한 교육지원 방안 연구. 교육과학기술부.

최명민·이기영·최현미·김정진(2009). 문화적 다양성과 사회복지. 학지사.

통일부(2010). 북한이탈주민 현황.

한국여성정책연구원(2008). 여성 결혼이민자를 위한 사회서비스 현황과 정책과제.

Banks, A.(2004). *Multicultural Education: Historical Development, Dimensions, and Practice*. James A. Banks & Cherry A. McGee Banks(Eds.). Handbook of Research on Multicultural Education. Jossey-Bass.

Geertz, C.(1995). "Culture war." *New York Review of Books*. 42(19): 4-6.

Lewis, A., & Souflee, S.(2001). *Management of Human Service Programs*. Belmont: Wadsworth Com.

찾아보기

ㅇ

ㅈ

공저자 약력

강선경
Columbia University School of Social Work
사회복지학박사(Ph.D.)
서강대학교 신학대학원 사회복지학과 교수

김욱
Fordham University Graduate School of Social Service
사회복지학박사(Ph.D.)
경기대학교 사회과학대학 사회복지학과 교수

김학주
Washington University School of Social Work
사회복지학박사(Ph.D.)
동국대학교 불교대학 사회복지학과 부교수

이홍직
Columbia University School of Social Work
사회복지학박사(Ph.D.)
강남대학교 사회복지학부 부교수

사회복지학 총서 **사회복지분야론**

초판인쇄   2014. 2. 15.
초판발행   2014. 2. 20.

저 자   강선경·김욱·김학주·이홍직
발행인   황인욱
발행처   도서출판 **오 래**
　　　　　서울특별시용산구한강로2가 156-13
　　　　　전화: 02-797-8786, 8787; 070-4109-9966
　　　　　Fax: 02-797-9911
　　　　　신고: 제302-2010-000029호 (2010. 3. 17)

ISBN 978-89-94707-93-8 93330

http://www.orebook.com
email ore@orebook.com

정가 12,000원

이 도서의 국립중앙도서관 출판시도서목록(CIP)은
서지정보유통지원시스템 홈페이지(http://seoji.nl.go.kr)와
국가자료공동목록시스템(http://www.nl.go.kr/kolisnet)에서 이용하실 수 있습니다.
(CIP제어번호: CIP2013012887)